知识迁移学习方法及应用

王雪松　潘　杰　程玉虎　著

科学出版社

北　京

内 容 简 介

知识迁移的目标是使机器具有和人一样的“举一反三”的能力，通过已掌握的知识来完成新的任务。知识迁移是机器突破程式化约束，具有自主学习能力的关键因素，近年来已成为人工智能的研究热点之一。

从“如何迁移”“迁移什么”与“何时迁移”等角度入手，系统阐述了关联知识的表达形式、迁移的方式与手段以及实现迁移的时机等问题。然而知识迁移方法在提升机器智能性的同时，常常遇到“负迁移”的难题，即迁移后效果反而变差，为此，本书从两方面着手：对迁移任务间相似度的衡量给出一定的标准，筛除相关性差的源任务；避免样本的直接迁移，提取关联任务间的公共特征，即在特征空间实现迁移。为将知识迁移理论推广到实际领域，本书围绕文本分类、人脸识别、色彩调和、目标决策与优化规划等一系列任务展开论述，将知识迁移方法分为分类迁移、决策迁移、色彩迁移与优化迁移等 4 部分进行分析与研究。此外，各章节内容均涉及相关领域基础知识的介绍，能够为不同层次的读者与研究人员提供入门知识与参考信息。

本书既可作为模式识别、数据挖掘相关专业的研究生辅助教材，也可作为机器学习工程师的参考书目。

图书在版编目（CIP）数据

知识迁移学习方法及应用/王雪松，潘杰，程玉虎著. —北京：科学出版社，2016.12

ISBN 978-7-03-051395-3

Ⅰ.①知… Ⅱ. ①王… ②潘… ③程… Ⅲ. ①自学习-研究 Ⅳ. ①TP181

中国版本图书馆 CIP 数据核字（2016）第 315222 号

责任编辑：惠 雪／责任校对：李 影
责任印制：赵 博／封面设计：许 瑞

科 学 出 版 社 出版
北京东黄城根北街 16 号
邮政编码：100717
http://www.sciencep.com
中煤（北京）印务有限公司印刷
科学出版社发行 各地新华书店经销
*
2016 年 12 月第 一 版 开本：720 × 1000 1/16
2024 年 10 月第六次印刷 印张：13 1/4
字数：267 000

定价：89.00 元

（如有印装质量问题，我社负责调换）

前　言

当今时代是知识爆炸的时代，人们通过不同渠道能够获得各种类型的知识，如何合理利用这些知识实现新的目标和任务，即实现知识迁移，是人类一项基本能力。然而这项能力对于机器而言却并不容易，“如何迁移”“何时迁移”以及“迁移什么”是知识迁移应用于人工智能领域面临的三大难题。为使未来的机器破除程式化的束缚，由单一功能向多功能发展，由单纯执行命令向自主学习进化，由机器思维方式向人类思维方式转变，越来越多的研究人员致力于知识迁移原理的探索与应用，使其成为机器学习乃至人工智能领域的研究热点之一。

知识迁移的目标是从关联任务中提取有效信息来辅助解决新的任务，根本出发点是目标领域的数据稀疏性，即目标训练集缺少有效标签或充足样本，如大量的网页文本信息均是无标签数据。当出现数据稀疏性时，训练模型很容易产生过拟合现象。尽管许多机器学习方法，包括半监督学习、协同训练与主动学习能在一定程度上解决数据稀疏性问题，很多情形下仍需要寻求额外的知识以辅助学习。因而研究知识迁移理论对于填补机器学习的空白与推进人工智能的发展有着至关重要的意义。早在 20 世纪八、九十年代，就有学者开始研究相关问题，称之为自教学习、自适应学习、跨领域学习或领域自适应等。直到 2009 年，香港科技大学教授、IEEE Fellow 杨强在 IEEE 会刊上发表了关于知识迁移的综述后，知识迁移开始有了较为完善的理论框架和标准的概念体系。

通常将以下两种观点作为典型的知识迁移：①理论上，知识迁移是一种新的学习范式，不同于监督学习、半监督学习或无监督学习；②实践中，知识迁移是一种新的跨领域学习技术，能够很好地解决各类领域差异性问题，如数据分布、特征与标签空间、源数据噪声以及源领域与目标领域的关联性等。在过去二、三十年中，知识迁移已在包括文本挖掘、语音识别、计算机视觉、评价系统等诸多领域获得成功，并在许多实际场景中取得良好应用。如百科文档到博客文本、搜索图像到网页页面、书籍评价到电影评价等一系列不同领域间知识的提炼、转换与映射，均从属于知识迁移理论。

本书著者长期从事机器学习的研究工作，在国家自然科学基金 (项目编号：61273143，61472424)、教育部“新世纪优秀人才支持计划”、江苏省自然科学基金以及高等学校博士学科点专项科研基金项目资助下，针对不同的问题背景提出了一系列包括特征迁移、模型迁移与样本迁移等在内的知识迁移理论与方法，并将其成功应用于许多复杂的实际问题。

全书围绕文本分类、人脸识别、辅助决策、色彩调和、参数映射与路径寻优等一系列机器学习与计算机视觉问题，分别从分类迁移、决策迁移、色彩迁移与优化迁移等 4 个不同角度阐述知识迁移原理、方法与应用，共 4 部分 11 章。第 1 部分为分类迁移，内容为第 1 ~5 章，主要是针对人脸识别与领域适应等分类问题的单源迁移与多源集成迁移。包括：基于局部保持投影的特征迁移、加权多源 TrAdaBoost 算法、多源 Tri-Training 知识迁移与基于样本局部判别权重的加权迁移。第 2 部分为决策迁移，内容为第 6~7 章，围绕决策树与强化学习等策略问题展开。包括：基于相似度衡量的决策树迁移与基于极限学习机的多源强化知识迁移。第 3 部分为色彩迁移，内容为第 8~9 章，涉及计算机视觉领域的局部色彩调和问题。包括：基于主动轮廓探索的多源色彩迁移与基于纹理相似性的多源局部色彩迁移。第 4 部分则是针对路径规划问题中的参数迁移与样本优化迁移。

为便于应用本书阐述的算法，在全书最后的附录提供了部分知识迁移算法源程序。

由于时间仓促，且作者水平有限，书中不当之处在所难免，恳切希望得到广大读者的批评和指正。

作 者

2016 年 8 月于中国矿业大学

目　　录

第 1 章　知识迁移概述

心理学认为，知识迁移是反映人类心理认知过程的一种概念；是人类学习的一种方法；通过一种学习影响另一种学习。古代人类就注意到迁移现象，春秋时期的思想家孔子曾提出“举一反三”的说法，宋代朱熹提出“融会贯通”的思想，这些思想都是说明学习者需汇聚各方面知识，掌握不同门类甚至是不同领域知识的共通性，从而可以将在一个领域内对知识的理解转移至其他领域当中。

在日常生活和学习中，我们会发现，数学学习好的学生物理学习一般也很好；会打羽毛球的学生学习网球会很快；会下象棋的人学习国际象棋会很容易；会骑自行车的人也会很快学会骑摩托车，如图 1-1 所示。因此，我们发现，如果掌握了其中一个领域的知识，在学习另外一个相近领域知识的时候，已掌握的知识会对新知识的学习起到帮助作用，这就是一种知识的迁移。这种知识迁移可以大大增强人类在不同环境中学习新任务的能力。

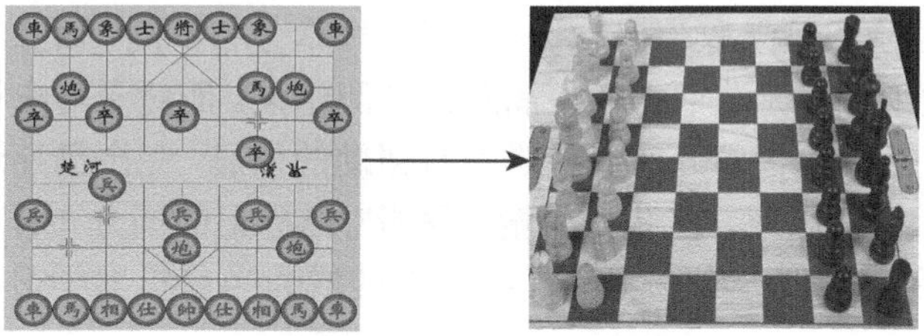

(a)象棋与国际象棋的迁移

(b)自行车与摩托车的迁移

图 1-1　日常生活中的迁移现象

本章将简要介绍知识迁移的提出和发展、基本概念与分类、主要表现形式及其应用等，最后给出本书的主要结构和章节安排。

1.1　知识迁移的提出和发展

1.1.1　知识迁移的提出

当今世界是信息的世界，计算机技术发展迅速，对于获取并存储海量信息已不再是难题，然而，如何处理这些获取的海量信息则成为了一个新的挑战。在此基础上，机器学习的概念与方法被提出并得到了长足的发展。机器学习是模拟人类思维的一种计算机学习方法，是人工智能的核心，然而传统机器学习与人类学习相比，并不具有学习新环境知识的能力，不能利用已掌握的知识帮助新任务的学习，而是需要足够的标记样本来训练出可靠的分类模型，然后将模型用于未标记样本获取其标签值。训练与测试样本必须服从同分布假设，如果分布不同或训练样本数量不足都难以获得可靠的分类模型，这极大限制了机器学习的发展及应用。如果让机器拥有人类类似的知识迁移能力，学习不同领域的知识，则能够在很大程度上提高机器的学习效率，丰富学习内容。

实际应用中常遇到的问题是，我们很容易获取大量未标记样本，然而，给样本赋予标记的手段往往是手工操作，这个过程将消耗大量时间与资源。另外，由于信息的增长和更新，许多得到的已标记样本与新增加的未标记样本分布存在偏差，虽然能获得足够的已标记样本，但因为与未标记样本分布不同，训练的分类模型一般不具有很好的泛化性，无法取得令人满意的预测结果。而对于与未标记样本分布不同的相似样本，常常包含部分对任务学习有帮助的信息，完全抛弃这部分样本则会造成大量资源浪费。因此，在获得少量“昂贵”已标记的同分布样本的情况下，如何利用大量已标记相似分布样本提高机器性能成为当前机器学习与模式识别研究中的热点问题。

知识迁移就是在这样的应用背景下产生的，目的是打破传统机器学习训练样本与测试样本同分布的假设，将迁移的思想附加给计算机，让计算机拥有跨领域学习的能力，将已有的知识恰当的引入到新任务的学习中，使相似领域中包含信息的有效重用成为可能，提高计算机在新领域中学习的能力。知识迁移学习与传统机器学习的关系如图 1-2 所示。

图 1-2　传统机器学习与知识迁移学习的关系

知识迁移研究更关注当训练样本信息不足的情况下，如何通过已有的相似领域知识获得具有良好预测效果以及推广能力的学习模型，这里的相似包括样本分布相似或学习任务相似。知识迁移的理论研究对于深化机器学习理论，扩大其应用领域具有重要现实意义，并且对机器学习存在的许多理论问题，如相似域间信息重用、模型参数设计、知识迁移与传统学习以及半监督学习关系等都具有重要指导意义。

1.1.2 知识迁移的发展

近些年机器学习理论发展迅速，知识迁移在理论和应用中得到快速发展。目前，知识迁移研究成果已广泛应用于网页检索和文本分类、数字图像处理、图像识别、自然语言处理、邮件分类、计算机辅助设计以及无线网络定位等领域中。

实际上，知识迁移最早是用来研究人类心理活动的一种方法。心理学认为，人类学习认知事物并将其“举一反三”的过程就是一种迁移行为。20 世纪 90 年代，知识迁移研究被引入到机器学习理论中，概念一经提出，就在学术界引起广泛关注。最初，关于知识迁移的定义很宽泛，经历了终身学习、迁移学习、归纳迁移、多任务学习、元学习和增量 (积累) 学习等不同阶段。2005 年，美国国防部先进研究项目局给出了一个新的知识迁移定义：知识迁移是系统将在已有环境中认知和学习到的信息应用到新任务的能力。根据该定义，知识迁移旨在将已有源任务中获取的信息重用于目标任务。与多任务学习同时关注复数个学习任务不同，知识迁移更注重目标任务性能的提升。

知识迁移自提出以来，涉及研究内容非常广泛。例如，对各种传统机器学习算法进行修改和扩展，以融入源领域样本信息的研究，或者利用源领域中获取的知识在目标领域重构学习器等。知识迁移的实际应用内容也非常丰富，概括来说有：基于语义的文本迁移和情感分类、基于颜色空间转换的色彩迁移以及利用概率统计理论的关联任务样本迁移等。第一种应用多以文本迁移为主，Yu 等考虑语句中的多元关键字，将语义分割，构建不同分类器并迁移至新语句中实现文本数据挖掘功能[1]；Blitzer 等改进结构对应学习算法并提出一种确定域与域之间的相关性的度量方法，解决了情感语义标注问题，实现自动情感分类[2]；刘成等构造衡量任务相似性的相关性矩阵，提出通过目标任务与辅助任务联合决策的方式提高目标任务的分类精度，显著改善图像分类的准确率[3]。第二种应用则是将色彩分布作为一种可利用的知识进行迁移，代表是 Reinhard 算法，其在图像颜色空间转换的基础上，对空间像素值进行线性变换，成功将颜色图像的颜色基调转移至形状图像，实现图像之间颜色的迁移[4]。第三种应用则是基于模型与样本权重的样本迁移，Yang 等考虑用户动态和环境因素，利用隐马尔可夫模型捕捉到的时间和拓扑结构问题域，根据当前接收的 RSS 信号预测用户位置来解决用户无线定位问题[5]；王雪松等通过贝叶斯理论分析源任务与目标任务的相似性，按照迁移价值对源任务排序，筛选有用样本，指导 Agent 在路径规划问题中快速合理做出决策[6]；Dai 等利用 Boosting 机制，对目标领域样本和源领域样本分别赋予不同的权重，改变不同样本在训练中的重要性，将源领域样本添加至训练集共同训练，很好地实现了 Web 网页的自动分类[7]；杜俊卫使用聚类的方法选择与目标领域相似的源领域文本，并将这些文本应用到目标领域的学习中，增加训练样本的个数，大大提高了垃圾邮件过滤技术的性能[8]。

如今，知识迁移的研究内容已频繁出现在一些国际顶级期刊、学术会议中，如 IJCAI[9]、AAAI[10]、ICML[11]、ICAPS[12]、CVPR[13]、NIPS[14]、ICCV[15]、KDD[16]、*Machine Learning*[17]与*Journal of Machine Learning Research*[18]等。由于知识迁移可以降低人工标注代价并在提高学习性能方面具有极大优势，因此越来越受到国内外学者青睐。知识迁移在理论研究方面与实际应用中均获得巨大成果，而且在机器学习中的研究地位逐渐升高。

1.2　知识迁移的概念

本节介绍知识迁移的一些基本概念以及与传统机器学习之间的关系。

1.2.1　知识迁移的基本概念

1. 领域

领域 D 通常包含两部分：特征空间χ 和边缘概率分布 $P(X)$，即$D=\{\chi,P(X)\}$，其中 $X=\{x_1,x_2,\cdots,x_n\}\subset\chi$。例如，在 Web 网页分类问题中，$\chi$ 即为网页特征空间，X 为网页集合，x_n 表示第 n 个网页，$P(X)$ 则是网页的类属。一般来说，如果两个领域特征空间 χ 不同或者边缘概率分布 $P(X)$ 不同，则认为它们是不同的。在知识迁移中，领域通常分为源领域与目标领域。

2. 任务

对于给定的一个领域 $D=\{\chi,P(X)\}$，对应的任务 T 包含两部分：标记空间 Y 和预测函数 $f(\cdot)$，即 $T=\{Y,f(\cdot)\}$，其中 $f(\cdot)$ 是通过训练样本 $\{x_i,y_i\}$ 学习得到的，可以对新的样本 x 预测其标签 $f(x)$，$x_i\in X$，$y_i\in Y$。从概率的角度讲，$f(x)=P(y|x)$。例如，在网页分类中，Y 可以看作所有网页的标签集合，y_i 为其中一种类属，$f(x)$ 即是判断样本 x 属于哪一类。与领域类似，如果两个任务不同，则它们可能是标记空间 Y 不同，或者是预测函数 $f(\cdot)$ 不同。

3. 知识迁移

知识迁移就是利用从源领域 D_S 和源任务 T_S 中获取的相关知识提高目标任务

T_T 在目标领域 D_T 上的预测准确率，其中 $D_S \neq D_T$ 或 $T_S \neq T_T$。

从知识迁移定义可以看出，其解决的是不同领域之间学习的问题，当源领域 D_S 与目标领域 D_T 相同，且源任务 T_S 与目标任务 T_T 相同时，学习问题就变成了传统机器学习。

4. 相关性

知识迁移的研究对象是分布不同但具有相关性的领域，迁移的有效性在很大程度上依赖于领域间的相似程度。领域间的相关性越大，领域分布越一致，迁移效果就越明显。反之，领域分布差异越大，相关性越弱，迁移效果就越差。因此衡量领域间的相关性尤为重要。

5. 负迁移

通过相关性的知识，我们了解到源领域与目标领域间的关联程度直接影响迁移的效果。当领域间相关性很小，存在较大分布差异时，源领域中的知识可能没有提高目标任务学习的准确率，反而降低了学习器的性能，此时就产生了负迁移现象。

例如，我们学会骑自行车，再学习骑三轮车，会感觉车身不受控制，掌握不了平衡。因为在骑自行车转方向时身体需要向转弯方向倾斜，而骑三轮车时不需要身体倾斜来维持平衡，相反身体会由于离心作用偏向外侧。如果仍然依靠自行车技术学习三轮车，则很难把握车身平衡，如图 1-3 所示。

图 1-3 日常生活中的负迁移现象

当前大部分知识迁移工作都围绕在如何计算源领域与目标领域的相关性并寻找对目标任务有用的信息，以及如何将这部分知识迁移至目标领域等方面，而针对避免负迁移现象这个关键问题却研究较少。

1.2.2 知识迁移与机器学习的关系

知识迁移与传统机器学习之间的关系总结如表 1-1 所示，针对源领域与目标领域间的不同关系，将知识迁移分为三大类：归纳迁移、无监督迁移与直推迁移[19]。

表 1-1 传统机器学习与迁移学习之间的关系

学习设定		训练样本	源与目标域	源与目标任务
传统机器学习		大量	相同	相同
知识迁移	归纳迁移	少量	相同 or 相关	不同&相关
	无监督迁移	无	相同 or 相关	不同&相关
	直推迁移	少量	不同&相关	相同

1. 归纳迁移

对于归纳迁移而言，通常认为目标任务与源任务并不相同，而源领域与目标领域的限制条件则较为宽松。一般来说，目标领域的标签数据应对目标域预测函数 $f_{\mathrm{T}}(\cdot)$ 的归纳总结具有指导意义。根据标签数据能否在源领域中获得，归纳迁移能够进一步分为以下两种情形：

(1) 源领域具有能大量访问的标签样本。归纳迁移在该种情形下与多任务学习的设定相类似，两种学习算法的区别在于前者仅对从源任务中高效迁移知识以解决目标任务感兴趣，而后者通常会以平等的地位学习源任务与目标任务。

(2) 源领域无法获得标签数据。这种情形归纳迁移学习的设定类似于自教学习。自教学习是由 Raina 等[20]首先提出的，其要求源领域与目标领域具有不同的标签空间，这意味着目标领域无法直接从源领域一侧获取可利用的的信息，正好与归纳迁移中源领域无法获得标签的设定类似。

2. 直推迁移

直推迁移学习的假设前提要求目标任务与源任务相同，而各自所处的领域不同。在这种假设下，目标领域的标签数据是无法访问的，这使目标任务的学习变得困难，但是在源领域中，通常可以获得大量的标签数据。同样地，根据源领域与目标领域的不同关系，直推式迁移学习能够进一步分为以下情形：

(1) 源领域与目标领域具有不同的特征空间，即 $X_{\mathrm{S}} \neq X_{\mathrm{T}}$；

(2) 源领域与目标领域所处的特征空间相同，即 $X_{\mathrm{S}} = X_{\mathrm{T}}$，但其相应的边界概率分布不同，有 $P(X_{\mathrm{S}}) \neq P(X_{\mathrm{T}})$。

情形 (2) 下的直推式迁移学习本质上属于一种具有迁移知识能力的领域自适应问题，其在样本偏差选择，文本分类与协方差转移等方面均有相关应用。

3. 无监督迁移

与归纳迁移学习的设定相类似，目标任务不同于源任务但具有相关性。其区别在于无监督迁移学习关注于解决目标领域无监督的学习任务，如聚类、降维、与密度估计。这种情形下，源领域与目标领域均无法获得标签数据。

基于如表 1-1 设定下的各类迁移学习，其关联设定以及源域、目标域标签的可见性与解决的任务类型，如表 1-2 所示。

表 1-2 迁移学习不同设定

学习设定	关联设定	源域标签	目标域标签	任务
归纳迁移学习	多任务学习	可获得	可获得	回归，分类
	自教学习	无法获得	可获得	回归，分类
直推迁移学习	领域适应/样本偏差选择/协方差转移	可获得	无法获得	回归，分类
无监督迁移学习	–	无法获得	无法获得	聚类，降维

1.3 知识迁移的分类

本节内容总结了知识迁移方面的主要工作与进展，并将知识迁移方法划分为 5 类。

(1) 基于实例的迁移。研究如何利用辅助数据样本。

(2) 基于参数的迁移。研究如何寻找目标领域模型与源领域模型共享的一些有益于迁移的参数。

(3) 基于特征的迁移。研究如何通过特征转换或特征学习联系源领域与目标领域。

(4) 基于相关知识的迁移。研究如何建立目标领域与源领域相关知识的映射关系。

(5) 基于模型的迁移。研究如何将源领域模型在目标领域实现再利用。

1.3.1 基于实例的迁移

基于实例的迁移学习的特点是源领域中的部分样本通过赋予不同的权重显示其与目标领域之间不同的相关性，将之重用于目标领域，样本加权和重要性抽样是基于实例的迁移学习的主要研究内容。虽然源领域中的训练样本不能直接参与目标领域的训练，但是有部分样本仍然与目标样本分布相似，可用通过加权重用于目标领域，因此，实例迁移学习最直观也最容易理解。基于实例的迁移学习可以用在归纳迁移学习和直推迁移学习中。

对于样本迁移方法，文献 [7] 提出一种 TransferBoost 算法，其采用一种新的基于集合的 Boosting 形式重新利用源数据样本学习目标任务。TransferBoost 算法基于迁移能力分别提升各源任务性能，提高具有正迁移能力的任务权值并降低负迁移的任务权值。同时，TransferBoost 也能够实现对每个源任务有规律的提升，从而调节个体样本的权值。基于这些权值，TransferBoost 能通过源数据增强目标训练数据以构建新的目标模型。

另一种典型的实例迁移学习是 Dai 等提出的 TrAdaBoost 算法[7]，TrAdaBoost 算法是对 AdaBoost 算法做出的一个推广，通过不同的加权机制对源领域训练样本和目标领域训练样本附加不同的权重，改变样本对学习任务的影响力度，找出有利于目标学习的源领域训练样本与目标训练样本共同学习。另外，Jiang 等提出一种根据源领域与目标领域条件分布差异性删除源领域中“误导”训练样本的方法[21]；Liao 等提出一种通过源领域样本的帮助选择性标记目标领域样本的主动迁移学习方法[22]。

1.3.2　基于参数的迁移

一般只用于归纳迁移学习，假设源任务和目标任务共享一些参数，并且相似分布的训练样本得到的分类器也相似，于是目标领域可以很容易利用共享的参数完成学习任务。

包括正则化框架和分层贝叶斯框架在内的大多数方法都是基于多任务的学习，这些方法都可以很容易修改用在迁移学习中。在多任务学习中，源领域样本和目标领域样本的权重损失函数相同，而迁移学习中不同领域的权重损失函数不同。图 1-4 给出了迁移学习与多任务学习的区别。

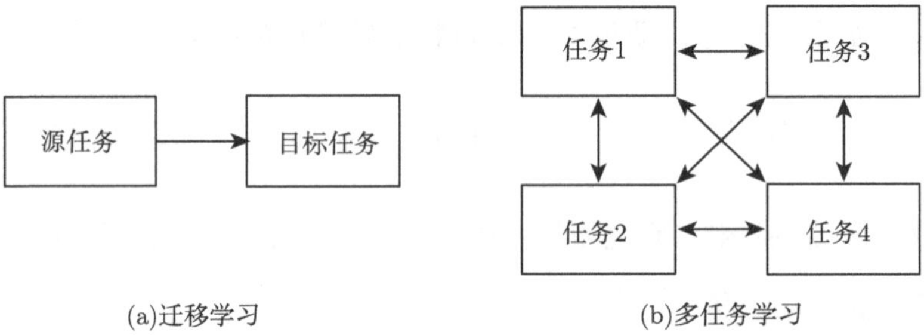

图 1-4　知识迁移与多任务学习的区别

Lawrence 等提出了一种基于高斯过程的多任务信息向量机 (multi-task informative vector machine, MT-IVM) 算法可以有效地解决多任务学习问题，MT-IVM 试图通过共享多任务相同的高斯先验知识学习高斯过程参数[23]；Bonilla 等利用多任务的自由形式协方差矩阵对任务间的相互关系建模，任务间的相关性通过高斯先验求的[24]。

除了迁移高斯先验模型，一些研究人员还在正则化框架下迁移了支持向量机 (support vector machine, SVM) 参数，Evgeniou 等借用层次化集成 (hierarchical boosting, HB) 的思想用 SVM 解决多任务学习问题，其思想是假设每个任务的 SVM 参数都可以分为两部分：一部分是所有任务共有部分；另一部分是任务特有的部分。

1.3.3 基于特征的迁移

特征迁移同样是一类主要的迁移学习方法，其算法设计来自特征空间的视角，如协同聚类与特征变换等。Li 等[25]首先采取协同聚类的方法训练领域间数据，以获得对应的特征迁移字典 codebook，通过 codebook 的桥梁作用连接不同领域内的特征，然后利用协同聚类并结合调制传递函数 (modulation transfer function, MTF) 进行矩阵分解以实现特征迁移，Li 等还将该方法应用到协同过滤的案例中观测其在实际应用中的效果。同样是协同聚类，Dai 等[26]以公共词为入手点，建立源领域与目标领域间的连接关系。其同时协同聚类源领域与目标领域的标签结构，将最小化词与样本结构的互信息作为准则，约束聚类过程并影响目标任务在其领域内的标签结构。其定义的信息论形式化公式，能够作为统一的范式处理跨领域分类问题，首先将基于协同聚类的分类问题转化成目标函数的最优化问题，并进一步将其转化为目标函数的凸优化问题。

从特征变换入手，Slimene 等[27]一方面控制映射变换过程中的源数据损失，另一方面改善最大均值差 (maximum mean discrepancy，MMD) 准则，从而获取特征空间在源领域与目标领域间的公共表示。同时，Slimene 等利用聚类合并共同出现的关联域信息处理部分领域无关的特征，以提高在公共特征较少情形下的算法性能。不同于基于 MMD 准则的特征变换，Diu 等[28]设计一类流形方法，通过减小源数据映射变换过程的损失和减小 MMD 评判准则，得到从源领域和目标领域的共同特征空间表示。另外，对于领域无关的一些特征，则使用聚类将其与同时出现的领域相关的特征进行合并，在共同特征较少的情况下提高性能。

基于特征的迁移学习最直观的思想是在源领域学习一个可用于目标领域的“好”的特征表示模型，源领域需要迁移的知识被编码成相应的特征表示。特征表示构建的方法随源领域样本的不同而不同，如果源领域中包含可用的已标记样本，则可用监督的方法构建特征表示模型。例如，Argyriou 等提出的稀疏特征学习的多任务学习方法[29]；Lee 等提出一种从相关任务集合中同时学习和特征加权的凸优化算法[30]。如果源领域中没有可用的已标记样本，需要用到无监督的方法构建特征表示模型，如 Raina 等用稀疏编码的方法解决高维迁移学习的问题，稀疏编码就是一种无监督特征构造方法[20]；Wang 等提出一种利用普鲁克分析对无相似性的特征流行对齐的方法[31]。基于特征的迁移学习不仅可以用在归纳迁移学习和直推迁移学习中，也可以用在无监督迁移学习中。例如，Wang 等提出一种利用 TDA 解决迁移降维问题的方法[32]。

1.3.4 基于相关知识的迁移

基于相关知识的迁移学习主要迁移相关领域间的相关知识，此方法假设源领域与目标领域是相似的，数据分布是非独立同分布的。例如，网络数据或者社会关系等。因此，被迁移的知识就是样本之间的相关性。相关知识迁移用到最多的技术手段是统计学方法。

Mihalkova 等提出一种自动映射与修正迁移 (transfer via automatic mapping and revision, TAMAR) 算法，通过相关域的马尔可夫逻辑网络迁移相关知识[33]，TAMAR 算法主要思想是如果源领域和目标领域之间有相互关系，那么它们之间可能会存在一些连接样本之间关系的映射。Mihalkova 等将 TAMAR 扩展到单一实体为中心的迁移学习，此方法的目标领域中只有一个可用的标记样本[34]。

1.3.5 基于模型的迁移

对于模型迁移方法，Fowlkes 等发展了一种依赖于学习任务间迁移关系的原则框架[35]。为识别更好的迁移源任务，该方法采用关联框架来获取任务间的迁移能力。这种关联框架构建模型迁移网络，并将学习任务作为其中的顶点，顶点对间的边权用以衡量相关任务间的迁移能力。模型迁移网络表示迁移空间，其中任务越接近则表明相互间拥有更强的迁移能力，否则不具备迁移能力或迁移能力为负值。

采用模型迁移网络，文献 [36] 提出的方法能够学习一种自主映射的迁移函数，根据目标任务在模型迁移网络的位置确定迁移给新目标任务的模型参数。在模型迁移网络中学习迁移函数为一个关联学习问题。Gao 等发展了一种新的关联学习方法——光谱图标签(spectral graph labeling，SGL) 算法。SGL 算法通过正则化的最小二乘机制学习一种基于图的标签函数。对比典型的正则化方法，SGL 算法采用图的拉普拉斯特征值来限制已学习函数的平滑性并提供正则化的无参数模型。尽管其被用来学习迁移函数，SGL 算法本身是一种独立的关联学习方法，同时适用于迁移学习以外的一系列其他问题。

采用 SGL 算法来学习模型迁移网络的迁移函数，能够提供一种基于模型的迁移机制，为每个目标函数提供专门定制的迁移知识。学习任务间的迁移能力关系被作为求解迁移函数的基础。给定新的目标任务，首先将其定位于模型迁移网络，其次采用迁移函数来预测目标任务的模型参数集。预测向量则被迁移用来学习目标任务模型。每种选择性迁移方法均为多个迁移源的情形，能够证明无论是基于样本还是基于模型的迁移方法与当前单任务迁移学习相比均有明显优势。结果表明任务间的迁移关系能够用来筛选源任务知识以迁移给目标学习任务。

综上所述，可知知识迁移具有如图 1-5 所示的体系结构。由于迁移学习依托于机器学习的框架与相关设定，因而目前知识迁移的主要研究点均集中于机器学习任务，即分类、回归、聚类、降维等。本书探讨知识迁移算法，不仅立足于机器学习，对分类迁移与强化迁移作较为深入的分析与探讨，而且还考察涉及机器学习方法的智能优化以及计算机视觉领域的色彩增强等问题，扩展与研究主要体现在以下两个方面：一是现有样本迁移与模型迁移方法能否适用于非常规机器学习领域问题；二是如何针对优化与色彩增强本身的特殊性设定独立的迁移方法与模型合理提取知识。

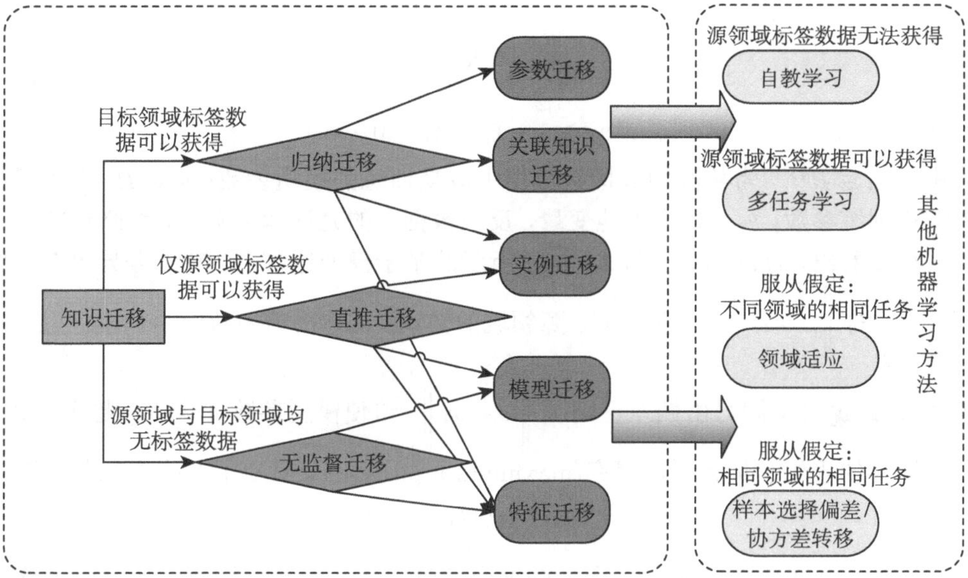

图 1-5 知识迁移体系结构

1.4 知识迁移的主要形式与应用

本节主要介绍知识迁移基础理论及相关背景知识，按照不同的学习任务分别从分类迁移、决策迁移、色彩迁移与优化迁移 4 个方面进行理论阐释与相关工作说明，一方面给出后续章节的理论基础，另一方面则是对该研究领域内的重要研究方法与成果给予分析。

1.4.1 分类迁移

分类迁移是最基础也是最典型的一类迁移学习，Pan 在文献 [19] 中所做的迁移学习综述，即以分类迁移为主体介绍的。以下阐述的模型迁移、样本迁移以及特征迁移等方法虽然是基于分类迁移进行描述的，但这些方法并非局限于此，在很多情形下，对于后续章节提到的强化迁移与优化迁移等同样适用，后文将不再赘述。

1. 分类模型迁移

从根本上说，该类技术研究知识迁移采用的是整体模型的观念，即考察对模型的再利用，将源领域模型作为目标领域的先验知识，利用这种先验，源领域中蕴含的知识被迁移到目标领域。以 SVM 为例，可以通过偏差正则化迁移源领域已训练

好的 SVM 模型参数到目标领域，其采用 $\left\|w - w_0\right\|_2^2$ 代替 SVM 中的正则项 $\left\|w\right\|_2^2$，即[38]

$$
\begin{aligned}
&\min_{\boldsymbol{w},\xi} \frac{1}{2}\left\|w - w_0\right\|_2^2 + \lambda \sum_{i=1}^{l} \xi_i \\
&\text{s.t.} \quad y_i w^{\mathrm{T}} x_i \geqslant 1 - \xi_i, \quad \xi_i \geqslant 0, i = 1, \cdots, l
\end{aligned}
\tag{1-1}
$$

式中，$w_0 \in R^{d\times 1}$ 为从源领域标签数据中成功训练的模型参数；$w \in R^{d\times 1}$ 为目标领域待训练参数；$\xi_i \geqslant 0$ 为松弛变量，反映数据点的允许偏离量；λ 为控制参数。

可以看出，标准 SVM 与式 (1-1) 所示的基于模型迁移的 SVM 差异仅在正则项 $\left\|w\right\|_2^2$ 与 $\left\|w - w_0\right\|_2^2$ 有所不同。源领域的知识，或称决策函数经由建模已融合在模型参数 w_0 中，同时由偏差正则项 $\left\|w - w_0\right\|_2^2$ 迫使模型参数 w 与 w_0 趋于一致。

同样的思想在最大后验概率(maximum a posterior，MAP) 方法中亦有体现：

$$
\max P_r(w|w_0) P_r(\{(x_i, y_i)\}_{i=1}^{l} | w) \tag{1-2}
$$

式中，$P_r(w|w_0)$ 包含了 w_0 对于 w 的编码信息；x_i 和 y_i 分别为模式向量与标签。

类似地，Swarup 等[39]也获得了一个相同的偏差正则项，其采用的是一种新的贝叶斯视角，即源领域标签数据分布的分离先验与目标分类器的预测，同时也给出部分自适应边界的理论结果。

基于模型的迁移学习框架能够进一步扩展应用于目标领域的无标签数据，或由辅助源获得多训练模型的参数迁移等。

Evgeniou 和 Pontil[40]在多任务学习 (multi-task learning，MTL) 中提出一种不同的学习框架。为简化描述，假定有两个领域，模型参数由下式表述：

$$
\tilde{w} = w_0 + \tilde{w}_\Delta, \quad w = w_0 + w_\Delta \tag{1-3}
$$

可以看出 $w_0 \in R^{d\times 1}$ 是一个共享的独立于领域的变量，$\tilde{w}_\Delta \in R^{d\times 1}$ 与 $w_\Delta \in R^{d\times 1}$ 是与领域相关的变量。因此，知识迁移在 SVM 框架下优化变量 w_0、$\tilde{w}_\Delta$ 与 w_Δ 时能发挥作用并能够同时进行。同样地，在类似的特征迁移学习框架下，采用逻辑回归模型也能够很好地完成特征提取任务。

2. 分类样本迁移

样本迁移的核心思想是源领域的部分样本实例对相关目标领域的学习任务同样有效，即使其他大部分样本实例是有害的。这要求合理筛选出有用的实例并且剔除其他样本实例。为实现这一目标，一种有效的方式为根据样本的重要性为其赋予相应的样本权值。

同样以 SVM 为例，假定源领域中拥有l 个标签数据 $\{(\tilde{x}_i,\tilde{y}_i)\}_{i=1}^{l}$，其中 $\tilde{x}_i\in R^{d\times 1}$，$\tilde{y}_i\in\{\pm 1\}$，则可以通过式 (1-4) 以如下方式融入标准 SVM 中：

$$
\begin{aligned}
&\min_{w,\xi_i,\tilde{\xi}_i} \frac{1}{2}\left\|w\right\|_2^2+\lambda\sum_{i=1}^{l}\xi_i+\lambda\sum_{i=1}^{\tilde{l}}\tilde{\rho}_i\tilde{\xi}_i\\
&\text{s.t.}\quad y_i w^{\mathrm{T}}x_i\geqslant 1-\xi_i,\quad \xi_i\geqslant 0, i=1,\cdots,l\\
&\qquad\ \ \tilde{y}_i w^{\mathrm{T}}x_i\geqslant 1-\tilde{\xi}_i,\quad \tilde{\xi}_i\geqslant 0, i=1,\cdots,\tilde{l}
\end{aligned}
\tag{1-4}
$$

式中，$\tilde{\rho}_i\in R$ 为源领域数据点 $(\tilde{x}_i,\tilde{y}_i)$ 权值，可由各类启发式算法估计或利用优化方法求解；ξ_i 与 $\tilde{\xi}_i$ 分别为目标领域与源领域松弛变量。

容易得知，标准 SVM 与式 (1-4) 呈现的基于实例迁移的 SVM 仅有一点差异，即损失函数 $\lambda\sum_{i=1}^{l}\tilde{\rho}_i\tilde{\xi}_i$ 及其相应的基于源领域标签数据的约束条件。源领域数据 $\{(\tilde{x}_i,\tilde{y}_i)\}_{i=1}^{\tilde{l}}$ 可以是领域内已训练好 SVM 的支持向量或者整个源领域数据集。需要指出的是，Thrun[41]提到的方法是基于线性规划 SVM(linear programming SVM，LP-SVM) 而不是标准 SVM。同样的技术也被应用到增量学习中，其将源领域训练好的 SVM 支持向量以不同的权值融合到目标领域的标签数据中。

当 $\tilde{P}_r(X)\neq P_r(X)$，$\tilde{P}_r(Y|X)\neq P_r(Y|X)$ 时，不少研究工作关注的焦点集中在样本选择偏差；而当 $\tilde{P}_r(X)\neq P_r(X)$，$\tilde{P}_r(Y|X)=P_r(Y|X)$ 时，通常采用的是协方差转移。Bickel 等[42]考虑了条件分布的差异性，即 $\tilde{P}_r(X)\neq P_r(X)$，提出一种选择性梯度下降算法以自动学习实例的权值与逻辑回归的模型参数。Zadrozny[43]则基于数据分布的视角，同时考察了边界分布与条件分布的差异性，$\tilde{P}_r(X)\neq P_r(X)$，$\tilde{P}_r(Y|X)\neq P_r(Y|X)$，提出一种一般性的实例加权框架。

Xiang 等[44]提出信息缺口衔接算法 (bridging information gap，BIG)，一种利用世界知识基 (如百科信息) 作为桥梁来实现从源领域标签数据到目标领域测试数据进行迁移的技术。特别地，Xiang 等研究目标领域与源领域间的信息缺口，提出一种无标签样本数据的边缘关联机制，利用百科信息填补信息缺口，这使得实现更加有效的知识迁移成为可能。进一步地，采用来自标签数据、百科无标签数据与目标测试数据的优选数据库来训练直推式 SVM。Xiang 等提出的理论框架在跨领域文本分类、情感分析与查询分类等领域均有应用。

3. 分类特征迁移

特征迁移同样是一类主要的分类迁移学习方法，其算法设计来自特征空间的视角，如特征复制、特征投影、降维、特征关联、特征子集与特征加权等。

特征复制或特征增强基本原理在于对源领域标签数据 $\{(\tilde{x}_i,\tilde{y}_i)\}_{i=1}^{\tilde{l}}$ 与目标领

域标签数据 $\{(x_i, y_i)\}_{i=1}^{l}$ 的预处理，如式 (1-5) 所示[45]：

$$\begin{aligned}(\tilde{x}_i, \tilde{y}_i) &\to ([\tilde{x}_i^{\mathrm{T}} \tilde{x}_i \theta]^{\mathrm{T}}, \tilde{y}_i), \quad i = 1, \cdots, \tilde{l} \\ (x_i, y_i) &\to ([x_i^{\mathrm{T}} \theta x_i^{\mathrm{T}}]^{\mathrm{T}}, y_i), \quad i = 1, \cdots, l\end{aligned} \tag{1-5}$$

式中，特征降维由 $R^{d\times 1}$ 扩展为 $R^{3d\times 1}$，进一步地可以采用标准监督学习方法进行训练，如 SVM。

作为进一步的延伸，Kumar 等[46]通过融合目标领域无标签数据 $\{x_i\}_{i=l+1}^{n}$ 泛化了特征复制的思想。

$$\begin{aligned}x_i, &\to ([0^{\mathrm{T}} x_i^{\mathrm{T}} - x^{\mathrm{T}}]^{\mathrm{T}}, +1), \quad i = l+1, \cdots, n \\ x_i &\to ([0^{\mathrm{T}} x^{\mathrm{T}} - x^{\mathrm{T}}]^{\mathrm{T}}, -1), \quad i = l+1, \cdots, n\end{aligned} \tag{1-6}$$

式中，所有涉及数据点均为标签数据。

结构通信学习(structured correspondence learning，SCL)[47]引入了支点特征的概念，其指代源领域与目标领域的高频相似特征。非支点特征可以通过来自源领域与目标领域无标签数据的支点特征实现相互映射。SCL 中学习的基础在于选择性结构优化算法 (alternating structure optimization，ASO)[48]，具体来说，SCL 分为以下几个步骤：首先，选择 n_p 个支点特征；其次，对每个支点特征，SCL 采用源领域与目标领域无标签数据实例训练 SVM 模型，考察支点特征是否出现在数据实例中，该步骤中可以获得形如 $W = [w_j]_{j=1}^{n_p} \in R^{d\times n_p}$ 的 n_p 个模型；再次，SCL 将模型 W 进行奇异值分解 (singular value decomposition，SVD)，即 $[U\Sigma V^{\mathrm{T}}] = \mathrm{svd}(W)$，取 U 中最大的 k 个向量作为投影矩阵 $\theta \in R^{d\times k}$；最后，获得源领域标签数据点的如下转换

$$(\tilde{x}_i, \tilde{y}_i) \to ([\tilde{x}_i^{\mathrm{T}} \lambda(\theta^{\mathrm{T}} \tilde{x}_i)^{\mathrm{T}}]^{\mathrm{T}}, \tilde{y}_i), \quad i = 1, \cdots, \tilde{l} \tag{1-7}$$

式中，$\lambda > 0$ 为权衡参数。

迁移数据点增加了额外的 k 个特征，这些特征由源领域被迁移到目标领域，采用特征间的结构化通信信息进行编码。利用源领域转换的标签数据，SCL 能够训练一个判别式模型，即标准意义下的 SVM。对于任意的未来数据实例 x，通过映射 $x \to [x^{\mathrm{T}} \lambda(\theta^{\mathrm{T}} x)^{\mathrm{T}}]^{\mathrm{T}}$ 实现迁移。

为能够连接两个领域以实现知识迁移，Pan 等[49]引入了最大均值差异方法 (maximum mean discrepancy，MMD) 作为源领域与目标领域无标签数据的分布衡量，其公式如下：

$$\left\| \frac{1}{\tilde{l}} \sum_{i=1}^{\tilde{l}} \varphi(\tilde{x}_i) - \frac{1}{n-l} \sum_{i=l+1}^{n} \varphi(x_i) \right\|_2^2 \tag{1-8}$$

式 (1-8) 用于最小化迁移空间的分布距离。MMD 测度方法被作为一种核学习问题构建，其能够通过学习一种核矩阵 $K \in R^{(\tilde{l}+n-l)\times(\tilde{l}+n-l)}$ 来解决半正定规划问题。

然后将主成分分析 (principle component analysis，PCA) 应用到已学习的矩阵 K 来获得一个低维的表示，

$$[U\sum U^{\mathrm{T}}] = \mathrm{pca}(K), \quad U \in R^{(\tilde{l}+n-l)\times k} \tag{1-9}$$

转换的结果，使得原始数据即 U 中相应的列以降维后的维度 $R^{k\times 1}$ 呈现。标准的监督学习判别式方法，如 SVM，能够采用源领域降维后的标签数据来训练学习模型。

由特征子集完成特征选择已在解决 CRF 中的实体识别问题中被提出[50]，其主要利用源领域的标签数据与目标领域的无标签数据。为进一步详细阐释，考虑一个简化的二分类情形，其中标签 $y \in \{\pm 1\}$，而不是连续取值的情形。下面给出优化问题的公式描述：

$$\begin{aligned}
&\min_{\tilde{w},\tilde{\xi}} \frac{1}{2}\left\|\tilde{w}\right\|_2^2 + \lambda\sum_{i=1}^{\tilde{l}}\tilde{\xi}_i \\
&\text{s.t.} \quad \tilde{w}^{\mathrm{T}}\varphi(\tilde{x}_i,\tilde{y}_i) \geqslant 1-\tilde{\xi}_i, \quad \tilde{\xi}_i \geqslant 0,\ i=1,\cdots,\tilde{l} \\
&\qquad \sum_{k=1}^{d}|\tilde{w}_k|^{\gamma}\mathrm{dist}(\tilde{E}_k,E_k) \leqslant \varepsilon
\end{aligned} \tag{1-10}$$

式中，$E_k = \dfrac{1}{n-l}\sum\limits_{i=l+1}^{n}[\varphi_k(x_i,+1)P_r(+1|x_i,\tilde{w}) + \varphi_k(x_i,-1)P_r(-1|x_i,\tilde{w})]$ 为目标领域特征映射函数 $\varphi(X,Y)$ 的第 k 个特征期望值；$\tilde{E}_k = \dfrac{1}{l}\sum\limits_{i=1}^{\tilde{l}}\varphi_k(\tilde{x}_i,\tilde{y}_i)$ 为相应源领域的期望值；$P_r(+1|x_i,\tilde{w})$ 与 $P_r(-1|x_i,\tilde{w})$ 分别为实例 x_i 属于类别 $+1$ 与 -1 的先验概率；γ 用于控制模型参数 $\tilde{w}$ 的稀疏性，并产生相应的非零子集。为便于优化，可将距离测度 $\mathrm{dist}(\tilde{E}_k,E_k)$ 写为平方的形式，即 $(\tilde{E}_k-E_k)^2$，这可以用于惩罚和限制高阶特征以使得两个领域更加接近。训练好的模型 $\tilde{w}$ 将在目标领域拥有更好的预测性能，尤其能够解决两个领域内特征扭曲严重的情形。

Arnold 等[51]提出一种特征加权方法以连接目标领域的测试数据与源领域的标签数据。具体来说，源领域实例 $\tilde{x}_j$ 的第 k 个特征采用下式所述方法进行加权

$$\tilde{x}_{j,k} \to \tilde{x}_{j,k}\frac{E_k(\tilde{y}_j|X_U,\tilde{w})}{\tilde{E}_k(\tilde{y}_j|\tilde{D}_L)} \tag{1-11}$$

式中，$E_k(\tilde{y}_j|X_U,\tilde{w}) = \dfrac{1}{n-l}\sum\limits_{i=l+1}^{n}x_{i,k}P_r(\tilde{y}_j|x_i,\tilde{w})$ 为目标领域无标签数据 X_U 隶属于类别 $\tilde{y}_j$ 的第 k 个特征的期望值，采用源领域训练的 MaxEnt 模型 $\tilde{w}$ 获得；$\tilde{E}_k(\tilde{y}_j|\tilde{D}_L) = \dfrac{1}{l}\sum\limits_{i=1}^{\tilde{l}}\tilde{x}_{i,k}\delta(\tilde{y}_j,\tilde{y}_i)$ 为源领域含标签数据分布 $\tilde{D}_L$ 隶属于类别 $\tilde{y}_j$ 的第 k 个特征期望值。

对于 k 个特征和类标签 y 的连接分布而言，源领域加权数据拥有相同的期望值即 $\tilde{E}_k(y|\tilde{D}_L) = E_k(y|X_U, \tilde{w}), y \in Y$，因而，源领域与目标领域变得更加接近。需要指出，学习进程在学习模型 $\tilde{w}$ 与特征加权时需要迭代，这是其被称为迭代特征迁移 (iterative feature transfer，IFT) 的原因。既然 $E_k(\tilde{y}_j|X_U, \tilde{w})$ 仅仅为估计值，文献 [26] 尝试一种常用的策略来维持原始特征，在 NER 问题中发挥出良好的效果。具体公式为

$$\tilde{x}_{j,k} \rightarrow \lambda \tilde{x}_{j,k} + (1-\lambda)\tilde{x}_{j,k}\frac{E_k(\tilde{y}_j|X_U, \tilde{w})}{\tilde{E}_k(\tilde{y}_j|\tilde{D}_L)} \tag{1-12}$$

式中，$0 \leqslant \lambda \leqslant 1$ 为调节参数。

1.4.2　决策迁移

强化学习有许多种类，针对不同的类别迁移学习的方法也各不相同。其中一些方法仅仅是 Agent 在了解环境模型，即回报函数与状态转移函数时的应用。这种情形，能够直接采用动态规划来优化策略而不是通过与环境的不断交互。然而，在大多数强化学习问题中，模型是未知的。模型学习方法采用与环境的交互来构建一个实际模型的近似。无模型方法试图直接模拟环境作用原理，其不依赖于环境模型的精确构建，一般来说，根据迁移时机、手段与策略的选择，基本的强化迁移方法可以分为起点迁移、效仿迁移、分层迁移与变更迁移等。

1. 起点迁移

既然所有的强化学习方法开始于一个初始解并通过进一步的经历进行更新，那么最直接的一类迁移就是通过从源任务获取的知识设定目标任务的初始解，如图 1-6 所示。相比初始于随机解或零解的强化学习算法，这些起始点迁移方法能够使得强化学习进程以一个更加接近最终目标的起始点开始学习，而不用从零开始或由随机状态开始。对于如何利用源任务的知识来设置合理的起始点有不同的方法，但通常来说，目标任务中 RL 算法本身是不变的。

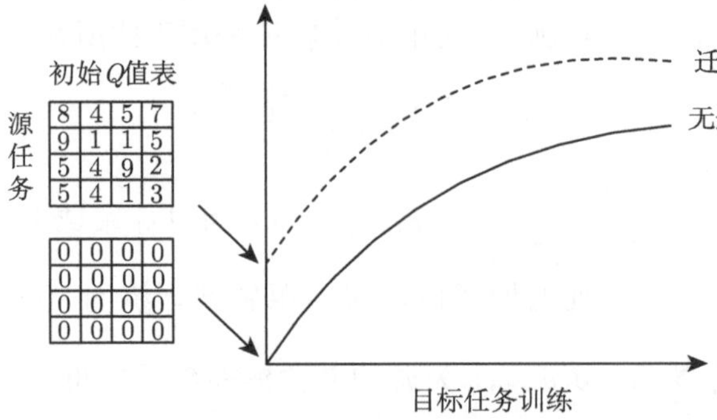

图 1-6　起始点迁移原理示意图

Tanaka 和 Yamamura[52]在非函数逼近的 TD 学习中采用了相似的方法，其值函数使用表格形式简单表示。这种值函数的简化使得从不同的源领域组合知识成为可能：利用不同的先验任务获得均值并迁移到当前目标任务作为起始值函数表，即

$$q_0(s,a)=\bar{Q}(s,a)=\frac{1}{n}\sum_{i=1}^{n}q_i(s,a),\quad s\in S,a\in A \tag{1-13}$$

式中，$q_0(\cdot)$ 为目标任务初始 Q 值；$\bar{Q}(s,a)$ 为源任务均值；S 为状态集；A 为动作集。

进一步地，Tanaka 和 Yamamura 采用从先验任务获得的标准差来确定时间差分学习的先验概率，

$$p_{_E}=E[(Q^{\mathrm{T}}-Q^{\mathrm{S}})^2]\approx(\bar{Q}^{\mathrm{T}}-\bar{Q}^{\mathrm{S}})^2+(s_Q^{\mathrm{T}})^2+(s_Q^{\mathrm{S}})^2 \tag{1-14}$$

$$s_Q(s,a)=\sqrt{\frac{1}{n-1}\sum_{i=1}^{n-1}[(q_i(s,a)-\bar{Q}(s,a))^2]} \tag{1-15}$$

其中，$p_{_E}$ 为多任务迁移学习先验概率；$s_Q(\cdot)$ 为源任务 Q 值方差；Q^{T} 与 Q^{S} 分别为目标任务与源任务对应 Q 值。

通过先验概率 $p_{_E}$ 的引入，能够更好地观测各源任务 Q 值的偏差信息，以便实现更高的估计精度。

当 TD 强化学习方法作为批问题而不是一个增量问题出现时，就要求采用不同的起始点方法实现迁移。在批强化学习中，Agent 在更新解前的一次作用中与环境实现多次交互。Lazaric 等[53]在这种设定中通过寻找与目标任务相似的源任务样本并将其添加到常规目标任务样本中来实现迁移，在给定目标样本 $\hat{T}(s,a)$ 的前提下，源任务 S 的后验概率 $P(S|\hat{T}(s,a))$ 为

$$\begin{aligned}&P(S|\hat{T}(s,a))\propto P(\hat{T}(s,a)|S)P(S)\\=&\prod_{\tau_i\in\hat{T}(s,a)}P(\tau_i|S)P(S)\\=&\prod_{t_i\in\hat{T}(s,a)}P_S(s_i'|s_i,a_i)R_S(r_i|s_i,a_i)P(S)\end{aligned} \tag{1-16}$$

式中，$\hat{T}(s,a)=\{\tau_i\in\hat{T}|s_i=s,a_i=a\}$；$P(S)$ 为源任务 S 先验概率。

这种基于目标样本的后验概率能使目标任务获得更为相似的迁移源样本。同时，其最初的解几乎完全依赖于源任务知识，但是在后续的批次中由于更多的目标数据变得可以获得，源任务的影响逐渐减弱。

脱离于 TD 强化学习，起始点方法能够采用更多的形式进行。在一类基于模型的贝叶斯 RL 算法中，Sherstov 等[54]将之前的 MDP 分布作为当前 MDP 的一种先验知识完成迁移。在策略搜索遗传算法中，Taylor 等[55]从源任务迁移种群的作为目标任务的初始种群。

2. 效仿迁移

决策迁移中另外一类是学习目标任务时采用源任务策略选择部分动作。效仿迁移并没有像起始点方法那样直接改变目标任务的解，而是通过产生不同的状态-动作函数或策略更新来影响发展中的解。相比于传统强化学习的随机探索，来自于源任务策略的决断能使得 Agent 更加快速地适应环境区域。基于源任务策略的不同呈现方式与其在目标任务强化学习中所占的比重，又有不同的效仿迁移方法。

一种方法为目标任务在探索过程中采用源任务策略，对于常规 RL 学习而言，将不得不采用随机策略。Madden 和 Howley[56]等针对表格化的 Q 学习采用这种方法，其将源任务策略重新呈现为一系列命题逻辑规则并在探索阶段选择这些规则，如图 1-7 所示。

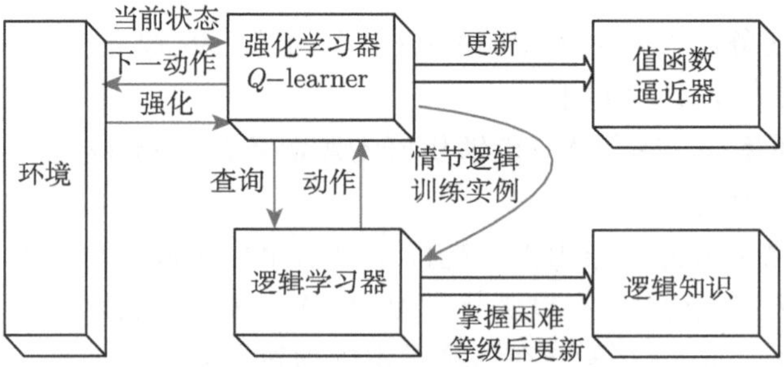

图 1-7 累积迁移强化学习原理示意图

Fermandez 和 Veloso[57]则是给 Agent 提出了一个在利用当前任务、利用过往策略与随机探索间的三项选择，除了 ε-greedy 策略中的 ε 之外，其引入了第二个参数以确定每次选择的执行概率，即

$$\alpha = \begin{cases} \prod\limits_{\text{past}}(s), & p(\psi) \\ \varepsilon\text{-greedy}(\prod\limits_{\text{new}}(s)), & 1-p(\psi) \end{cases} \tag{1-17}$$

式中，$\prod\limits_{\text{past}}(s)$ 为源任务中可以再次利用的策略；而 $\prod\limits_{\text{new}}(s)$ 为目标任务新策略。可以看出，其以 $p(\psi)$ 的概率直接利用源任务策略，以 $1-p(\psi)$ 的概率采用 ε-greedy 探索当前任务策略。其中 ε-greedy 为贪婪策略。

该方法中目标任务 Agent 在固定数量的初始迭代环节遵循源任务策略，阶段结束后恢复到常规强化学习模式。在目标任务的早些步骤中，当前策略并未成型，直接利用其探索无异于采用随机策略。这种方法的目的在于避免初始探索的不确定性以尽快在实证阶段结束前生成足够多的数据产生合理的目标任务策略。

3. 分层迁移

第三类迁决策迁移方法为分层决策学习。这些方法将迁移源看作为目标任务的子任务，利用源任务的解来构建目标任务模块。该类方法与分层强化学习有密切联系，分层强化学习中复杂任务被按层分解为子任务后分片学习。

分层迁移的早期类型为组合多个源任务的解作为目标任务的解，正如 Singh[58] 提出的那样，将复杂任务临时串联为一系列简单任务，以使目标任务能够通过迁移一些更小的子任务来解决，其结构原理如图 1-8 所示。

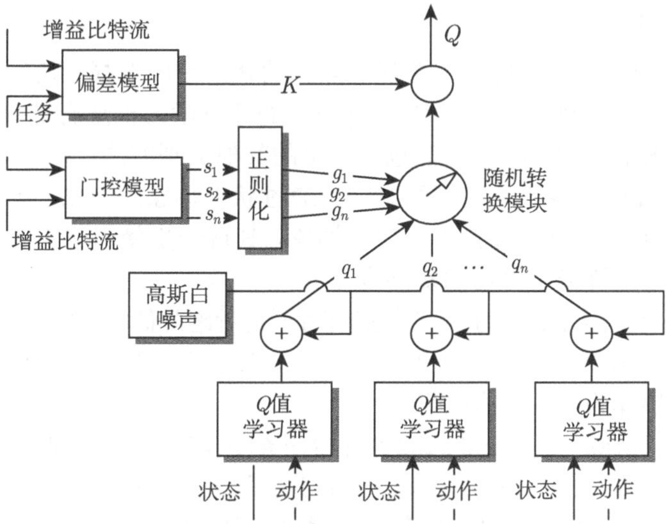

图 1-8 分层迁移 Q 学习结构

Mehta 等[59]提出一种迁移方法可以直接作用于分层强化学习框架，即通过获得源任务中的成功行为来学习分层任务，然后将其应用于目标任务 MaxQ 分层强化学习算法中。这种迁移学习的方式可以去除设计任务层的负担。

其他的方法可以归结为采用 option 作为操作框架，option 是文献 [60] 提出的一种术语，指代强化学习中的临时扩展动作。一个完整的 option 包括起始条件、终止条件与选择低级别动作的内部策略。与原始低级动作一样，强化学习 Agent 将每个 option 均作为一种附加的动作看待，基于 option 迁移机制的强化学习 Q 值

具有如下更新规则

$$
\begin{aligned}
Q_i(s_{t+1},a_{t+1}) =& Q_i(s_t,a_t)+\alpha B_{i,t+1}(r_{st}^{at}+\gamma\max_a Q_i(s_{t+1},a)-Q_i(s_t,a_t)) \\
=& Q_i(s_t,a_t)(1-\alpha)+\alpha(1-B_{i,t+1})Q_i(s_t,a_t) \\
& +\alpha B_{i,t+1}(r_{s_t}^{a_t}+\gamma\max_a Q_i(s_{t+1},a))
\end{aligned}
\tag{1-18}
$$

其与 Sutton 提出的标准强化学习相比，允许学习率根据信任度 B_i 随时间而变化，同时信任度 B_i 本身亦随任务 i 中下一状态 s' 的采样分布而变化。

在一些特殊情形下，将整体源任务策略作为一个 option 作用于目标任务也是一种行之有效的措施，如文献 [61] 提到的算法一样。其通过学习关联决策树来呈现源任务策略并允许目标任务学习器将其作为 option 来执行。另一种可能是学习一些更小的 option，或者在源任务的学习阶段或者在其后，并将其提供给目标任务。Asadi 和 Huber[62]根据访问频次寻找源任务状态作为 option 的终止条件。

4. 变更迁移

这类决策迁移算法包括基于源任务知识的状态空间选择、动作空间选择与目标回报函数选择。其涉及范围与基于 option 的迁移学习框架有部分重合之处，后者也是改变目标任务动作空间，但包含大量的其他类别方法。

一种选择目标任务状态空间的方法为通过状态抽象来简化。Walsh 等[63]通过聚集大量源任务状态以实现状态空间的抽象，其进一步使用聚集状态来学习目标任务，很大程度上降低了算法的复杂度。

也有方法是扩展了目标任务状态空间而不是考虑降低它。Taylor 和 Stone[64]就是通过增加目标任务状态变量来实现这一点。其学习一种表征源任务策略的决策清单，并将输出作为新的状态变量。

尽管基于 option 的方法被添加到目标任务动作空间，在降低动作空间方面仍然有许多工作要做。Sherstov 与 Stone[54]首先在源任务空间中估计哪些动作集合是最有价值的，然后仅需要在目标任务中考虑这部分有价值的动作集，即大幅降低了值函数的复杂度，同时也降低了必要探索量。

回报整形是一种新的设计思路，其目的在于通过提供立即回报来加速学习进程，这种立即回报可以作为累积回报的一种指示。通常情况这需要人为干预，正如许多强化学习任务中提到的一样。Sholeh 与 Lucian 等[65]利用迁移学习实现了回报的自动整形，其在源任务领域中学习预测回报，并利用获取的信息生成目标任务的有形回报函数。

1.4.3 色彩迁移

色彩迁移是一种基于机器学习理论的图像处理技术，其从源图像向目标图像传递色彩特征。理想情况下，迁移应尽可能保持源图像色彩风格与目标图像色彩轮廓。良好的色彩迁移算法需要同时考虑图像场景细节与色彩细节。

Reinhard 等[4]首先提出了一种简单有效的色彩迁移算法，其通过迁移与尺度变换，将 $l\alpha\beta$ 色彩空间的图像色彩风格以像素点对像素点的方式从源图像迁移到目标图像，核心思想在于利用了色彩值的期望与方差等统计特征。如图 1-9 与图 1-10所示，在保证目标图像轮廓与布局结构不变的情况下，分别迁移了源图像的色彩风格，图 1-9 目标图像获得了夕阳西下的色调，而图 1-10 则是由写实派风格迁移为油画风格。

(a)目标图像 (b)源图像 (c)迁移图像

图 1-9 Reinhard 色彩迁移算法示例 1

(a)目标图像 (b)源图像 (c)迁移图像

图 1-10 Reinhard 色彩迁移算法示例 2

尽管 Reinhard 提出的算法取得了较为理想的结果，仍然有两个问题需要进一步的研究与考虑。首先，当源图像与目标图像色彩值分布差异较大时，迁移后会产生不自然的视觉表现；其次，该算法基于简单的统计数据，即期望与方差，并没有太关注图像的轮廓细节与色彩分布。

针对第一个问题的研究目前已比较广泛，例如基于色块聚类的方法，Chang 等提出的色彩范畴感知算法[66]，基于 EM 的软图像分割算法[67]等。而针对第二个问题，则有 Xiao 等[68]提出的梯度保持色彩迁移算法用以解决。其提出的算法主要在于关注色彩迁移的忠实性，即要求在目标图像中能够精确地复现源图像的场景感与色彩分布。Pitie 等[69]提出的自动色彩分级算法在一定程度上维护了源图像的色彩分布，但其在目标图像产生了额外的边界。众所周知人类视觉系统对于局部强度的差异比对于强度本身的差异要更为敏感。Xiao 因此考虑保持色彩梯度以更加忠实场景风格，并同时采用柱状图来表征色彩。梯度融合与柱状图即为其算法的核心与基础。其算法主要贡献体现在以下两个方面：①综合了色彩迁移两个最主要的因素——源图像色彩风格与目标图像梯度；②关于梯度与色彩简单高效的衡量机制。

近来，色彩迁移算法已成为一个热门研究课题，有大量成果涌现。这些算法从本质上来说，可以分为全局色彩迁移算法与局部色彩迁移算法。

Reinhard 等开创性地提出了全局色彩迁移算法，能够将一幅图像的色彩风格迁移到另一幅。正如他们发现的那样，色彩迁移的性能好坏在一定程度上取决于源图像与目标图像色彩分布的相似性。进一步地，Reinhard 等又提出了基于反向距离加权的局部色彩迁移算法来修复这个问题，其后，更多的局部色彩迁移算法被提出以更好地做出改善。

Chang 等[70]提出一种基于颜色范畴的色彩迁移算法并将其扩展用于处理影像数据。首先，其将源图像与目标图像转换到 $l\alpha\beta$ 色彩空间，并把每个像素点划归到 11 个基类之一；然后，针对像素点集的每一类别在色彩空间生成一个凸型壳；最后在相同范畴的每对凸型壳间实现色彩迁移。

Tai 等[71]的局部色彩迁移方法主要是基于软色彩分割算法。首先，提出一种改善的 EM 算法以概率性分割输入图像并为其构建高斯混合模型 (Gaussian mixture models，GMM)；其次，获取对应的关系并将源图像 GMM 映射到目标图像 GMM；最终，应用 Reinhard 算法到每一组高斯对中，并将中间结果根据每个像素概率实现分割融合。

Wen 等[72]提出一种新的色彩迁移系统用于图像增强。该系统为用户提供了一个基于笔画的界面并以此确定不进行改变的背景与其在源图像与目标图像上的相应区域。首先，采用增强的图像切割算法来分割目标背景；其次，提出一种高斯概率加权的色彩迁移算法并根据相关笔画转换源图像。但是直接的算法迁移将对图像产生明显的人造痕迹。所以 Wen 采用一种基于梯度的平滑性方法来对其进行改进。

Welsh 等[73]扩展了色彩迁移的思想并将其用于灰度图像的着色。其算法通过像素点与其邻居像素间的亮度匹配计算像素点的色彩值，并利用矩形样本实现局部匹配。

总体来说，上述基于分类框架的局部迁移算法均能够获取良好的迁移效果，如 Chang 等的 11 类基准范畴，Tai 等提出的色彩软切割，Wen 等提出的高斯概率加权等。同样地，将这些分类框架用于全局色彩迁移算法也能起到类似局部迁移的效果。Xiao 在文献 [68] 中正是用到了这类思想。

Pitie 等[74]提出一种 n 维 PDF 迁移算法，能够利用图像间的全局信息进行色彩迁移，从而确保维持图像间的色彩分布。然而，这种方式很容易造成像素值的过度拉伸从而导致色彩内容发生变化。所以，Pitie 等提出一种柔性框架来改善与弥补这个问题。

Xiao 等的算法思路则是来源于对梯度与色彩本身的忠实。从某种意义上来说，其算法属于梯度处理领域，该领域在目前正广受关注并已成为研究热点。该技术被广泛应用于诸多领域，如高维动态序列 (high dynamic range，HDR) 压缩，色调的局部调节，图像的多尺度分解与非照片实景的转化等。

为估计算法的性能，评价机制至关重要。峰值信噪比 (peak signal-to-noise ratio，PSNR) 与均方误差 (mean squared error，MSE) 以其易于理解与方便实施的特点，成为最常用的评价指标。遵循着 MSE 指标的思路，Xiao 等提出一种全局色彩迁移目标估计的新机制。与 Xiang 等提出的性能估计指标相比，新指标更加适用于基于实例的色彩迁移，因为 Xiang 等提出的色彩相似度机制仅仅是针对色彩质量的评价指标而不是对于色彩分布与风格的忠实性。

下面分别介绍两类典型的多源色彩分割迁移算法，期望最大化[71]与SMSP 转换[75]。

1. 期望最大化

期望最大化算法中，E-step 与 M-step 不断循环迭代直至算法收敛。通常来说，上述 EM 算法的初始参数设定要通过 K-means 算法进行计算，其对于 3D GMM 问题能够预估得很好，仅仅需要可视化的统计点及其相关概率等数据。然而，对于具有 3 色通道的图像而言，并不需要考虑空间上的关联度。同时要注意，将该算法更新到 5D 也是不切实际的，这将很容易陷入局部最优。同样地，收敛的高斯核数目不能保证是最优的，因而 Tai 等对其进行了改进，采用新的 E-step 更新法则来替代原有法则。

在 Tai 等提出的算法中，在循环中设定了额外的空间平滑性操作，以使得同时能够限制像素点间的空间连接并优化高斯迭代的数目，避免两类高斯成分出现巨大重叠的情形。输出的优化主要体现在高斯核的数目 N 上。

首先，假定图像能够被分割为 N 个区域，也就是说，$l\alpha\beta$ 空间潜在的连接色彩分布能够采用包含 N 个高斯核的集合进行逼近。这相当于是 3D GMM 估计。

E-step：像素色彩 $I(x,y)$ 属于第 i 个高斯核 G_i 的概率表达式为

$$P_{xy} = \frac{\exp(-(I(x,y)-\mu_i)^2/2\sigma_i^2)}{\sum_{j=1}^{N}\exp(-(I(x,y)-\mu_j)^2/2\sigma_j^2)} \tag{1-19}$$

式中，μ_i 与 μ_j 为高斯核的均值；σ_i 和 σ_j 为其标准差。

M-step：区域 i 高斯核 G_i 的均值 μ_i 与标准差 σ_i 分别采用式 (1-20) 与式 (1-21) 进行预估

$$\mu_i = \frac{1}{Z}\sum_{x,y} P_{xy}^i I(x,y) \tag{1-20}$$

$$\sigma_i = \sqrt{\frac{\displaystyle\sum_{x,y} P_{xy}^i (I(x,y) - \mu_i)^2}{Z}} \tag{1-21}$$

式中，Z 为归一化因子，其取值为 $\sum\limits_{x,y} P_{xy}^i$。

给定输入图像 I，改善的 EM 算法采用如下过程进行迭代：

步骤 (1)　期望。由 $(t-1)$ 次迭代的结果估计 t 次迭代概率分布 P_{xy}^t，代替原有期望更新法则，引入下述新方式

$$P_{xy}^t = \tilde{P}_{xy}^{t-1} + \frac{\exp\left(-\dfrac{(I(x,y)-\mu_i^{t-1})^2}{2(\sigma_i^{t-1})^2}\right)}{\displaystyle\sum_{j=1}^{N}\exp\left(-\dfrac{(I(x,y)-\mu_j^{t-1})^2}{2(\sigma_j^{t-1})^2}\right)} \tag{1-22}$$

式中，$\tilde{P}_{xy}^{t-1}$ 为前一次迭代获得的空间平滑项，同时，预测概率受归一化约束，即 $\sum\limits_{i=1}^{N} P_{xy}^t = 1$。

步骤 (2)　空间平滑性。在该步骤中，算法实现了对空间平滑性的操作，并获取更新的期望值。平滑算子根据下式定义

$$\tilde{P}_{xy}^t = \frac{1}{Z_i}\sum_{(x',y')\in N(x,y)} D(I(x,y), I(x',y'))P_{x'y'}^t \tag{1-23}$$

式中，$Z_i = \sum\limits_i \sum\limits_{(x',y')\in N(x,y)} D(I(x,y), I(x',y'))P_{x'y'}^t$ 为归一化因子。对于同时发生的色彩平滑性与空间平滑性，采用双边过滤器同时进行

$$D(I(x,y), I(x',y')) = \exp\left(-\frac{(x-x')^2+(y-y')^2}{\sigma_{\mathrm{d}}}\right)\exp\left(-\frac{|I(x,y)-I(x',y')|^2}{\sigma_{\mathrm{g}}}\right) \tag{1-24}$$

式中，σ_{d} 与 σ_{g} 分别为控制空间平滑性与色彩平滑性的强度参数。

步骤 (3)　完善高斯核。根据前次迭代获取新的高斯参数估计。对于同一幅图像的每个高斯成分对 $G_i(i;\mu_i^t,\sigma_i^t)$ 与 $G_j(j;\mu_j^t,\sigma_j^t)$，如果 $|\mu_i^t - \mu_j^t| < \delta$，$\delta$ 为预先设定的阈值参数，那么将其合并同时重新估计其参数。受到参数 δ 的控制，本环节针

对每幅图像生成一个优化的高斯数目。实施中，在图像区域合并前需反复循环算法直至其收敛，以获得固定数目的高斯核。这将对最终结果产生良好的影响。

步骤 (4) 输出。如果在第 i 次循环与第 $(i-1)$ 次循环间相应高斯成分间的均值与方差差异足够小，即说明在当前循环 i 已没有高斯核合并，那么终止算法。否则，返回步骤 (1) 开启第 $(t+1)$ 次循环。

2. SMSP 转换

最小伸展结构保持变换 (stretch-minimizing structure-preserving，SMSP) 在色彩迁移过程中起到至关重要的作用，下面进行介绍。

首先根据公式 $Z_2=\varphi(Z_1)=B_{12}Z_1+b_{12}$ 获取具有结构保持属性的变换 Z_2，希望迁移函数 φ 能够保持随机变量 Z_1 的结构，对于 Z_1 的结构，有很多不同的定义，这里仅关注其自然属性，这意味着，其均值应与要求的均值匹配，即

$$\mu_2=E[Z_2]=B_{12}E[Z_1]+b_{12}=B_{12}\mu_1+b_{12} \tag{1-25}$$

因此，$b_{12}=\mu_2-B_{12}\mu_1$，$Z_2=\varphi(Z_1)=B_{12}(Z_1-\mu_1)+\mu_2$。同样地，其方差矩阵也应与要求的方差矩阵相匹配：

$$\begin{aligned}\sigma_2&=E[(Z_2-\mu_2)(Z_2-\mu_2)^{\mathrm{T}}]\\&=E[B_{12}(Z_1-\mu_1)(Z_1-\mu_1)^{\mathrm{T}}B_{12}^{\mathrm{T}}]\\&=B_{12}\sigma_1B_{12}^{\mathrm{T}}\end{aligned} \tag{1-26}$$

为衡量迁移函数 φ 在色彩迁移过程中造成的 “stretch”，即坐标尺度的拉伸或压缩，一种简单的方式是衡量矩阵 B_{12} 的单值。实际中，将 B_{12} 的单值用 $s_i(B_{12})$ 表示，迁移函数 φ 的拉伸度采用下式定义

$$\Theta(\varphi)=\Theta(B_{12})=\sum_{i=1}^{3}\theta(s_i(B_{12})) \tag{1-27}$$

式中，$\theta(s)$ 为惩罚项，将惩罚那些远离 1 的值，即造成拉伸或压缩的情形。

惩罚概率 θ 常用的表达式有如下两种:

$$\theta(s)=|\log(s)|\theta(s)=\max\{s,s^{-1}\}=\mathrm{e}^{|\log(s)|} \tag{1-28}$$

考虑到协方差矩阵中往往存在一个奇异阵或者近似奇异阵，希望能够更好地提升对于拉伸惩罚的鲁棒性，即 $\theta_r(s)=\min\{\theta(s),\theta_0\}$。例如，当 $\theta(s)=\max\{s,s^{-1}\}$，可以取 $\theta_0=10$。

采用了上述变化后，迁移问题将转化为如下优化问题：

$$\min_{B_{12}}\Theta(B_{12})\quad \text{s.t.}\quad B_{12}\sigma_1B_{12}^{\mathrm{T}}=\sigma_2 \tag{1-29}$$

从离散色彩流到连续色彩间的迁移，要点在于获取归一化的目标图像 i 与源图像 j 的概率分布，通过其能够获知哪一种源色彩将能够映射到哪一种目标色彩上。这种归一化的色彩流将能够明确产生每个目标图像 i 的随机变量对，并能够采用 SMSP 迁移实现从第一个变量到第二个变量的映射。归一化的目标色彩流与源色彩流分别为

$$p_{ij}^{ts}=\frac{f_{ij}}{\sum\limits_{j'}f_{ij'}}p_{ji}^{st}=\frac{f_{ij}}{\sum\limits_{i'}f_{i'j}} \tag{1-30}$$

目标色彩流给出了源色彩相应于第 i 个目标色彩的分布。相似地，源色彩流表征的是目标色彩相应于第 j 个源色彩的分布。算法的目标要求采用这些色彩流来获取统计特性，即第 i 种目标色彩随机变量对的均值与协方差矩阵。

首先考察与目标图像 i 关联的源随机变量。与目标色彩 i 关联的源图像分布可以简单地用归一化的色彩流 p_{ij}^{ts} 描述。为计算与色彩 i 关联的源随机变量统计值，即均值 $\tilde{\mu}_i^s$ 与协方差矩阵 $\tilde{\sigma}_i^s$，设定拥有每幅源图像的均值与方差，即

$$\mu_j^s=E[s|s\in\mathrm{bin}_j]v_j^s=E[ss^{\mathrm{T}}|s\in\mathrm{bin}_j] \tag{1-31}$$

因此，与色彩 i 关联的源色彩统计值为

$$\tilde{\mu}_i^s=\sum_j p_{ij}^{ts}\mu_j^s\tilde{\sigma}_i^s=\sum_j p_{ij}^{ts}v_j^s-\tilde{\mu}_i^s(\tilde{\mu}_i^s)^{\mathrm{T}} \tag{1-32}$$

现在，通过检测目标图像关联色彩 i 的分布，考察与目标色彩 i 关联的目标随机变量。实际中，归一化的目标色彩流 p_{ji}^{st} 表征与其关联的目标图像 i，因此，可以将归一化的目标色彩流与源色彩流相合并以表征与目标图像的关联程度，通过其可以表征相同的源图像 j 的映射关系。特别地，定义

$$p_{ii'}^{tt}=\sum_j p_{ij}^{ts}p_{ji'}^{st} \tag{1-33}$$

其分布表征目标色彩 i 对目标色彩 i' 的关联程度。当目标色彩 i 与 i' 映射到越相似的源图像时，$p_{ii'}^{tt}$ 取值越大；反之，则取值越小。明显地，$p_{ii'}^{tt}$ 取值受到归一化的约束，即 $\sum\limits_{i'}p_{ii'}^{tt}=1$。

给定 $p_{ii'}^{tt}$，需要计算关联于色彩 i 的目标随机变量统计值，即均值 $\tilde{\mu}_i^t$ 与协方差矩阵 $\tilde{\sigma}_i^t$。为获取精准的结果，假定对于每幅目标图像，拥有其均值与方差，即

$$\mu_i^t=E[t|t\in\mathrm{bin}_i]v_i^t=E[ss^{\mathrm{T}}|y\in\mathrm{bin}_i] \tag{1-34}$$

事实上，在正常途径下，μ_i^t 与 v_i^t 应由色彩 i 的样本计算得出。目标图像色彩关联于图像 i 的统计值有

$$\tilde{\mu}_i^t = \sum_{i'} p_{ii'}^{tt} \mu_{i'}^t \tilde{\sigma}_i^t = \sum_{i'} p_{ii'}^{tt} v_{i'}^t - \tilde{\mu}_i^t (\tilde{\mu}_i^t)^{\mathrm{T}} \tag{1-35}$$

最终，迁移过程整体可以采用形如 SMSP 变换的凸和进行描述，即

$$\Psi(t) = \sum_{i=1}^{n_t} w_i(t) \Psi_i(t) \tag{1-36}$$

式中，各非负权值符合归一化约束，即 $\sum_{i=1}^{n_t} w_i(t) = 1$。

加权机制使得整体迁移对局部迁移的结果进行二次整合，可以采用下式对局部权值进行描述

$$w_i(t) = \frac{d(t, t_i)^{-\alpha}}{\sum_{i'} d(t, t_{i'})^{-\alpha}} \tag{1-37}$$

式中，d 表示目标色彩间的距离，且有 $\alpha > 0$。

1.4.4 优化迁移

优化迁移本身并无明确的概念与统一的研究框架，这里主要针对智能优化领域内的两类典型问题: 参数设定与优化进程中的时间复杂度问题，探讨如何采用一般迁移机器学习的方法，如模型迁移、样本迁移与特征迁移等实现优化领域内的多源迁移，同时考虑对于优化问题的独特性，探索其独有的迁移学习方法。

1. 参数设定问题

传统智能优化算法的参数选取方法主要有: 经验选择法、试验试凑法、正交试验设计法等。经验选择法要求对所研究问题拥有很好的经验和足够的知识，否则，并不容易获得合适的参数；试验试凑法是通过大量的数字仿真试验来获得较优的参数，比较费时，而且获得的参数也不一定是最优的；正交试验设计法的缺点是计算量大，并且没有全面考虑参数之间存在的耦合性。由于参数设定本身可以视为优化问题，因此近年来，陆续有学者采用遗传算法 (genetic algorithm，GA) 或粒子群优化 (particle swarm optimization，PSO) 等智能优化算法对蚁群算法的运行参数进行迭代求解。但是，这种方法在进行蚁群算法参数优化选择的同时，又引入了诸如 GA 中选择、交叉、变异概率，PSO 中惯性权值、学习因子、最大速度等众多参数的选择问题，而 GA 和 PSO 的优化性能在很大程度上也取决于其自身运行参数的合理选择。

2. Ant-Q 优化进程

Ant-Q 算法是将利用仿生学技术的蚁群算法与基于值迭代的 Q 学习相融合的一类优化算法，由 Gambardella 与 Dorigo[76]提出。该算法不但继承了蚁群算法分布式计算、信息正反馈以及启发式搜索等优点，还兼具强化学习的试错法与延时回报等行为心理学机制，在处理旅行商问题 (traveling salesman problem，TSP)[77]、移动机器人路径规划[78]、核燃料重载[79]、配水灌溉网络[80]以及流程规划[81]等方面有着极其重要的应用。然而，当待处理问题规模较大时，Ant-Q 算法的时间复杂度将随问题规模呈现出阶乘级的增长，极大地抑制了算法的收敛速度。另外，Ant-Q 算法在本质上属于蚂蚁系统的延伸，因而蚁群算法难以解决的局部最优问题，也同时制约着 Ant-Q 算法的进一步发展。

1) Ant-Q 基础理论

位于城市 r 的 Agent$k$，采用如下动作选择机制向城市 s 移动：

$$s = \begin{cases} \arg\max\limits_{u \in J_r(r)} \{[\mathrm{AQ}(r,u)]^{\delta} \cdot [\mathrm{HE}(r,u)]^{\beta}\}, & q \leqslant q_0 \\ S & \text{其他} \end{cases} \tag{1-38}$$

式中，δ 与 β 分别为相应 AQ 值与启发信息 HE 的相对重要性因子；q 为 [0,1] 区间内服从均匀分布的随机变量；$q_0\,(0 \leqslant q_0 \leqslant 1)$ 为随机因素控制参数，其值越高，采用随机选择的概率越小；S 为随机选择动作。

在 Ant-Q 系统中，m 个 Agent 共同协作来学习 AQ 值，这样能够使其发现更好 TSP 路径解。每次循环迭代后，AQ 值采用下式进行更新：

$$\mathrm{AQ}(r,s) \leftarrow (1-\alpha) \cdot \mathrm{AQ}(r,s) + \alpha \cdot [\Delta\mathrm{AQ}(r,s) + \gamma \cdot \max_{z \in J_k(s)} \mathrm{AQ}(s,z)] \tag{1-39}$$

更新项由当前 AQ 值的衰弱项与其下一个状态的折扣估计项组成。

通常有如下 3 种动作选择机制：伪随机规则、伪随机概率选择规则和随机概率选择规则。

(1) 伪随机规则。由式 (1-38) 所描述，以 $(1-q_0)$ 的概率均匀选择状态集 $J_k(r)$ 中的各个状态，即与当前城市 r 连接的其他各个城市，这种伪随机规则与传统 Q 学习中的伪随机动作选择机制相类似。

$$p_k(r,s) = \begin{cases} \dfrac{[\mathrm{AQ}(r,s)]^{\delta} \cdot [\mathrm{HE}(r,s)]^{\beta}}{\sum\limits_{u \in J_k(r)} [\mathrm{AQ}(r,u)]^{\delta} \cdot [\mathrm{HE}(r,u)]^{\beta}}, & s \in J_k(r) \\ 0 & \text{其他} \end{cases} \tag{1-40}$$

(2) 伪随机概率选择规则。同样由式 (1-38) 所描述，与前一规则不同的是其以 $(1-q_0)$ 的概率采用随机动作时，不再遵从均匀分布，而是采用式 (1-40) 所描述的概率分布，即 $[\mathrm{AQ}(r,s)]^{\delta}\cdot[\mathrm{HE}(r,s)]^{\beta}$ 值越大的城市被选择的概率越大，$[\mathrm{AQ}(r,s)]^{\delta}\cdot[\mathrm{HE}(r,s)]^{\beta}$ 反映的是当前城市信息素强度与启发式信息强度的综合值，即该步动作对于最终贡献的预期。

(3) 随机概率选择规则。与伪随机概率选择规则类似，区别在于 $q_0=0$，即其选择动作时完全不遵循 ε- greedy 策略，而仅以 $[\mathrm{AQ}(r,s)]^{\delta}\cdot[\mathrm{HE}(r,s)]^{\beta}$ 的相对大小，即式 (1-40) 所描述的概率分布来选择不同城市。这种方式也是 ACO 通常采用的选择机制。

Ant-Q 延迟强化的类型同样有 2 种：全局最优与迭代最优。

(1) 全局最优。采用下式实现延迟强化

$$\Delta\mathrm{AQ}(r,s)=\begin{cases}\dfrac{W}{L_{k_{\mathrm{gb}}}}, & (r,s)\in\text{Agent }k_{\mathrm{gb}}\\ 0 & \text{其他}\end{cases}\tag{1-41}$$

式中，W 为优化控制参数，通常设定 $W=10$；k_{gb} 为生成全局最优路径的 Agent；$L_{k_{\mathrm{gb}}}$ 为其路径长度。

式 (1-41) 表明仅有获得全局最优的路径途径的各城市节点能够获得强化值。

(2) 迭代最优。也称为局部最优，采用式 (1-42) 描述

$$\Delta\mathrm{AQ}(r,s)=\begin{cases}\dfrac{W}{L_{k_{\mathrm{ib}}}}, & (r,s)\in\text{Agent }k_{\mathrm{ib}}\\ 0 & \text{其他}\end{cases}\tag{1-42}$$

式中，k_{ib} 为每次迭代过程中的最优路径；$L_{k_{\mathrm{ib}}}$ 为其路径长度。

一般来说，两种更新方式能够获得相似的寻优结果。然而，局部更新方式与前者相比也有更好的优势。其寻优的过程更为迅速，同时其对于不同参数的 γ 值鲁棒性更强。

2) Ant-Q 算法步骤

Ant-Q 算法的伪代码如图 1-11 所示。

算法 1.1 Ant-Q 算法步骤

Objective: 寻找最短路径L_k

Inputs: 城市布局

步骤 (1) 初始化

a) 信息素因子 δ，启发式信息因子 β，学习步长 α，折扣因子 γ，优化控制参数 W，信息素强度列表 $\mathrm{AQ}(r,s)$.

b) For $k=1$ to m

将 Agent k 出发城市设为 r_{k1}

$J_k(r_{k1})=\{1,2,\cdots,n\}-r_{k1}$，表征位于城市 r_{k1} 的 Agent 可以到达的城市

$r_k=r_{k1}$，　r_k 为 Agent 当前所处城市

End

步骤 (2) 构建 Agent 路线

a) For $i = 1$ to n

if $i \neq n$

for $k = 1$ to m

由式 (1-38) 所述选择机制选择下一城市 s_k

if $i \neq n-1$ then $J_k(s_k) = J_k(r_k) - s_k$

if $i = n-1$ then $J_k(s_k) = J_k(r_k) - s_k + r_{k1}$

$\text{Tour}_k(i) = (r_k, s_k)$

end

else

for $k = 1$ to m 该循环中所有 Agent 回到初始位置 r_{k1}

$s_k = r_{k1} \text{Tour}_k(i) = (r_k, s_k)$

end

for $k = 1$ to m

$\text{AQ}(r_k, s_k) = (1-\alpha) \cdot \text{AQ}(r_k, s_k) + \alpha\gamma \cdot \max\limits_{z \in J_k(s_k)} \text{AQ}(s_k, z_k)$

不含强化项的 AQ 值更新规则 $r_k = s_k$

end

End

步骤 (3) 计算延迟强化，更新AQ值

a) For $k = 1$ to m

计算 Agent 生成的路径长度 L_k

End

For 节点路径 (r, s)

根据不同的延迟强化类型，全局最优或局部最优，采用式 (1-41) 或式 (1-42) 计算延迟强化 $\Delta\text{AQ}(r, s)$

End

利用式 (1-39) 更新 AQ 值

步骤 (4) 终止条件判定

a) 达成终止条件，算法结束；否则返回步骤 (2).

Output: 最短路径 L_k.

图 1-11 Ant-Q 算法的伪代码

1.5 本书主要内容及安排

本书主要围绕智能优化、强化学习、色彩增强以及模式识别等不同领域，利用知识迁移的思想并具体采取 1.4 节所述各类研究方法，处理路径寻优、参数映射、辅助决策、色彩迁移、文本分类与人脸识别等一系列实际问题。全书共有 4 部分、13 章，结构如图 1-12 所示。其中第 2~5 章属于分类迁移，第 6~7 章为决策迁移，第 8~9 章为色彩迁移，最后第 10~11 章为优化迁移。下面介绍各章节具体内容。

第 1 章是知识迁移概述，主要介绍知识迁移的提出与发展、基本概念、分类体系以及主要表现形式与应用等。

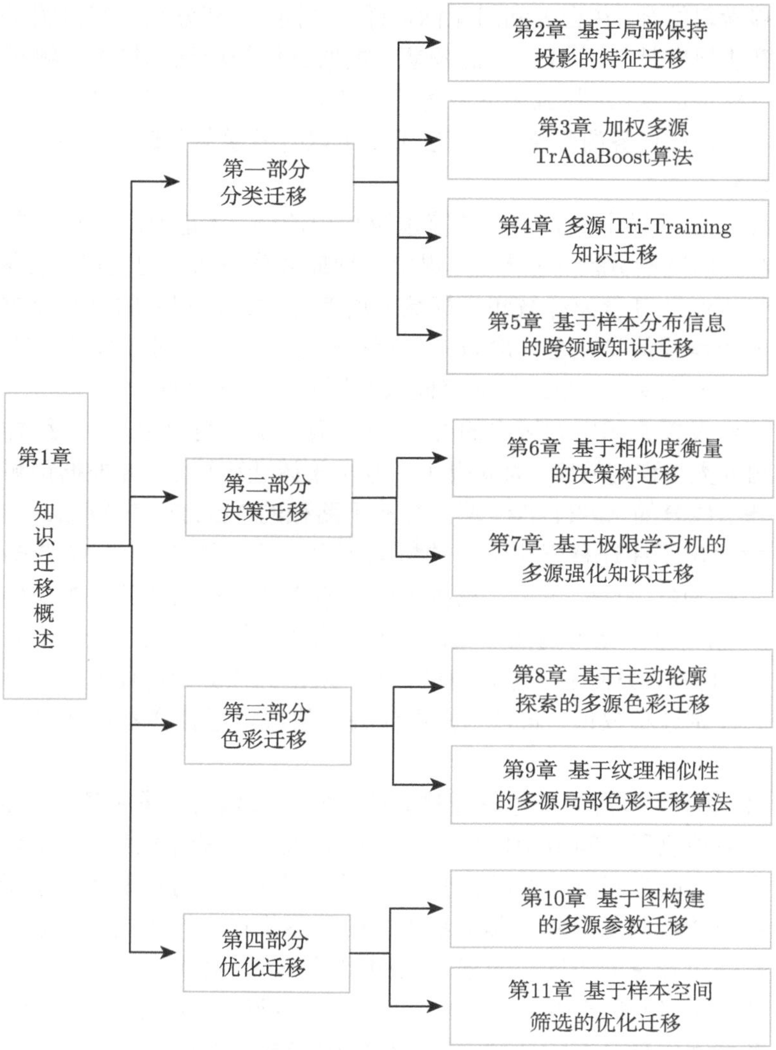

图 1-12 本书组织结构

第 2 章介绍基于局部保持投影的特征迁移，利用 LPP 特征映射解决多源迁移人脸识别，属于极端情形下的单样本迁移问题。

第 3 章阐释了加权多源 TrAdaBoost 算法，将 TrAdaBoost 算法推广到多源学习，提出基于 Boosting 思想的加权机制，利用多个源领域中包含的对目标领域任务学习有帮助的训练样本共同学习目标任务，同时降低源领域中无用样本对目标任务学习的影响，提高了目标任务学习的效率与精度。

第 4 章介绍多源 Tri-Training 知识迁移，将 Tri-Training 算法的协同训练思想与多源迁移学习结合，在合理利用无标记样本的同时，充分利用相似领域包含的有用信息。算法同样是基于 Boosting 思想，根据目标领域训练样本及测试样本的分布对源领域样本加权，选择源领域中对目标任务学习有帮助的样本，同时减小源领域无用样本对目标任务的影响。该算法不仅可以有效避免负迁移现象，而且能更好地帮助目标任务学习。

第 5 章为基于样本分布信息的跨领域知识迁移，考虑到最大均值差异忽略了单个样本对全局度量贡献的差异性，提出一种最大分布加权均值差异度量方法，采用白化余弦相似性度量为源域和目标域的所有样本设计相应的分布权重，使得每个样本的分布差异信息在全局度量中均得以体现。同时，进一步结合联合分布思想，提出一种基于最大分布加权均值嵌入的领域适应学习算法。

第 6 章涉及模式识别领域内的典型 UCI 数据集分类问题。当训练样本较少时会严重影响分类与识别精度，为此提出多源决策树迁移算法，并根据预测概率的不同又分为基于成分的 MSTDT-C 算法与基于路径的 MSTDT-P 算法。

第 7 章给出了在迁移强化学习的框架下提出的一种基于 ELM 的多源迁移 Q 学习 (MST-ELMQ) 算法。首先，根据贝叶斯概率分析理论计算各源任务与目标任务间的相似度；其次，获得的任务相似度被作为迁移权值来决定从每个源任务迁移的样本数目；再次，类似于任务权值的计算，求出源任务中各样本属于目标样本集的概率作为样本迁移权值；最后，根据任务权值决定迁移样本数并确定有效迁移样本。

第 8、9 章均为多源局部色彩迁移算法。第 8 章强调图像的多源分割，该方法合理利用了多种色彩空间 RGB、Gray、LMS 以及 $l\alpha\beta$ 的不同特点，实现了迁移源与目标图像在不同空间下的表示、分割、转换与迁移。一方面解决了基于统计学原理色彩迁移方法在图像分割过程中易出现的边界模糊与不确定性难题；另一方面也避免了常规色彩空间不同色彩通道间的相互干涉。第 9 章则提出一种基于纹理相似性的多源局部色彩迁移算法，利用灰度共生矩阵描述图像的纹理分布特征，然后计算各图像间纹理分布相似性，为目标图像选择相似性最大的源图像进行色彩迁移。算法可以有效地解决多景象多区域复杂图像间的色彩迁移问题，对图像多区域分割后，可以自动选择与其分布最相近的区域作为色彩区域。

第 10、11 章则对优化迁移问题进行初步的探索。第 10 章着重分析优化迁移中的一类典型问题：多变量耦合参数选择。通过建立关联任务间迁移能力的概念构成多个源任务间的邻接迁移矩阵，并通过各源任务对目标任务的迁移权值获取包含目标任务在内的扩展邻接迁移矩阵，最后采取迁移函数映射得到目标任务控制参数。第 11 章介绍了智能算法在路径寻优问题中的路径迁移。分别利用任务空间与样本空间的筛选获取各源任务及其样本对目标任务的迁移权值，补充并辅助任务实现路径寻优。

1.6 本 章 小 结

本章内容为全书的概述部分，主要介绍知识迁移的基本意义、概念的提出与发展、知识迁移与传统机器学习的关系及其分类、研究方法与整体结构安排等内容，旨在夯实全书研究根基，并给出整体框架，进一步对后续章节起到提纲挈领的作用。本书后续章节将分别从分类迁移、决策迁移、色彩迁移与优化迁移等 4 部分内容介绍知识迁移在模式识别、强化学习、色彩迁移与优化问题等不同领域的最新进展与研究成果。

参 考 文 献

[1] Yu F, Wang H B, Zheng D Q, et al. Research on transfer learning approach for text categorization. Proceedings of the International Conference on Artificial Intelligence and Computational Intelligence.Sanya, China: IEEE Press, 2010. 418-422.

[2] Blitzer J, Dredze M, Pereira F. Biographies, bollywood, boom-boxes and blenders: domain adaptation for sentiment classification. Proceedings of the 45th Annual Meeting of the Association of Computational Linguistics. Prague, Czech Republic: ACL Press, 2007. 440–447.

[3] 刘成, 彭进业. 基于多任务学习的自然图像分类研究. 计算机应用研究, 2012, 29(7): 2773-2775.

[4] Reinhard E, Pouli T. Colour spaces for colour transfer. Proceedings of the 3rd International Conference on Computational Color Imaging. Milan, Italy: Springer Press, 2011. 1-15.

[5] Yang Q, Zheng V W, Li B, et al. Transfer learning by reusing structured knowledge. Association for the Advancement of Artificial Intelligence, 2011, 32(2): 95-106.

[6] 王雪松, 潘杰, 程玉虎. 基于知识迁移的 Ant-Q 算法. 电子学报, 2011, 39(10): 2359-2365.

[7] Dai W Y, Yang Q, Xue G R, et al. Boosting for transfer learning. Proceedings of the 24th International Conference on Machine Learning. Corvalis, United States: ACM Press, 2007. 193-200.

[8] 杜俊卫. 基于聚类的文本迁移学习算法研究及应用. 太原: 山西财经大学, 2011.

[9] Xiang E W, Pan S J, Pan W, et al. Source-selection-free transfer learning. Proceedings of the 22nd International Joint Conference on Artificial Intelligence. Barcelona, Spain: Morgan Kaufmann Press, 2011. 2355-2360.

[10] Pan W, Xiang E W, Liu N N, et al. Transfer learning in collaborative filtering for sparsity reduction. Proceedings of the 24th AAAI Conference on Artificial Intelligence. Atlanta, United States: AAAI Press, 2010. 230-235.

[11] Kang Z, Grauman K, Sha F. Learning with whom to share in multi-task feature learning. Proceedings of the 28th International Conference on Machine Learning. Bellevue,

United States: ACM Press, 2011. 521-528.

[12] Taylor M E, Kuhlmann G, Stone P. Accelerating search with transferred heuristics. ICAPS Workshop on AI Planning and Learning, 2007.

[13] Yao Y, Doretto G. Boosting for transfer learning with multiple sources. Proceedings of the 2010 IEEE Computer Society Conference on Computer Vision and Pattern Recognition. San Francisco, United States: IEEE Press, 2010. 1855-1862.

[14] Dai W, Chen Y, Xue G R, et al. Translated learning: transfer learning across different feature spaces. Proceesings of the 22nd Annual Conference on Neural Information Processing Systems. Vancouver, Canada: MIT Press, 2008. 353-360.

[15] Jie L, Tommasi T, Caputo B. Multiclass transfer learning from unconstrained priors. Proceedings of the IEEE International Conference on Computer Vision. Barcelona, Spain: IEEE Press, 2011. 1863-1870.

[16] Ling X, Dai W, Xue G R, et al. Spectral domain-transfer learning. Proceedings of the ACM SIGKDD International Conference on Knowledge Discovery and Data Mining. Las Vegas, United States: ACM Press, 2008. 488-496.

[17] Torrey L, Shavlik J, Walker T, et al. Skill acquisition via transfer learning and advice taking. Proceedings of the 17th European Conference on Machine Learning. Berlin, Germany: Springer Press, 2006. 425-436.

[18] Taylor M E, Stone P. Transfer learning for reinforcement learning domains: A survey. The Journal of Machine Learning Research, 2009, 10: 1633-1685.

[19] Pan S J, Yang Q. A survey on transfer learning. IEEE Transactions on Knowledge and Data Engineering, 2010, 22(10): 1345-1359.

[20] Raina R, Battle A, Lee H, et al. Self-taught learning: transfer learning from unlabeled data. Proceedings of the 24th international conference on Machine learning. Corvalis, United States: ACM Press, 2007. 759-766.

[21] Jiang J, Zhai C. Instance weighting for domain adaptation in NLP. Proceedings of the 45th Annual Meeting of the Association for Computational Linguistics. Prague, Czech Republic: ACL Press, 2007. 264-271.

[22] Liao X, Xue Y, Carin L. Logistic regression with an auxiliary data source. Proceedings of the 22nd International Conference on Machine Learning. Bonn, Germany: ACM Press, 2005. 505-512.

[23] Lawrence N D, Platt J C. Learning to learn with the informative vector machine. Proceedings of the 21st International Conference on Machine Learning. Banff, Canada: ACM Press, 2004. 65-72.

[24] Bonilla E, Chai K M, Williams C. Multi-task gaussian process prediction.Proccedings of the 21st Annual Conference on Neural Information Processing Systems. Vancouver, Canada: MIT Press, 2008. 153-160.

[25] Li D, Cao P, Guo Y, et al. Time weight update model based on the memory principle in collaborative filtering. Journal of Computers, 2013, 8(11): 2763-2767.

[26] Dai W Y, Xue G R, Yang Y Q, Yu Y. Co-clustering based classification for out-of-domain documents. Proceedings of the 13th ACM SIGKDD International Conference on Knowledge Discovery and Data Mining. San Jose, United States: ACM Press, 2007. 210-219.

[27] Slimene A, Zagrouba E. Kernel maximum mean discrepancy for region merging approach. Proceedings of the 15th International Conference on Computer Analysis of Images and Patterns. York, United Kingdom: Springer Press, 2013. 475-482.

[28] Diu M, Gangeh M, Kamel M S. Unsupervised visual changepoint detection using maximum mean discrepancy. Proceedings of the 10th International Conference on Image Analysis and Recognition. Povoa do Varzim, Portugal: Springer Press, 2013. 336-345.

[29] Argyriou A, Evgeniou T, Pontil M. Multi-task feature learning.Proceedings of the 20th Annual Conference on Neural Information Processing Systems. Vancouver, Canada: MIT Press, 2007. 41-48.

[30] Lee S I, Chatalbashev V, Vickrey D, et al. Learning a meta-level prior for feature relevance from multiple related tasks. Proceedings of the 24th International Conference on Machine Learning. Corvalis, United States: ACM Press, 2007. 489-496.

[31] Wang C, Mahadevan S. Manifold alignment using procrustes analysis. Proceedings of the 25th International Conference on Machine Learning. Helsinki, Finland: ACM Press, 2008. 1120-1127.

[32] Wang Z, Song Y, Zhang C. Transferred dimensionality reduction. Proceedings of European Conference on Machine Learning and Knowledge Discovery in Databases. Antwerp, Belgium: Springer Press, 2008. 550-565.

[33] Mihalkova L, Huynh T, Mooney R J. Mapping and revising markov logic networks for transfer learning. Proceedings of the 22nd AAAI Conference on Artificial Intelligence. Vancouver, Canada: ACM Press, 2007. 608-614.

[34] Mihalkova L, Mooney R J. Transfer learning by mapping with minimal target data. Proceedings of Association for the Advancement of Artificial Intelligence Workshop on Transfer Learning for Complex Tasks. Chicago, United States: AAAI Press, 2008. 31-36.

[35] Fowlkes C, Belongie S, Chung F, et al. Spectral grouping using the Nystrom method. IEEE Transactions on Pattern Analysis and Machine Intelligence, 2004, 26(2): 214–225.

[36] Freund Y, Schapire R E. A decision-theoretic generalization of online learning and an application to boosting. Journal of Computer and System Sciences, 1997, 55(1): 119–139.

[37] Gao J, Fan W, Jiang J, et al. Knowledge transfer via multiple model local structure mapping. Proceedings of the 14th International Conference on Knowledge Discovery

and Data Mining. Las Vegas, United States: ACM Press, 2008. 283–291.

[38] Stracuzzi D J. Scalable knowledge acquisition through cumulative learning and memory organization. Ph.D. Dissertation, University of Massachusetts, 2006.

[39] Swarup S, Ray S R. Cross-domain knowledge transfer using structured representations. Proceedings of the 21st National Conference on Artificial Intelligence. Boston, United States: AAAI Press, 2006. 506–511.

[40] Evgeniou T, Pontil M. Regularized multi–task learning. Proceedings of the 10th ACM SIGKDD International Conference on Knowledge Discovery and Data Mining. Seattle, United States: ACM Press, 2004. 109-117.

[41] Thrun S. Explanation-based neural network learning: A life long learning approach. Boston: Kluwer Academic Publishers, 1996.

[42] Bickel S, Brückner M, Scheffer T. Discriminative learning under covariate shift. Journal of Machine Learning Research, 2009, 10(9): 2137-2155.

[43] Zadrozny B. Learning and evaluating classifiers under sample selection bias. Proceedings of the 21st International Conference on Machine learning. Banff, Canada: ACM Press, 2004. 114- 119.

[44] Xiang E W, Cao B, Hu D H, et al. Bridging domains using world wide knowledge for transfer learning. IEEE Transactions on Knowledge and Data Engineering, 2010, 22(6): 770-783.

[45] Zhang Q, Qiu X P, Huang X J, Wu L D. Domain adaptation for conditional random fields. Proceedings of the 4th Asia Information Retrieval Conference on Information Retrieval Technology. Harbin, China: Springer Press, 2008. 192-202.

[46] Kumar A, Saha A, Daume III H. Co-regularization based semi-supervised domain adaptation. Preceedings of the 24th Annual Conference on Neural Information. Vancouver, Canada: MIT Press, 2010. 1-9.

[47] Blitzer J, Mcdonald R, Pereira F. Domain adaptation with structural correspondence learning. Proceedings of the 2006 Conference on Empirical Methods in Natural Language Processing. Sydney, Australia: ACL Press, 2006. 120-128.

[48] Ando R K, Zhang T. A framework for learning predictive structures from multiple tasks and unlabeled data. Journal of Machine Learning Research, 2005, 6(12): 1817-1853.

[49] Pan S J, Kwok J T, Yang Q. Transfer learning via dimensionality reduction. Proceedings of the 23rd National Conference on Artificial Intelligence. Chicago, United States: AAAI Press, 2008. 677-682.

[50] Zhao S W, Michelle X, Zhang X, et al. Who is doing what and when: social map-based recommendation for content-centric social web sites. ACM Transactions on Intelligent Systems and Technology, 2011, 3(1): 1-23.

[51] Arnold A, Nallapati R, Cohen W W. A comparative study of methods for transductive transfer learning. Proceedings of the 7th IEEE International Conference on Data Mining

Workshops. Omaha, United States: IEEE Press, 2007. 77-82.

[52] Tanaka F, Yamamura M. Multitask reinforcement learning on the distribution of MDPs. Transactions of the Institute of Electrical Engineers of Japan, 2003, 123(5): 1004-1011.

[53] Lazaric A, Restelli M, Bonarini A. Transfer of samples in batch reinforcement learning. Proceedings of the 25th International Conference on Machine Learning. Helsinki, Finland: ACM Press, 2008. 544-551.

[54] Sherstov A A, Stone P. Improving action selection in MDP's via knowledge transfer. Proceedings of the 20th National Conference on Artificial Intelligence and the 17th Innovative Applications of Artificial Intelligence Conference.Pittsburgh, United States: AAAI Press, 2005. 1024-1029.

[55] Taylor M E, Whiteson S, Stone P. Transfer via inter-task mappings in policy search reinforcement learning. Proceedings of the 6th International Joint Conference on Autonomous Agents and Multiagent Systems. Honolulu, United States: ACM Press, 2007. 156-163.

[56] Madden M G, Howley T. Transfer of experience between reinforcement learning environments with progressive difficulty.Artificial Intelligence Review, 2004, 21(3): 375-398.

[57] Fernandez F, Veloso M. Probabilistic policy reuse in a reinforcement learning agent. Proceedings of the 5th International Conference on Autonomous Agents and Multi-Agent Systems. Hakodate, Japan: ACM Press, 2006. 720-727.

[58] Singh S P. Transfer of learning by composing solutions of elemental sequential tasks. Machine Learning, 1992, 8(3-4): 323-339.

[59] Mehta N, Natarajan S, Tadepalli P, et al. Transfer in variable-reward hierarchical reinforcement learning. Machine Learning, 2008, 73 (3): 289-312.

[60] Dredze M, Kulesza A, Crammer K. Multi-domain learning by confidence-weighted parameter combination. Machine Learning, 2010, 79(1-2): 123-149.

[61] Duan L X, Tsang I W, Xu D, et al. Domain adaptation from multiple sources via auxiliary classifiers. Proceedings of the 26th Annual International Conference on Machine Learning. Montreal, Canada: ACM Press, 2009. 289-296.

[62] Asadi M, Hubber M. Effective control knowledge transfer through learning skill and representation hierarchies. Proceedings of the 20th International Joint Conference on Artificial Intelligence. Hyderabad, India: Morgan Kaufmann Press, 2007. 2054-2059.

[63] Walsh T J, Li J, Littman M J. Transferring state abstractions between MDPs. Proceedings of ICML Workshop on Structural Knowledge Transfer for Machine Learning. 2006.

[64] Taylor M E, Stone P. Transfer learning for reinforcement learning domains: a survey. Journal of Machine Learning Research, 2009, 10: 1633-1685.

[65] Sholeh N, Lucian B, Robert B. Efficient knowledge transfer in shaping reinforcement learning. Proceedings of the 18th IFAC World Congress. Milano, Italy: Atlantis Press,

2011. 8981-8986.

[66] Chang Y, Satio S, Nakajima M. Color transfer between images based on basic color category. Proceedings of IEICE Transactions on Information and Systems. 2003. 2780-2785.

[67] Tai Y W, Jia J, Tang C K. Soft color segmentation and its applications. IEEE Transactions on Pattern Analysis and Machine Intelligence, 2007, 29(9): 1520-1537.

[68] Xiao X, Ma L. Gradient-preserving color transfer. Computer Graphics Forum, 2009, 28(7): 1879-1886.

[69] Pitie F, Kokaram A C, Dahyot R. Automated colour grading using colour distribution transfer. Computer Vision and Image Understanding, 2007, 107(1-2): 123-137.

[70] Chang Y, Saito S, Nakajima M. Color transfer between images based on basic color category. Proceedings of IEICE Transactions on Information and Systems. 2003. 2780-2785.

[71] Tai Y W, Jia J, Tang C K. Local color transfer via probabilistic segmentation by expectation-maximization. Proceedings of the IEEE Computer Society Conference on Computer Vision and Pattern Recognition. San Diego, United States: IEEE Press, 2005. 747-754.

[72] Wen W, Fu D M. Colorization of infrared images based on DWT fusion and color transfer. Proceedings of the 2007 International Conference on Wavelet Analysis and Pattern. Beijing, China: IEEE Press, 2007. 432-436.

[73] Welsh T, Ashikhmin M, Mueller K. Transferring color to greyscale images. Proceedings of the 29th International Conference on Computer Graphics and Interactive Techniques. United States: ACM Press, 2002. 277-280.

[74] Pitle F, Kokaram A C, Dahyot R. N-dimensional probability density function transfer and its application to color transfer. Proceedings of the 10th IEEE International Conference on Computer Vision. Beijing, China: IEEE Press, 2005. 1434-1439.

[75] Freedman D, Kisilev P. Object-to-object color transfer: optimal flows and SMSP transformations. Proceedings of 2010 IEEE Conference on Computer Vision and Pattern Recognition. San Francisco, United States: IEEE Press, 2010. 297-284.

[76] Gambardella L M, Dorigo M. Ant-Q: a reinforcement learning approach to the traveling salesman problem. Proceedings of 12th InternationalConference on Machine Learning. 1995. 252-260.

[77] Rais H M, Othman Z A, Hamdan A R. Improved dynamic ant colony system (DACS) on symmetric traveling salesman problem. Proceedings of 2007 International Conference on Intelligent and Advanced Systems. Kuala Lumpur, Malaysia: IEEE Press, 2008. 43-48.

[78] Vien N A, Viet N H, Lee S G, et al. Obstacle avoidance path planning for mobile robot based on Ant-Q reinforcement learning algorithm. Lectures Notes in Computer Science,

2007, 4491: 704-713.

[79] Machado L, Schirru R. The Ant-Q algorithm applied to the nuclear reload problem. International Journal of Annals of Nuclear Energy, 2002, 29(12): 1455-1470.

[80] Mariano C E, Morelos E. A multiple objective Ant-Q algorithm for the design of water distribution irrigation. Proceedings of the Genetic and Evolutionary Computation Conference. San Fransisco: Morgan Kaufmann, 1999. 894-901.

[81] Liu X J, Ni Z H. Ant-Q algorithm based optimization approach for process planning. Proceedings of the 8th IEEE International Conference on Control and Automation. Xiamen, China: IEEE Press, 2010. 620-623.

第2章　基于局部保持投影的特征迁移

人脸识别作为典型的高维度小样本问题，在智能卡设计、访问控制、信息安全与执法追踪等方面有着重要应用，然而却常常面临训练样本不足的难题，甚至遭遇极端情形，即每类人脸仅有一幅训练样本，而测试样本受到表情、光照与角度等因素的影响，往往与训练样本产生较大差异，这就导致人脸识别技术在进一步推广应用中存在一定的困难。通常来说，解决单样本人脸识别有两类典型方法，即全局识别与局部识别。前者以人脸全局信息作为处理对象，重视提高人脸的全局特征泛化能力，以降低同一类人脸对于不同表情、角度等因素的影响。而后者则是将人脸分割为局部图像，并以此作为研究对象分析人脸局部特征，利用局部特征匹配实现人脸识别。

根据泛化机制的不同，一类典型的方法是改进主成分分析 (principal component analysis，PCA)，通过主成分二次提取、二维 PCA 或者离散特征提取等方式增强其特征提取能力；另一种思路则是将 PCA 与其他算法如免疫进化、噪声预测与子空间选择等相融合，以确保其适用于不同的环境。这两类方法均能带来良好的泛化性能提升，但由于样本数的不足，并不能从根本上解决小样本与高维度的矛盾。基于此，第二类全局识别算法通过增加训练集规模，即生成虚拟样本来提升泛化能力，主要有 ROCA[1]、$E(PC)^2A$[2]等。ROCA 从各个独立的面向成分分析 (oriented component analysis，OCA) 分类器入手，基于不同子空间形成的特征表现差异，共同组合 OCA 以包容更多的样本信息以增强适应能力；而 $E(PC)^2A$ 则引入了二阶投影概念，并将样本图像一阶投影、二阶投影与组合投影分别作为独立样本加入训练集。由于虚拟样本生成方法对于单样本人脸识别问题的针对性和有效性，近年来，又有不少新方法涌现。归纳来说，主要采用以下 5 种措施增加虚拟样本：①添加随机噪声；②均值滤波与小波变换；③基于轮廓波的源图像重建；④核主成分分析与广义判别式分析；⑤Gabor 过滤的多角度特征生成。

相比于全局算法，局部人脸识别更适合单样本问题。主要是因为局部人脸识别不是将整幅人脸采用高维向量表示，而是将其表示为一系列低维局部特征向量。Gao 等[3]认为，边界轮廓是人脸图像乃至整个 3D 环境最为重要的基础特征，在人脸几何构成中反映了局部特征强度变化与结构连接关系，为此，局部人脸识别整合了结构连接信息的空间特征方法，通过检测轮廓曲线与角点生成人脸表示模型。此外，Gabor 小波[4]的方法也能很好表示人脸局部特征。局部人脸识别的要点在于图像分割，采用不同的局部建模方式与评价机制，如神经网络、隐层马尔可夫模型、线性判别分析、混合局部特征、局部二进制模型以及分形特征等可以形成不同的局部分割算法。相比于全局人脸识别，局部人脸识别算法扩大了样本数，尤其对于人脸表情等局部特征的变化具有很强的适应性。其不足之处在于分割图像破坏了人脸的全局信息，对于人脸大范围特征变化，如大角度偏转等问题的鉴别力明显不足。

本章结合全局人脸识别与局部人脸识别各自优势，介绍一种基于局部保持投影的特征迁移人脸识别算法，结构安排如下：2.1 节简要阐述不同的低维特征表示方法，为特征迁移打下基础；2.2 节重点介绍如何用局部保持投影实现单样本人脸特征迁移，包括具体思想与实现步骤；2.3 节针对涉及算法，对不同数据库 FERET、ORL 与 Yale 进行识别率对比，结果证明了所提出的算法的合理性与有效性；2.4 节对本章内容进行总结。

2.1 低维特征表示

特征迁移学习 [5]属于一类特殊的归纳迁移算法。对于给定的源领域 D_{S}、源任务 T_{S}、目标领域 D_{T} 以及目标任务 T_{T}，特征迁移学习试图在关联任务 T_{S} 与 T_{T} 间找到一种通用的低维特征表示，这种特征表示能够降低 T_{S} 与 T_{T} 间的差异。Argyriou[6]提出一种共享低维特征的方式，只需求解如下优化问题：

$$\begin{aligned}&\underset{A,U}{\arg\min}\sum_{t\in\{T,S\}}\sum_{i=1}^{n_t}L(y_{t_i},(a_t,U^{\mathrm{T}}x_{t_i}))+\gamma\left\|A\right\|_{2,1}^{2}\\&\text{s.t.}\quad U\in O^d\end{aligned}\tag{2-1}$$

式中，S 与 T 分别表示源领域与目标领域；$L(\cdot)$ 为损失函数；$A=[a_{\mathrm{S}},a_{\mathrm{T}}]\in R^{d\times 2}$ 为参数矩阵；U 为 $d\times d$ 维的正交矩阵，其将原始的高维数据映射为低维的特征表示，A 的 (r,p) 范数定义为 $\left\|A\right\|_{r,p}=\left(\sum_{i=1}^{d}\left\|a^i\right\|_r^p\right)^{1/p}$。

通过式 (2-1) 优化问题来估计低维表示$U^{\mathrm{T}}X_{\mathrm{T}}$、$U^{\mathrm{T}}X_{\mathrm{S}}$与相关参数$A$。进一步地，该优化问题可以转化为一个等效的凸优化框架从而被高效解决。对于人脸识别问题而言，常用的低维特征表示方法有Eigenface[7]、Fisherface[8]与Laplacianface[9]等。

Eigenface 的本质即为主成分分析 (PCA)，最早由 Turk 引入人脸识别领域，用以提取原始图像的主要成分，降低量化处理的维数并减少计算量。对于给定的原始样本集 $\{x_1,\cdots,x_k,\cdots,x_N\}$，其主要目标在于寻找正交线性映射矩阵 W_{PCA}，使得

$$x_k^*=W_{\mathrm{PCA}}^{\mathrm{T}}x_k\tag{2-2}$$

式中，$x_k \in R^n$ 为原始图像；$x_k^* \in R^m$ 为其对应的低维特征表示，且有 $m << n$。

样本集总散度矩阵定义如下：

$$S_{\mathrm{T}} = \sum_{k=1}^{N} (x_k - \mu)(x_k - \mu)^{\mathrm{T}} \tag{2-3}$$

式中，N 为样本集总数；$\mu \in R^n$ 为样本均值。

低维特征表示矩阵 $[x_1^*, x_2^*, \cdots, x_N^*]$ 具有如下散度 $W^{\mathrm{T}} S_{\mathrm{T}} W$。最优 W_{PCA} 即为最大化低维特征散度的行列式[7]

$$W_{\mathrm{PCA}} = \arg\max_{W} |W^{\mathrm{T}} S_{\mathrm{T}} W| \tag{2-4}$$

求解式 (2-4) 可知，$W_{\mathrm{PCA}} = [w_1, w_2, \cdots, w_m]$ 即为原始样本集散度 S_{T} 对应前 m 个最大特征值的特征向量。

Eigenface 方法的不足之处在于样本集散度计算时没有区分类内散度和类间散度，因而获得的最佳映射矩阵不仅将类间散度最大化，同时也最大化类内散度，为分类识别制造了困难。Fisherface 方法则将类间散度与类内散度区分定义，即细化样本散度的概念，定义类间散度矩阵[8]如下：

$$S_{\mathrm{B}} = \sum_{i=1}^{L} N_i (\mu_i - \mu)(\mu_i - \mu)^{\mathrm{T}} \tag{2-5}$$

类内散度则定义为

$$S_{\mathrm{W}} = \sum_{i=1}^{L} \sum_{x_k \in X_i} (x_k - \mu_i)(x_k - \mu_i)^{\mathrm{T}} \tag{2-6}$$

式中，μ_i、N_i 分别为类别 X_i 的均值向量和样本数；L 为类别总数。

如果 S_{W} 是非奇异的，那么最优映射矩阵为

$$W_{\mathrm{LDA}} = \arg\max_{W} \frac{||W^{\mathrm{T}} S_{\mathrm{B}} W||}{||W^{\mathrm{T}} S_{\mathrm{W}} W||} \tag{2-7}$$

式中，W_{LDA} 即为类间散度 S_{B} 与类内散度 S_{W} 相应于前 m 个最大特征值的广义特征向量。

由于人脸底层特征的高维度，Belhumeur 首先利用 PCA 技术将特征维数降低为 S_{W} 的秩，然后再求解特征映射矩阵。

Laplacianface[9]方法是非线性拉普拉斯映射的线性逼近，其能够将样本从原始空间转换到一个新的空间而保证各样本间的近邻关系不变，即在原空间相近的样本在转换空间依然相近。给定数据集 $\mathrm{DS} = \{y_1, y_2, \cdots, y_M\}$，首先构建与其对应的

图 $G=(V,E)$，其中点集 $V=$DS，边集 $E=\{w_{jk}|j=1,2,\cdots,N;k=1,2,\cdots,N\}$，特征映射的基本原理在于最小化如下表达式：

$$\frac{1}{2}\sum_{jk}(y_j-y_k)^2w_{jk} \tag{2-8}$$

式中，w_{jk} 为各样本间的连接权值，且

$$w_{jk}=\begin{cases}\exp(-||y_j-y_k||^2/t)\\0\end{cases} \tag{2-9}$$

式 (2-8) 可以进一步做如下转化：

$$\begin{aligned}&\frac{1}{2}\sum_{jk}(y_j-y_k)^2w_{jk}=\frac{1}{2}\sum_{jk}(z^{\mathrm{T}}x_j-z^{\mathrm{T}}x_k)^2w_{jk}\\&=\sum_{jk}z^{\mathrm{T}}x_jw_{jk}x_j^{\mathrm{T}}z-\sum_{jk}z^{\mathrm{T}}x_jw_{jk}x_k^{\mathrm{T}}z\\&=z^{\mathrm{T}}X(D-W)X^{\mathrm{T}}z=z^{\mathrm{T}}XLX^{\mathrm{T}}z\end{aligned} \tag{2-10}$$

式中，D 为度对角矩阵，其对角元素 $D_{jj}=\sum_k w_{jk}$；$L=D-W$ 为拉普拉斯矩阵。

由式 (2-10) 可知，最优局部保持投影矩阵为

$$\begin{aligned}W_{\mathrm{LPP}}&=\arg\min_z z^{\mathrm{T}}XLX^{\mathrm{T}}z\\ \text{s.t.}\quad& z^{\mathrm{T}}XDX^{\mathrm{T}}z=1\end{aligned} \tag{2-11}$$

式 (2-11) 可以进一步利用广义特征向量进行求解。

除了以上提到的 PCA、LDA 与 LPP 等方法以外，独立成分分析(independent component analysis，ICA) 也用来描述人脸图像的低维特征。该方法试图在样本空间寻找一组独立的基，并将其在任意阶意义下去相关，本质上属于一种更广泛的 PCA。另外，针对 Fisherface 方法，从提高识别率与增强鲁棒性等方面入手，进一步得到发展以更好地解决人脸识别问题[10]。

2.2 基于 LPP 的多源特征迁移

2.2.1 系统原理图

本节主要介绍所提算法的基本框架与基础概念。基于 LPP 特征迁移的单样本人脸识别系统原理如图 2-1 所示。图中为一张人脸的识别过程，多张人脸的识别须按照图 2-1 所述原理进程逐一进行。图的中央位置为目标唯一的训练样本 $I_{\mathrm{T}}^{q_m}$，q_m

为其所呈现的特征，图的右上角为目标测试样本 $I_{\mathrm{T}}^{q_n}$，其具有的特征用 q_n 来表示。这里提到的特征 q_m 与 q_n 指人脸因不同表情、偏转角度、光照所产生的综合的、直观的、整体的特点和差异性，为与后面所述模式识别领域的传统术语“特征”相区分，将此处提到的特征用“宏观特征”来表述，用符号 q 表示，而将后一种特征用“微观特征”来表述，用符号 f 表示。一般来说，当 q_m 与 q_n 差异较大时，即使是同一人，仍将呈现很大的差异，如图 2-1 中的 $I_{\mathrm{T}}^{q_m}$ 与 $I_{\mathrm{T}}^{q_n}$。而当不同类人具有相同宏观特征 q_n 时，这种差异反而会减小，如图中间区域下方的精选样本集 SS_n 与测试样本 $I_{\mathrm{T}}^{q_n}$。这反映的是人脸识别这种小样本高维度问题的典型特征：类内间距往往大于类间间距。这种特性给人脸识别问题带来很大的困难，而对于单样本人脸识别问题，这种困难尤其明显。不同于常规的提升泛化能力的全局人脸识别与基于分割匹配的局部人脸识别，本书针对这种由于宏观特征不同造成的差异提出一种特征迁移的单样本人脸识别算法，算法的核心与要点在于特征迁移。事实上，尽管对于要识别的人脸而言，可获得的训练样本较少，甚至只有唯一的样本，但是对于非测试的人脸而言，常常可获得大量的样本，这些样本不能直接作为训练样本，但是含有与目标训练与测试样本相同或相近的宏观特征，这些样本将其作为迁移源 TS，在系统原理图中 TS 位于最左方。

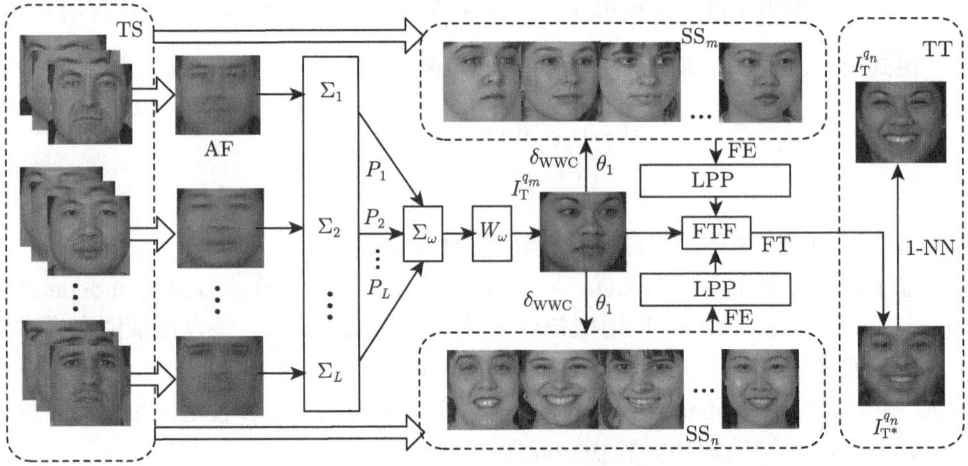

图 2-1　人脸识别特征迁移学习系统原理图

TS—迁移源；AF—平均脸；SS—精选源；FE—特征提取；FT—特征迁移；TT—目标任务

基于特征迁移的单样本人脸识别任务可以进行如下概述：给定具有宏观特征 q_m 的单一训练样本 $I_{\mathrm{T}}^{q_m}$，利用迁移源 $\mathrm{TS}=\{I_1,I_2,\cdots,I_L\}$ 与源特征集 $Q_{\mathrm{S}}=\{q_1,q_2,\cdots,q_K\}$ 辅助 $I_{\mathrm{T}}^{q_m}$ 识别具有宏观特征 $q_n(q_m\neq q_n)$ 的测试样本 $I_{\mathrm{T}}^{q_n}$，其中迁移源 TS 为 L 类样本的集合，每类样本 I_i 含有 K 个不同的宏观特征，可表示为

$I_i=\{I_i^{q_1},I_i^{q_2},\cdots,I_i^{q_K}|I_i^{q_s}\in R^D\}(i=1,2,\cdots,L)$，其中 $q_s(s=1,2,\cdots,K)\in Q_{\mathrm{S}}$ 表示不同的人脸偏转角度、表情或光照等综合因素作用所产生的宏观特征。目标特征集 $Q_{\mathrm{T}}=\{q_m,q_n\}$ 且有 $Q_{\mathrm{T}}\subseteq Q_{\mathrm{S}}$。为实现任务，首先合理筛选迁移源 TS，获得与训练特征 q_m 与测试特征 q_n 相同或相似的辅助样本作为精选迁移源 SS_m 与 SS_n，分别将精选源 SS_m 与 SS_n 进行特征提取，形成 q_m 与 q_n 的特征矩阵，进一步计算特征迁移函数 $f_{\mathrm{FT}}:q_m\rightarrow q_n$，辅助唯一的正样本 $I_{\mathrm{T}}^{q_m}$ 实现 $I_{\mathrm{T}}^{q_m}\rightarrow I_{\mathrm{T}^*}^{q_n}$，即将其拥有的训练特征 q_m 迁移为测试特征 q_n，最后采用 1-NN 算法实现在拥有同样宏观特征 q_n 的条件下识别测试样本 $I_{\mathrm{T}}^{q_n}$ 的目的。概括来说，整个算法系统可以分为 3 个阶段：①迁移源筛选；②特征迁移学习；③目标人脸识别。

迁移源筛选的主要任务是筛选迁移源 TS，尽管 TS 中含有大量样本，但其大部分与目标训练样本的关联度极低，为更有效地利用迁移源并尽量避免负迁移的发生，需要分别挑选出符合 $q_s=q_m$ 并与目标训练样本相似度高的源样本 SS_m 以及 $q_s=q_n$ 且与目标测试样本相似度高的源样本 SS_n。基本假设为：与目标训练样本 $I_{\mathrm{T}}^{q_m}$ 相似度高的源样本 $I_i^{q_s}$，能够在迁移后发挥更大的辅助决策作用识别 $I_{\mathrm{T}}^{q_n}$。该阶段采用引入了先验概率的白化余弦相似度(whitened cosine similarity，WCS) 来衡量迁移源与目标训练样本以及测试样本间的关系，并获取相应的精选样本源 SS_m 与 SS_n。WCS 与一般的余弦相似度评价指标不同，其能够将所需衡量的人脸模式向量各维度分布的方差均衡化，即对其各微观特征维度一视同仁，既不特别重视某一维度也不忽视某一维度，从而更精准地把握人脸图像降维后的全部微观特征，为进一步的宏观特征迁移奠定基础。

特征迁移学习阶段是系统的核心，主要利用精选迁移源中 SS_m 与 SS_n 的映射关系获取宏观特征 q_m 与 q_n 的特征迁移函数 f_{TR}，并将其作用于目标训练样本 $I_{\mathrm{T}}^{q_m}$，从而获得与目标测试样本 $I_{\mathrm{T}}^{q_n}$ 具有相同宏观特征 q_n 的特征迁移样本 $I_{\mathrm{T}^*}^{q_n}$，这样，可以将特征迁移样本 $I_{\mathrm{T}^*}^{q_n}$ 作为桥梁，实现 $I_{\mathrm{T}}^{q_m}$ 与 $I_{\mathrm{T}}^{q_n}$ 在同样宏观特征 q_n 下的比对识别。进行特征迁移的第一步为特征提取，即将 SS_m 与 SS_n 中的精选样本 $I_i^{q_m}$ 与 $I_i^{q_n}$ 以及目标训练样本各迁移样本 $I_i^{q_m}$ 与 $I_{\mathrm{T}}^{q_n}$ 的宏观特征 q_m 与 q_n 转化为一系列可量化处理的微观统计特征 $f_1,f_2,\cdots,f_d$，且 $d<D$，得到子空间 R^d 内的迁移源 I_i^g 与训练样本 I_{T}^g，记与 q_m、q_n 相对应的微观特征集为 $g_m=\{f_1^m,f_2^m,\cdots,f_d^m\}$、$g_n=\{f_1^n,f_2^n,\cdots,f_d^n\}$，采用局部保持投影实现 SS 中样本到特征子空间内的映射 $I_i^q\rightarrow I_i^g(I_i^q\in R^D,I_i^g\in R^d)$；第二步为特征迁移，由经过特征投影的 $I_i^{g_n}$ 与 $I_i^{g_m}$ 求解特征迁移矩阵 $H_{g_m\rightarrow g_n}^*$ 以逼近源特征与目标特征间的映射关系，并将 $H_{g_m\rightarrow g_n}^*$ 作用于 $I_i^{g_m}$ 实现特征迁移。第III阶段为分类识别阶段，考虑到最近邻 (nearest neighbor，1-NN) 分类器自身简单的结构、高效的性能以及在人脸识别问题中的广泛使用，则采用其完成对 $I_{\mathrm{T}}^{g_n}$ 与测试样本 $I_{\mathrm{T}^*}^{g_n}$ 的比对识别。

2.2.2 迁移源筛选

白化余弦相似度常被用于解决基于生物特征匹配的模式识别问题，能够很好地反映不同模式向量间的关联程度，其表达式为

$$\delta_{\mathrm{WC}}(U,V)=\frac{(W^{\mathrm{T}}U)^{\mathrm{T}}(W^{\mathrm{T}}V)}{||W^{\mathrm{T}}U||\cdot||W^{\mathrm{T}}V||} \tag{2-12}$$

式中，U、V 为不同的模式向量；W 为白化算子；$||\cdot||$ 为范数算子。

在求解 W 时，WCS 仅考虑样本的全局信息，协方差矩阵 Σ 的计算是基于整体分布的，即 $\Sigma=E[(\chi-M_0)(\chi-M_0)^{\mathrm{T}}]$，$M_0=E(\chi)$ 为总体均值，其假定不同类别拥有相同的样本分布，忽视了不同类别差异信息，对于不符合同分布假设的情形，相似度衡量机制将产生一定的偏差。采用一种结合先验概率的类内白化余弦 (within-class whitened cosine，WWC) 相似度衡量方法。与 WCS 不同，WWC 不仅考虑了不同类别的分布差异，同时引入了不同类别先验概率的影响。图 2-2 给出了迁移源特征筛选示意图。

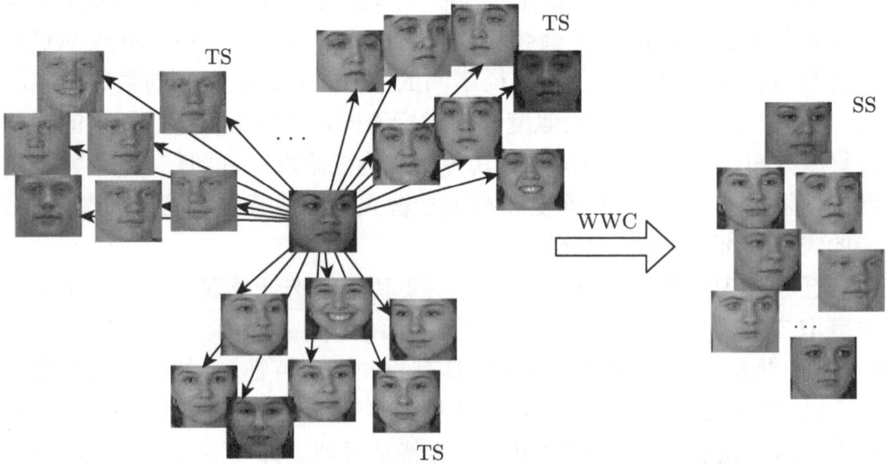

图 2-2 迁移源特征筛选示意图

结合人脸识别问题的 R^D 空间源样本协方差矩阵为

$$\sum_{w}=\sum_{i=1}^{L}P(I_i)\sum_{s=1}^{k}(I_i^{q_s}-AF_i)(I_i^{q_s}-AF_i)^{\mathrm{T}} \tag{2-13}$$

式中，$AF_i=\sum_{l=1}^{k}I_i^{ql}$ 为类别 i 的平均脸；$P(I_i)$ 为先验概率，且有 $P(I_i)=\mathrm{num}(I_i)/\mathrm{num}(\mathrm{TS})$，$\mathrm{num}(\cdot)$ 为样本数。

为便于处理与计算，通常将相似度的比对在低维特征子空间 $R^d(d\ll D)$ 内进行，因而将 Σ_w 进行 PCA 特征分解 $\sum_{w}=\varPhi_w\Lambda_w\varPhi_w^{\mathrm{T}}$，得到两两正交的特征向量矩

阵 $\varPhi_w$ 与特征值对角矩阵 Λ_w，为避免将源特征映射到 R^d 后造成方差分布不均衡，须对 $I_i^{q_s}(i=1,2,\cdots,L)$ 与 $I_{\mathrm{T}}^{q_m}$ 进行白化操作，有白化算子

$$W_w=\varPhi_w\Lambda_w^{-1/2} \tag{2-14}$$

事实上，设 $I_i^f=W_w^{\mathrm{T}}I_i^{q_s}$，则 R^d 子空间类内样本协方差为

$$\begin{aligned}\sum_w^f&=\sum_{i=1}^{L}p(I_i)\sum_{s=1}^{k}(I_i^f-AF_i^f)(I_i^f-AF_i^f)^{\mathrm{T}}\\&=\sum_{i=1}^{L}P(I_i)(\varPhi_w\varLambda_w^{-1/2})^{\mathrm{T}}\left[\sum_{s=1}^{k}(I_i^{q_s}-AF_i)(I_i^{q_s}-AF_i)^{\mathrm{T}}\right](\varPhi_w\varLambda_w^{-1/2})\\&=\varLambda_w^{-1/2}(\varPhi_w^{\mathrm{T}}\Sigma_w\varPhi_w)\varLambda_w^{-1/2}=\varLambda_w^{-1/2}\varLambda_w\varLambda_w^{-1/2}=E_d\end{aligned} \tag{2-15}$$

式中，$AF_i^f=\left(\sum\limits_{s=1}^{k}I_i^f\right)/\mathrm{num}(I_i)$ 为子空间 R^d 内的类别 i 平均脸；E_d 为 d 阶单位矩阵。

显然，W_w 算子使得降维后的 I_i^f 特征 $f_1,f_2,\cdots,f_d$ 两两正交，且各自拥有相等的独立方差，即对 $f_1,f_2,\cdots,f_d$ 在分类学习中的贡献一视同仁，不忽视任一 $f_l(l=1,2,\cdots,d)$ 对学习结果的影响。相应地，有 R^d 空间内的余弦相似度为

$$\delta_{\mathrm{WWC}}(I_i^{q_s},I_{\mathrm{T}}^{q_m})=\frac{(W_w^{\mathrm{T}}I_i^{q_s})^{\mathrm{T}}(W_w^{\mathrm{T}}I_{\mathrm{T}}^{q_m})}{||W_w^{\mathrm{T}}I_i^{q_s}||\cdot||W_w^{\mathrm{T}}I_{\mathrm{T}}^{q_m}||} \tag{2-16}$$

设定 θ 为相似度阈值，取 $\delta_{\mathrm{WWC}}\geqslant\theta_1$ 的样本 $I_i^{q_s}(i=1,2,\cdots L;q_s=q_m)$ 进入迁移源精选样本集 SS，即 SS=$\{(I_i^{q_m},I_i^{q_n})|\delta_{\mathrm{WWC}}(I_i^{q_s},I_{\mathrm{T}}^{q_m})\geqslant\theta_1\}$，其中 $I_i^{q_n}$ 为 $I_i^{q_m}$ 在测试特征 q_n 下的相应样本。

2.2.3 LPP 特征迁移

由于 LPP 采用离散谱图理论逼近连续流形问题，首先需构建邻接图 $G=(V,E)$，点集 V 为经过筛选的精选样本集 SS，当迁移源样本足够近 (即满足 $||I_j^{q_s}-I_k^{q_s}||^2<\theta_2$) 时，$I_j^{q_s}$ 与 $I_k^{q_s}$ 间形成连接权值 S_{jk}。$\theta_2>0$ 为局部保持阈值，其值决定局部权值连接区域的半径。权值强度 S_{jk} 的高斯表达式为

$$S_{jk}=\mathrm{e}^{-||I_j^{q_s}-I_k^{q_s}||/t} \tag{2-17}$$

式中，$t>0$ 为高斯时间参数，且有 $S_{jk}\in(0,1)$，所有的 S_{jk} 构成边集 E。

对于构建完成的 G 而言，有度对角矩阵 D，其对角元素 $D_{jj}=\sum\limits_{k=1}^{L}S_{jk}$ 为各节点 V 连接权值之和。进一步可得 G 的拉普拉斯矩阵 $L=D-S$，构建特征投影矩阵 A 只需求解如下广义特征向量问题：

$$X_{\mathrm{SS}}LX_{\mathrm{SS}}^{\mathrm{T}}a=\lambda X_{\mathrm{SS}}DX_{\mathrm{SS}}^{\mathrm{T}}a \tag{2-18}$$

式中，$X_{\mathrm{SS}}=[I_1^{q_s},I_2^{q_s},\cdots,I_L^{q_s}]$ 为精选源样本矩阵。

设特征向量 $a_0,a_1,\cdots,a_{d-1}$ 为式 (2-18) 的解，且有其对应的特征值 $\lambda_0<\lambda_1<\cdots<\lambda_{d-1}$，则 $A=[a_0,a_1,\cdots,a_{d-1}]$，且子空间 R^d 内的特征投影为 $I_i^{g_m}=A^{\mathrm{T}}I_i^{q_m}$，$I_i^{g_n}=A^{\mathrm{T}}I_i^{g_n}$。特征迁移的目标为寻找映射关系 h，使其满足

$$I_k^{g_n}=h_{g_m\to g_n}(I_k^{g_m})(k=1,2,\cdots,N) \tag{2-19}$$

式中，$N=0.5\mathrm{num(SS)}$ 表示 SS 中样本对 $(I_i^{q_m},I_i^{q_n})$ 的个数。采用特征迁移矩阵 H 逼近 $h_{g_m\to g_n}$，则有迁移误差

$$\varepsilon=\sum_{i=1}^{N}||I_i^{g_n}-I_i^{g_m}H_{g_m\to g_n}I_i^{g_n}|| \tag{2-20}$$

理想 $H_{g_m\to g_n}$ 应使得 $\varepsilon\to 0$。实际中面对 N 个样本的迁移误差，最优 $H_{g_m\to g_n}^*$ 只需要满足最小化 ε，即

$$H_{g_m\to g_n}^*=\arg\min\varepsilon(H_{g_m\to g_n}) \tag{2-21}$$

那么 $h_{g_m\to g_n}(I_i^{g_m})=I_i^{g_n}H_{g_m\to g_n}^*(i=1,2,\cdots,N)$ 合并为一个表达式为

$$\begin{bmatrix}(I_1^{g_m})^{\mathrm{T}}\\(I_2^{g_m})^{\mathrm{T}}\\\vdots\\(I_N^{g_m})^{\mathrm{T}}\end{bmatrix}_{N\times d}\times(H_{g_m\to g_n}^*)_{d\times d}=\begin{bmatrix}(I_1^{g_n})^{\mathrm{T}}\\(I_2^{g_n})^{\mathrm{T}}\\\vdots\\(I_N^{g_n})^{\mathrm{T}}\end{bmatrix}_{N\times d} \tag{2-22}$$

记 $\tilde{I}_N^{g_m}=[I_1^{g_m},I_2^{g_m},\cdots,I_N^{g_m}]^{\mathrm{T}}$，$\tilde{I}_N^{g_n}=[I_1^{g_n},I_2^{g_n},\cdots,I_N^{g_n}]^{\mathrm{T}}$，则式 (2-22) 以简记为 $\tilde{I}_N^{g_m}H_{g_m\to g_n}^*=\tilde{I}_N^{g_n}$。由于 $\tilde{I}_N^{g_m}$ 与 $\tilde{I}_N^{g_n}$ 均为 $N\times d$ 阶矩阵，因而有

$$H_{g_m\to g_n}^*=(\tilde{I}_N^{g_m})^{-1}\tilde{I}_N^{g_n} \tag{2-23}$$

式中，$(\tilde{I}_N^{g_m})^{-1}$ 为 $\tilde{I}_N^{g_n}$ 的 Moore-Penrose 逆矩阵。获得特征迁移矩阵 $H_{g_m\to g_n}^*$ 后，可得特征迁移样本 $I_{T*}^{g_n}$ 为 $I_{T*}^{g_n}=I_{\mathrm{T}}^{g_m}H_{g_m\to g_n}^*$。

对于每类样本 I_i 含有 K 个宏观特征的迁移源而言，给定训练样本 $I_{\mathrm{T}}^{g_m}$ 与测试样本 $I_{\mathrm{T}}^{g_n}(n=1,2,\cdots,K;n\neq m)$，为评价特征迁移效果的优劣，给出迁移率指标 TE_n 如下所示：

$$\mathrm{TE}_n = \frac{\mathrm{CS}(I_{\mathrm{T}^*}^{g_n}, I_{\mathrm{T}}^{g_n}) - CS(I_{\mathrm{T}}^{g_m}, I_{\mathrm{T}}^{g_n})}{\mathrm{CS}(I_{\mathrm{T}}^{g_m}, I_{\mathrm{T}}^{g_n})} \tag{2-24}$$

当 $\mathrm{TE}_n > 0$ 时，有 $\mathrm{CS}(I_{\mathrm{T}^*}^{g_n}, I_{\mathrm{T}}^{g_n}) > \mathrm{CS}(I_{\mathrm{T}}^{g_m}, I_{\mathrm{T}}^{g_n})$，表明特征迁移为正迁移，即迁移后训练样本与测试样本的相似程度更高；反之则为负迁移。其中，$\mathrm{CS}(\cdot)$ 表示样本间的余弦相似度，表达式如下：

$$\mathrm{CS}(X, Y) = \frac{X^{\mathrm{T}}Y}{||X|| \cdot ||Y||} \tag{2-25}$$

特征迁移后的训练样本能够保证与测试样本的特征相同或相近，从而打破了小样本人脸图像的常规分布，使得新的样本分布能够较好符合类间距离大于类内距离的假设。这种情形下，采用最近邻 1-NN 算法将获得最好的分类结果。

2.2.4 算法步骤

根据上述内容对算法整理框架、迁移源筛选阶段以及特征提取迁移阶段的描述，可知基于 LPP 的多源特征迁移算法步骤如图 2-3 所示。

算法 2-1 基于 LPP 的多源特征迁移算法

Objective: Recognize face image $I_{\mathrm{T}}^{q_n}$.

Inputs: 训练样本集 T：每类人脸 1 幅训练样本，共 N 类.

迁移源 TS：每类人脸 S 幅样本，共 K 类且不包含 T 中的类别.

1) 初始化

a) 相似度阈值 θ_1，局部保持阈值 θ_2，子空间维度 d，先验概率 $P_1, P_2, \cdots, P_L$.

2) 精选样本集筛选

a) 计算 TS 中各类别 i 的平均脸 AF_i.

b) 由式 (2-13) 求解基于先验概率的类内样本协方差矩阵 Σ_w.

c) 由式 (2-14) 获取白化算子 W_w，代入式 (2-16) 求解各源样本 $I_i^{q_s}$ 与目标训练样本 $I_{\mathrm{T}}^{q_m}$ 的相似度 $\delta_{\mathrm{WWC}}(I_i^{q_s}, I_{\mathrm{T}}^{q_m})$.

d) 取 $\delta_{\mathrm{WWC}} \geqslant \theta_1$ 的源样本 $I_i^{q_s}$ 进入精选迁移源 SS.

3) 基于 LPP 的特征迁移

a) 构建 SS 的对应图 G，计算度对角矩阵 D、图拉普拉斯矩阵 L.

b) 求解式 (2-18) 获取特征迁移矩阵 A.

c) 根据 $I_i^{gm} = A^{\mathrm{T}} I_i^{qm}$ 得到 SS 中样本到特征子空间 R^d 内的投影.

d) 由式 (2-21) 获取最优特征迁移矩阵 $H_{g_m \to g_n}^*$.

e) $H_{g_m \to g_n}^*$ 作用于目标样本 $I_{\mathrm{T}}^{g_m}$ 将其迁移为 $I_{\mathrm{T}}^{g_n}$，使其与测试样本 $I_{\mathrm{T}^*}^{g_n}$ 拥有相同特征 g_n，即宏观表征下的 q_n.

4) 最近邻匹配

a) 利用 1-NN 分类测试样本 $I_{\mathrm{T}}^{q_n}$.

Output: $I_{\mathrm{T}}^{q_n}$ 的类别 (或与之对应的最近邻训练样本).

图 2-3 基于 LPP 的多源特征迁移伪代码

2.3　试验结果与分析

2.3.1　人脸特征迁移

为验证算法有效性，采用 FERET 人脸数据库进行仿真验证。FERET 数据库共包含 13539 幅不同种族、性别、年龄、表情、光照与角度的人脸图像，分属 1565 类。采用其中的 b 系列 FERET-b 作为实验数据库，其中包含 200 类人脸，每类拥有 $q_1 : ba$、$q_2 : bb$、$q_3 : bc$、$q_4 : bf$、$q_5 : bg$、$q_6 : bj$、$q_7 : bk$ 等 7 个不同特征，具体描述如表 2-1 所示。对于偏转角度而言，“+” 表示右偏，“−” 表示左偏。同时每幅图像以人脸区域为基准被预处理为 80×80 像素。

表 2-1　FERET-b 人脸库特征描述

特征	ba	bb	bc	bf	bg	bj	bk
表情	无	无	无	无	无	有	无
光照	有	有	有	有	有	有	无
偏转角度	0°	+60°	+40°	−15°	−25°	0°	0°

将 FERET-b 中的前 100 类人作为迁移源，从后 100 类人中随机抽取 4 类作为训练和测试样本。图 2-4 给出了采用 LPP 特征提取的人脸迁移效果图，其中每组特征 ba 为给定的训练特征，$bb' - bk'$ 为迁移特征。从图中可以看出，特征迁移由于继承了迁移源中不同投影特征间的映射关系 $f_{g_1 \to g_k}(k = 2, 3, \cdots, 7)$，尽管 4 组人脸具有不同的肤色、性别及五官特征，均能够根据训练特征 ba 迁移泛化为一系列不同姿势、光照与表情的特征迁移图像。

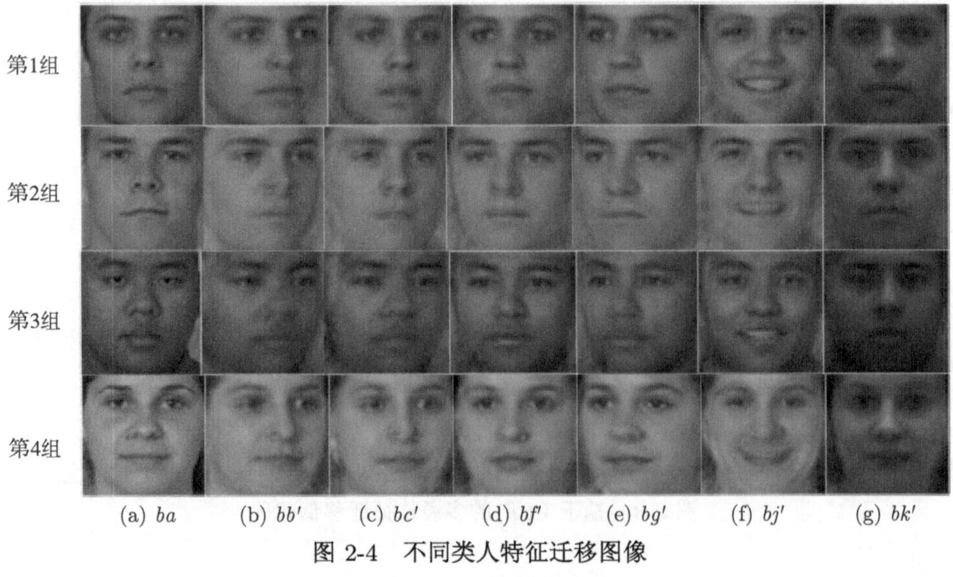

(a) ba　(b) bb'　(c) bc'　(d) bf'　(e) bg'　(f) bj'　(g) bk'

图 2-4　不同类人特征迁移图像

表 2-2 给出与图 2-4 对应的数据统计，其中，TF 表示迁移特征，对应列为各迁移特征 $bb'-bk'$ 与相应真实特征 $bb-bk$ 在子空间 R^d 内的余弦相似度 $\mathrm{CS_{tf}}(I_{\mathrm{T}^*}^{g_n}, I_{\mathrm{T}}^{g_n})$，$I_{\mathrm{T}^*}^{g_n}, I_{\mathrm{T}}^{g_n} \in R^d$ 分别为迁移子空间特征与真实子空间特征，且有 $\mathrm{CS_{tf}} \in (0,1]$，其值越接近 1 则表明相似程度越高，反之则相似度越低。表中 OF 为原始特征，即 ba，对应列为其分别与 $bb-bk$ 在 R^d 内的余弦相似度 $\mathrm{CS_{of}}(I_{\mathrm{T}}^{g_m}, I_{\mathrm{T}}^{g_n})$。TE 为迁移率，描述人脸特征在迁移后针对真实子空间特征相似度的提升率，由式 (2-24) 计算得出。表 2-2 中最后一行 Avg. 对应各项指标平均值。由表 2-2 中数据可以看出，迁移前后特征子空间内的相似度具有显著提升，主要体现在迁移率上，各组试验则是有平均 70.4%～164.5%的提高。

表 2-2 关联特征 (LPP) 间的余弦相似度与迁移率

特征	第 1 组			第 2 组			第 3 组			第 4 组		
	TF	OF	TE	TF	OF	TE	TF	OF	TE	TF	OF	TE
bb	**0.530**	0.258	1.048	**0.749**	0.335	1.236	**0.721**	0.477	0.511	**0.650**	0.315	1.062
bc	**0.461**	0.146	2.146	**0.708**	0.373	0.898	**0.702**	0.279	1.518	**0.433**	0.146	1.961
bf	**0.572**	0.178	2.213	**0.576**	0.361	0.594	**0.684**	0.433	0.578	**0.720**	0.159	3.505
bg	**0.591**	0.298	0.981	**0.704**	0.397	0.773	**0.705**	0.300	1.346	**0.551**	0.191	1.882
bj	**0.373**	0.238	0.566	**0.667**	0.421	0.582	**0.627**	0.449	0.398	**0.592**	0.418	0.416
bk	**0.737**	0.414	0.778	**0.554**	0.486	0.140	**0.534**	0.421	0.268	**0.756**	0.370	1.041
Avg.	**0.544**	0.255	1.289	**0.660**	0.396	0.704	**0.662**	0.393	0.770	**0.617**	0.267	1.645

事实上，人脸数据拥有区别于一般机器学习数据的明显特征，即特征分布的离散性导致具有不同宏观特征的类内样本间距往往要大于拥有相同特征的类间样本间距。特征迁移使得类内样本具有相同特征，从而更加接近并具有更高程度的相似度。这种针对性的特征迁移，使得 4 组不同肤色、性别、年龄以及 6 种宏观特征迁移的试验中，最低仍能获得 14.0%的正迁移率，从而在极大程度上抑制了负迁移的发生。另外，尽管针对不同特征迁移率有所不同，然而特征 bj 与 bk 的迁移率均为各组试验的谷值。对比图 2-4 可以了解，bj 与 bk 分别对应表情与光照特征。一方面，人脸的表情特征具有较强的特异性，迁移源中的特征映射关系很难完美匹配目标特征迁移；另一方面，光照特征的迁移使目标训练图像与测试图像拥有了相同或近似的光照强度，却不可避免地影响了人脸图像的五官等其他特征。这两方面的因素导致特征 bj 与 bk 的迁移难度高于其他特征。

2.3.2 不同特征迁移方法效果对比

为验证 LPP 在人脸特征迁移中的合理性与有效性，将利用拉普拉斯脸迁移的 FT-LPP 与采用 PCA 的特征脸迁移 FT-PCA 以及利用 LDA 特征提取的 Fisher 脸迁移算法 FT-LDA 进行迁移效果对比，图 2-5 给出了 6 组试验结果。其中图 2-5(a)

为原始特征 OF，图 2-5(b) 为 FT-PCA 迁移特征，图 2-5(c) 为 FT-LDA 迁移特征，图 2-5(d) 为 FT-LPP 迁移特征，图 2-5(e) 为目标真实特征 TF。一般来说，人脸识别进程在特征子空间内实现，为给出直观特征迁移效果，进一步将子空间内的迁移特征逆向投影还原到原始样本空间 R^D。由图 2-5 能够看出，重视区分类内散度 $S_{\rm B}$ 与类间散度 $S_{\rm W}$ 的 FT-LDA 算法与强调局部特征结构的 FT-LPP 迁移效果明显优于 FT-PCA。

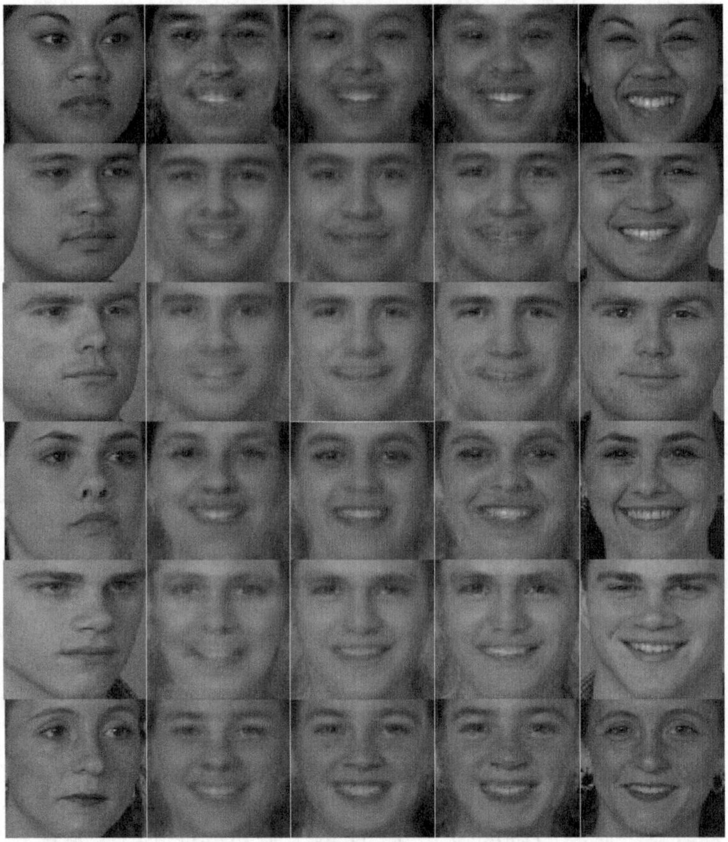

(a)原始特征OF　(b)FT-PCA迁移特征　(c)FT-LDA迁移特征　(d)FT-LPP迁移特征　(e)目标真实特征TF

图 2-5　不同特征迁移算法效果对比

作为经典线性降维特征提取方法，PCA 更重视样本特征的全局结构，其要求特征子空间内的样本实现方差最大化，即特征提取矩阵 $W_{\rm PCA} = \arg\max\limits_{W}\sum\limits_{i=1}^{N}(I_i^g - AF_i)^2 = \arg\max\limits_{W}\sum\limits_{i=1}^{N}(W^{\rm T}I_i^q - AF_i)^2$，强调全局特征呈现的本质使其在特征提取与

迁移的过程中缺乏针对性，尽管能够迁移测试样本的宏观特征，而原始的五官特征等局部信息则存在不同程度的丢失。相比之下，FT-LDA 更注重特征辨识，其投影矩阵 $W_{\mathrm{LDA}} = \arg\max\limits_{W}(W^{\mathrm{T}}S_{\mathrm{B}}W)/(W^{\mathrm{T}}S_{\mathrm{W}}W)$ 一方面使得子空间内不同类别的特征拥有更大散度，另一方面又使得类间散度更小，更高的特征类别辨识度使得宏观特征迁移相较 FT-PCA 更加合理。不同于全局特征迁移的 FT-PCA 与 FT-LDA，基于谱图理论的局部结构特征迁移算法 FT-LPP 在特征投影时要求 $W_{\mathrm{LPP}} = \arg\min\limits_{W}\sum\limits_{ij}(I_i^g - I_j^g)^2 S_{ij} = \arg\min\limits_{W}\sum\limits_{ij}(W^{\mathrm{T}}I_i^q - W^{\mathrm{T}}I_j^q)^2 S_{ij}$，显然，由于连接权值 S_{ij} 的奖惩作用，将使得子空间特征 I_i^g 与 I_j^g 与原始空间样本 I_i^q 与 I_j^q 保持相同的关系趋势，即能够在特征提取与迁移的过程中最大程度地保留原始样本不同宏观特征间的关联信息，保证特征迁移的精度。

表 2-3 进一步给出了原始特征 OF、特征迁移 FT-PCA、FT-LDA 以及 FT-LPP 与目标特征的余弦相似度 CS 与迁移率 TE，表中每行为 1 组试验，6 行分别按顺序对应图 2-5 的 6 组迁移结果，Avg. 对应各指标平均值。由表中数据可以看出，3 类特征迁移后的特征图像与目标特征的相似度均高于原始特征图像，这使得各类算法均实现了正迁移 TE > 0。对于 FT-LDA 与 FT-LPP 而言，尽管图 2-5 的宏观表征空间无法直观辨别两类算法优劣，但拉普拉斯脸的局部特征保持特性，使得特征迁移后的子空间五官特征更接近原始训练图像，并与目标图像有更高的相似度，平均迁移率 151.9%超过 FT-LDA 算法的 128.4%。

表 2-3　不同特征迁移算法相似度与迁移率对比

序号	OF		FT-PCA		FT-LDA		FT-LPP	
	CS	TE	CS	TE	CS	TE	CS	TE
1	0.3032	–	0.3556	17.3%	0.3782	24.7%	**0.5336**	**76.0%**
2	0.2372	–	0.4482	89.0%	0.5024	111.8%	**0.5692**	**140.0%**
3	0.1882	–	0.2823	50.0%	**0.4509**	**139.6%**	0.3754	99.4%
4	0.4828	–	0.4974	3.0%	0.5220	8.1%	**0.6267**	**29.8%**
5	0.1687	–	0.1970	16.8%	0.6640	293.5%	**0.8636**	**411.8%**
6	0.2707	–	0.4492	65.9%	**0.7913**	**192.3%**	0.6892	154.6%
Avg.	0.2751	–	0.3716	40.3%	0.5515	128.4%	**0.6096**	**151.9%**

2.3.3　单样本特征迁移精度分析

为考察该算法对单样本人脸识别问题的识别精度，将 FT-PCA、FT-LDA、FT-LPP 与无迁移的 PCA[7]、LDA[8]、LPP[9]以及经典的单样本人脸识别算法 $(\mathrm{PC})^2$A[11]、Block FLDA[12]进行了试验对比，表 2-4 给出了不同算法对应数据集 FERET-b、ORL 与 Yale 的试验结果。数据集 FERET-b、ORL 与 Yale 的设定规则为：

①FERET-b，选择 100 类作为迁移源，在剩余 100 类中每类选择 1 幅训练样本，随机选择 1 幅测试样本，测试 100 次；②ORL，选择 20 类样本作为迁移源，在剩余 20 类中每类选择 1 幅训练样本，随机选择 1 幅测试样本，测试 50 次；③Yale，选择 10 类样本作为迁移源，在剩余 5 类中每类选择 1 幅训练样本，随机选择 1 幅测试样本，测试 50 次。

表 2-4 单样本人脸识别率对比

算法	FERET-b				ORL	Yale
	bb	*bg*	*bj*	*bk*		
PCA	18%	20%	35%	15%	40%	44%
LDA	20%	19%	31%	27%	44%	42%
LPP	25%	22%	37%	31%	48%	50%
$(PC)^2A$	45%	44%	33%	37%	68%	52%
Block FLDA	59%	58%	70%	53%	66%	73%
FT-PCA	65%	67%	47%	61%	74%	50%
FT-LDA	81%	79%	64%	76%	86%	64%
FT-LPP	**89%**	**88%**	**71%**	**80%**	**92%**	**75%**

为保证参数设定的公平性与合理性，分别参照文献 [11]-[12] 对 $(PC)^2A$、Block FLDA 进行参数设定。其中 $(PC)^2A$ 取投影权值 $\alpha = 0.25$、资格迹贡献度 $\theta = 0.9$；Block FLDA 分割子模式区域为 5×5，近邻数 $k_n = 3$。由表 2-4 数据可以看出，基于特征迁移的算法 FT-PCA、FT-LDA 与 FT-LPP 识别率均高于无迁移的 PCA、LDA、LPP、$(PC)^2A$、Block FLDA。PCA、LDA 与 LPP 均为经典的人脸识别算法，其依赖于一定数量的训练样本，当样本数出现极端情形，即 $n = 1$ 时，其识别效果最差。事实上，从本质上来说 PCA、LDA 与 LPP 是从不同角度对原样本进行特征提取与降维，从而简化计算量增强泛化能力并提高识别精度，但是当训练样本唯一且与测试样本具有不同的宏观特征时，这几种提取特征的方法作用便仅限于降低计算的复杂程度，因为越是精准的特征提取越会保留训练样本与测试样本在宏观特征上的差异，从而导致这几类传统算法在单样本人脸识别问题中无法发挥出应有的作用。

相较之下，$(PC)^2A$ 在利用主成分分析前预先进行一步不同维度投影的合成，从而保证组合投影能够在图像平均强度不变的情况下具有更小的计算量和更好地泛化能力，使其在不增加训练样本的情况下提高一定的识别精度。作为多分割局部人脸识别算法，Block FLDA 通过分割子区域的方式增加训练样本，同时使其针对测试样本具有更好的局部辨识能力，这种能力令其对于局部表情变化的样本具有更高的识别精度，如针对 FERET-b 中的特征 bj 以及以表情变化为主的数据集 Yale 的识别。对于特征迁移算法 FT-PCA、FT-LDA 以及 FT-LPP，图 2-5 与表 2-4

分别给出了迁移后直观地与数据统计的相似度结果，显然，迁移后更高的相似度，能够使 FT-LPP 拥有更高的人脸识别率。

2.4 本 章 小 结

本章提出一种基于 LPP 特征迁移的单样本人脸识别算法，特点如下：①有效解决单样本人脸识别问题中样本数与高维度间的矛盾；②不仅对人脸自身内在特征能够迁移，由外部因素如光照强度等产生的环境特征也能迁移；③测试样本的特征迁移同时保留了全局人脸信息与局部特征信息；④基于人脸流形逼近的 LPP 特征提取方法，优于常规的 PCA 与 LDA；⑤与 Block FLDA、LPC 等方法相比，对人脸角度变化具有更强的适应性与识别力；⑥由于表情特征针对不同类人具有较强的差异性，因而迁移效率最低。

参 考 文 献

[1] Torre F D L, Gross R, Baker S, et al. Representational oriented component analysis for face recognition with one sample image per training class. Proceedings of IEEE Computer Society Conference on Computer Vision and Pattern Recognition. San Diego, United States: IEEE Press, 2005. 266-273.

[2] Chen S, Zhang D, Zhou Z H. Enhanced $(PC)^2A$ for face recognition with one training image per person.Pattern Recognition Letters, 2004, 25(10): 1173-1181.

[3] Gao Y, Qi Y. Robust visual similarity retrieval in single model face databases. Pattern Recognition, 2005, 38(7): 1009-1020.

[4] Wiskott L, Fellous R, Kruger N, et al. Face recognition by elastic bunch graph matching. IEEE Transactions on Pattern Analysis and Machine Intelligence, 1997, 19(7): 775-779.

[5] Pan J, Wang X S, Cheng Y H. Single-sample face recognition based on LPP feature transfer. IEEE Acess, 2016, 4: 2873-2884.

[6] Argyriou A, Evgeniou T, Pontil M. Multi-task feature learning. Proceedings of the 20th Annual Conference on Neural Information Processing Systems, Vancouver, Canada: MIT Press, 2007. 41-48.

[7] Turk M A, Pentland A P. Face recognition using eigenfaces.Proceedings of IEEE Computer Society Conference on Computer Vision and Pattern Recognition.Maui, United States: IEEE Press, 1991. 586-591.

[8] Belhumeur P N, Hespanha J P, Kriegman D J. Eigenfaces vs. Fisherfaces: recognition using class specific linear projection. IEEE Transactions on Pattern Analysis and Machine Intelligence, 1997, 19(7): 711-720.

[9] He X, Yan S, Hu Y, et al. Face recognition using Laplacianfaces. IEEE Transactions on Pattern Analysis and Machine Intelligence, 2005, 27(3): 328-340.

[10] Hu J, Deng W, Guo J. Robust discriminant analysis of latent semantic feature for text categorization. Proceedings of the 3rd International Conference on Fuzzy Systems and Knowledge Discovery. Xi'an, China: Springer Press, 2006. 400-409.

[11] Wu J, Zhou Z H. Face recognition with one training image per person. Pattern Recognition Letters, 2002, 23(14): 1711-1719.

[12] Ko M, Barkana A. A new solution to one sample problem in face recognition using FLDA. Applied Mathematics and Computation, 2011, 217(24): 10368-10376.

第 3 章　加权多源 TrAdaBoost 算法

第 2 章介绍了分类迁移中的特征迁移方法，用以解决单样本人脸识别问题，本章主要阐述一类多源样本迁移方法。

为充分利用源领域包含的有用信息，同时避免无关信息可能导致的负迁移现象，在前人研究的基础上，提出一种加权多源 TrAdaBoost 算法。首先，分别基于各源域和目标域训练集训练弱分类器；其次，根据各弱分类器在目标域训练集上的误差给各弱分类器赋权值；再次，将所有弱分类器加权集成，得到候选分类器；然后，分别根据候选分类器在源域和目标域训练集上的误差，更新相应领域内样本的权值；最后，将更新权值后的样本重新训练，依次循环，直到最大迭代次数。双月型和文本分类数据集上的试验结果表明，与 TrAdaBoost 和多源 TrAdaBoost 相比，加权多源 TrAdaBoost 具有较高的分类准确率。

本章内容安排如下：3.1 节介绍 TrAdaBoost 基本算法及其存在的不足，说明本章研究内容的必要性；3.2 节介绍加权多源 TrAdaBoost 算法的相关知识及基本理论；3.3 节重点给出了本章所提算法的理论分析；3.4 节通过在双月型人工数据集和 UCI 实际数据集上的试验，验证本章所提算法的有效性；最后，3.5 节给出本章小结。

3.1　TrAdaBoost 算法简介

一般来说，知识迁移的效果与源领域和目标领域间的相关性有关，相关性越强，迁移效果越好，反之，相关性越弱，越可能导致负迁移 [1]。为此，Dai 提出一种经典的基于相关性的 Transfer AdaBoost(TrAdaBoost)[2]算法。该方法是对 AdaBoost[3]做出的一个推广，使之具有知识迁移能力，从而更大限度的利用源领域知识辅助目标任务学习。TrAdaBoost 算法基于 Boosting 思想，找到源领域中与目标任务相关的数据，与目标训练数据一起共同学习目标任务，然而它仅依赖于一个源领域，如果源领域与目标领域相关性很强，可以获得很好的迁移效果，相关性很弱，则会产生负迁移，学习效果反而降低。考虑到多个源领域与目标领域的相关性，Yao 提出两种多源知识迁移方法，分别为 MultiSource-TrAdaBoost(MTrA) 与 Task-TrAdaBoost(TTrA)[4]。前者是一种基于实例的迁移学习方法，主要思想是源域训练数据来自与不同的源领域，与 TrAdaBoost 不同，不再仅依赖一个源领域训练弱分类器，而是在每次迭代中，选择当前迭代与目标领域相关性最强的源领域训练弱分类器，最后得到强分类器；而后者则依赖于学习参数，在各领域获得弱分类器的基础上，构成弱分类器集合，并在目标领域完成 AdaBoost 循环，选取目标训练数据分类误差最小的分类器，最后将精选弱分类器集成为强分类器。

上述两种多源知识迁移方法在每次迭代都选择与目标领域相关性最强的源领域，可以保证迁移的知识与目标任务最相关，但是忽略了其他源领域对目标任务学习的影响，据此提出一种加权多源 TrAdaBoost 算法 (WMTrA)，将基于实例的迁移学习方法与基于参数的迁移学习方法结合，同时考虑源领域训练样本和源领域任务与目标领域的相关性，参照 AdaBoost 思想，根据各源领域与目标领域相关性不同加上相应的权重，共同帮助学习目标任务，达到对所有源领域知识的充分利用。

3.2 加权多源 TrAdaBoost 算法

不同源领域与目标领域相关性不同，对目标任务学习的影响也不同，根据 MTrA 算法可知，当其中一个源领域与目标领域相关性大于其他源领域时，MTrA 算法很容易陷入每次只选取较大相关性的源领域，造成其他源领域样本起不到辅助学习的作用。甚至当各源领域与目标领域都有较大相关性时，源领域样本与目标领域训练样本共同训练得到弱分类器对训练样本本身测试时，得到百分之百的正确率，此时算法只选取第一个弱分类器作为候选分类器，其他源领域样本被忽略，在学习中无法起到作用。

根据不同源领域与目标领域相关性强弱，分别赋予各源领域不同的权重，充分利用各源领域有用知识，帮助目标任务的学习。具体做法是：调用传统弱分类器模型在每一个训练集训练得到一个弱分类器，将所有弱分类器组成弱分类器集，分别计算每个弱分类器在目标训练集上的误差，根据测试误差对每个弱分类器加相应的权重，误差大的分类器设置权重小，误差小的分类器设置权重大，可以理解为正确率高的分类器对应的源领域包含对目标任务有用的信息多，对目标任务的学习帮助大，正确率低的分类器对应的源领域包含对目标任务有用的信息相对少，对目标任务的学习帮助也小。将加权后的弱分类器集成得到当前迭代的候选分类器，然后计算候选分类器在目标训练集上的误差，根据测试误差更新目标领域训练集样本的权重，对于分类测试标签相同的目标领域训练样本权重不变，增加分类测试标签不同的目标领域训练样本的权重，样本分类错误表示此样本比较难训练，增大其权重，用来强调这个样本。同时计算候选分类器在不同源领域训练集上的误差，更新源领域样本的权重，对于分类正确的源领域样本权重不变，分类错误的样本权重减小，减小分类错误样本的权重表示此样本对目标任务的学习没有帮助，降低此样本对目标学习的影响。将更新权重后的样本重新训练，依次循环，直到最大迭代次数 M。

3.2.1 基本符号

设 D_{S_k} 为第 k 个源领域训练集，$k \in [1, N]$，N 为源领域训练集个数，n_{S_k} 为第 k 个源领域训练集包含样本数量，$w^{\mathrm{S}_k} = (w_1^{\mathrm{S}_k}, w_2^{\mathrm{S}_k}, \cdots, w_{n_{\mathrm{S}_k}}^{\mathrm{S}_k})$ 为第 k 个源领域训练样本权重向量，目标领域样本集分为两部分，设 D_{T} 为目标领域训练集，D 为目标领域测试集，$w = (w_1, \cdots, w_j, \cdots, w_{n_{\mathrm{T}}})$ 为目标领域训练样本权重向量。假设 D_{T} 不足以直接训练出一个针对 D 的可靠的分类器，$Y \in \{-1, 1\}$ 为样本标签。

3.2.2 TrAdaBoost 算法流程

TrAdaBoost 算法是一种基于实例的迁移学习算法，其目的是寻找源领域中与目标领域相关性大的样本，对其赋予合适的权重使之与目标训练样本共同训练帮助目标任务的学习。TrAdaBoost 算法的关键思想是利用 Boosting 自动加权机制过滤掉源领域中与目标样本分布差别大的样本，其中源领域训练样本的加权策略与目标领域训练样本的加权策略相反，对源领域测试正确的样本增加其权重，表示该样本与目标领域样本分布一致，相关性较大，下一轮训练中增加该样本的作用，如果样本测试错误则减小其权重，表示该样本分布与目标领域不一致，相关性小，下一轮训练减小该样本的作用；对于目标领域训练样本，测试错误的样本增加其权重，表示该样本难以训练，下一轮要重点训练，测试正确的样本减小其权重，表示该样本比较容易训练。

在 TrAdaBoost 算法算法思想上，根据不同源领域对目标任务学习的影响，提出一种加权多源 TrAdaBoost 算法，该算法流程图如图 3-1 所示。

具体算法步骤描述为

输入：N 个源领域训练集 $(D_{\mathrm{S}_1}, \cdots, D_{\mathrm{S}_k}, \cdots, D_{\mathrm{S}_N})$，目标领域训练集 D_{T}，最大迭代次数 M。

输出：目标领域分类器 $f(\cdot): X \to Y$。

步骤 (1) 设置 $\phi_{\mathrm{S}} = 1/(1+\sqrt{2\ln n_{\mathrm{S}}/M})$，其中 $n_{\mathrm{S}} = \sum_{k=1}^{N} n_{\mathrm{S}_k}$ 为全部源领域训练样本个数。

步骤 (2) 初始化权重向量 $(w^{\mathrm{S}_1}, \cdots, w^{\mathrm{S}_k}, \cdots, w^{\mathrm{S}_N}, w)$，合并训练集 $D_k = (D_{\mathrm{S}_k}, D_{\mathrm{T}})$。

步骤 (3) For $t: 1 \to M$

步骤 (4) 将权重向量 $(w^{\mathrm{S}_1}, \cdots, w^{\mathrm{S}_k}, \cdots, w^{\mathrm{S}_N}, w)$ 归一化，并将权重向量 (w^{S_k}, w) 归一化。

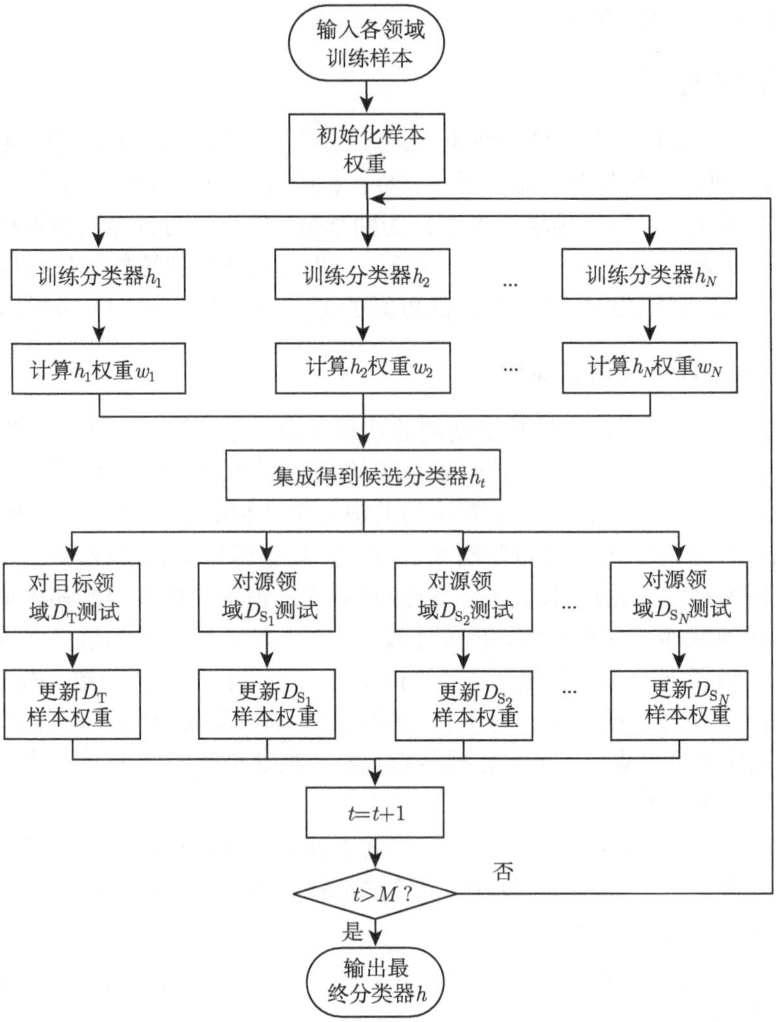

图 3-1　TrAdaBoost 算法流程图

步骤 (5)　对每一个合并后训练集 D_k 调用传统分类器训练得到弱分类器 h_t^k，计算 h_t^k 在 D_T 上的误差 $\varepsilon_t^k=\sum\limits_{i=1}^{n_T} w_i\left|y_i-h_t^k(x_i)\right|$，更新弱分类器 h_t^k 的权重 $w_t^k=\dfrac{e^{1-\varepsilon_t^k}}{e^{\varepsilon_t^k}}$，得到第 t 次迭代的候选分类器 $h_t=\sum\limits_k \dfrac{w_t^k}{\sum\limits_k w_t^k}h_t^k$，并计算 h_t 在 D_T 上的误差 $\varepsilon_t=\sum\limits_{i=1}^{n_T} w_i\left|y_i-h_t(x_i)\right|$。

步骤 (6)　设置 $\phi_t=\dfrac{\varepsilon_t}{1-\varepsilon_t}$，$0\leqslant\varepsilon_t\leqslant 0.5$。

步骤 (7) 采用下式更新权重向量：

$$w_{i(t+1)}^{\mathrm{S}_k}=w_{it}^{\mathrm{S}_k}\phi_{\mathrm{S}}^{|h_t(x_i^{\mathrm{S}_k})-y_i^{\mathrm{S}_k}|},\quad w_{i(t+1)}=\begin{cases} w_{it}\phi_t^{1-\varepsilon_t}, & 0<\varepsilon_t\leqslant 0.5\\ w_{it}, & \varepsilon_t=0\end{cases}.$$

步骤 (8) 如果 $t>M$，转到步骤 (5)；如果 $t=M$，转到步骤 (9)。

步骤 (9) 最终强分类器 $f_{\mathrm{T}}(x)=\mathrm{sign}\left(\sum\limits_t(1-\phi_t)h_t(x)\right)$。

$w_{i(t+1)}$ 的更新公式可以避免 TrAdaBoost 算法中可能会出现的当目标训练样本测试全部正确，误差为 0 时，α_t 为 0，目标训练样本权重更新全部为 0 的情况。由 TrAdaBoost 算法可以看出，所有源领域训练样本都参加了每次迭代的训练，根据与目标领域相关性的不同各源领域权重不同，同时，各源领域中训练样本在训练中权重也不同，对目标学习有帮助的样本权重大，阻碍目标学习的样本权重低，经过多次迭代，可筛选出对目标学习帮助大的源领域，同时筛选出每个源领域中对目标学习帮助大的训练样本，充分利用多个源领域所有有用知识，最大化帮助目标领域的学习。

3.3 理论分析

3.3.1 源领域训练集样本损失值分析

定理 1 第 k 个源领域训练集 D_{S_k} 上 M 次迭代的总损失为

$$L_{\mathrm{S}_k}\leqslant\frac{\ln n+\ln\left(\dfrac{1}{\phi_{\mathrm{S}}}\right)_{\min}L(x_i^{\mathrm{S}_k})}{1-\phi_{\mathrm{S}}}\tag{3-1}$$

证明 对于任意源领域训练样本 D_{S_k}，有

$$L_{\mathrm{S}_k}=\sum_{t=1}^{M}\sum_{i=1}^{n_{\mathrm{S}_k}}a_{it}^{\mathrm{S}_k}l_{it}^{\mathrm{S}_k}=\sum_{t=1}^{M}a_t^{\mathrm{S}_k}\cdot I_t^{\mathrm{S}_k}\tag{3-2}$$

式中，$a_{it}^{\mathrm{S}_k}$ 为源训练样本 D_{S_k} 在第 t 次迭代训练中的权重；$l_{it}^{\mathrm{S}_k}$ 为源训练样本 D_{S_k} 在第 t 次迭代与第 $(t-1)$ 次迭代训练的权重差。

$$a_{it}^{\mathrm{S}_k}=\frac{w_{it}^{\mathrm{S}_k}}{\sum\limits_{i=1}^{n_{\mathrm{S}_k}}w_{it}^{\mathrm{S}_k}}\tag{3-3}$$

$$l_{it}^{\mathrm{S}_k}=|w_{i(t+1)}^{\mathrm{S}_k}-w_{it}^{\mathrm{S}_k}|\tag{3-4}$$

对于 t=1, $\cdots$, M 有

$$\sum_{k=1}^{N}\sum_{i=1}^{n_{\mathrm{S}_k}} w_{i(t+1)}^{\mathrm{S}_k} = \sum_{k=1}^{N}\sum_{i=1}^{n_{\mathrm{S}_k}} w_{it}^{\mathrm{S}_k} \cdot \phi_{\mathrm{S}}^{l_{it}^{\mathrm{S}_k}} \tag{3-5}$$

当 $x, a \in [0,1]$ 时，有 $x^a \leqslant 1-(1-x)a$。于是

$$\begin{aligned}\sum_{k=1}^{N}\sum_{i=1}^{n_{\mathrm{S}_k}} w_{i(t+1)}^{\mathrm{S}_k} &\leqslant \sum_{k=1}^{N}\sum_{i=1}^{n_{\mathrm{S}_k}} w_{it}^{\mathrm{S}_k}[1-(1-\phi_{\mathrm{S}})l_{it}^{\mathrm{S}_k}] \\ &= \sum_{k=1}^{N}\sum_{i=1}^{n_{\mathrm{S}_k}} w_{it}^{\mathrm{S}_k} - (1-\phi_{\mathrm{S}})\sum_{k=1}^{N}\sum_{i=1}^{n_{\mathrm{S}_k}} w_{it}^{\mathrm{S}_k} l_{it}^{\mathrm{S}_k}\end{aligned} \tag{3-6}$$

将式 (3-3) 代入式 (3-6)，得

$$\begin{aligned}\sum_{k=1}^{N}\sum_{i=1}^{n_{\mathrm{S}_k}} w_{i(t+1)}^{\mathrm{S}_k} &\leqslant \sum_{k=1}^{N}\sum_{i=1}^{n_{\mathrm{S}_k}} w_{it}^{\mathrm{S}_k} - (1-\phi_{\mathrm{S}})\sum_{k=1}^{N}\sum_{i=1}^{n_{\mathrm{S}_k}}\left(a_{it}^{\mathrm{S}_k} l_{it}^{\mathrm{S}_k}\sum_{i=1}^{n_{\mathrm{S}_k}} w_{it}^{\mathrm{S}_k}\right) \\ &= \left(\sum_{k=1}^{N}\sum_{i=1}^{n_{\mathrm{S}_k}} w_{it}^{\mathrm{S}_k}\right)(1-(1-\phi_{\mathrm{S}})a_t^{\mathrm{S}_k}\cdot I_t^{\mathrm{S}_k})\end{aligned} \tag{3-7}$$

因此，

$$\begin{aligned}\ln\left(\sum_{k=1}^{N}\sum_{i=1}^{n_{\mathrm{S}_k}} w_{i(t+1)}^{\mathrm{S}_k}\right) &\leqslant \ln(\left(\sum_{k=1}^{N}\sum_{i=1}^{n_{\mathrm{S}_k}} w_{it}^{\mathrm{S}_k}\right)(1-(1-\phi_{\mathrm{S}})a_t^{\mathrm{S}_k} l_t^{\mathrm{S}_k})) \\ &= \ln\left(\sum_{k=1}^{N}\sum_{i=1}^{n_{\mathrm{S}_k}} w_{it}^{\mathrm{S}_k}\right) + \ln(1-(1-\phi_{\mathrm{S}})a_t^{\mathrm{S}_k}\cdot I_t^{\mathrm{S}_k})\end{aligned} \tag{3-8}$$

当 $0<x<1$ 时，有 $\ln(1-x)\leqslant -x$。所以

$$\ln\left(\sum_{k=1}^{N}\sum_{i=1}^{n_{\mathrm{S}_k}} w_{i(t+1)}^{\mathrm{S}_k}\right) \leqslant \ln\left(\sum_{k=1}^{N}\sum_{i=1}^{n_{\mathrm{S}_k}} w_{it}^{\mathrm{S}_k}\right) - (1-\phi_{\mathrm{S}})a_t^{\mathrm{S}_k} l_t^{\mathrm{S}_k} \tag{3-9}$$

$$\ln\left(\sum_{k=1}^{N}\sum_{i=1}^{n_{\mathrm{S}_k}} w_{i(M+1)}^{\mathrm{S}_k}\right) \leqslant \ln\left(\sum_{k=1}^{N}\sum_{i=1}^{n_{\mathrm{S}_k}} w_{i1}^{\mathrm{S}_k}\right) - \sum_{t=1}^{M}(1-\phi_{\mathrm{S}})a_t^{\mathrm{S}_k}\cdot l_t^{\mathrm{S}_k} \tag{3-10}$$

将式 (3-2) 代入式 (3-10)，得

$$\ln\left(\sum_{k=1}^{N}\sum_{i=1}^{n_{\mathrm{S}_k}} w_{i(t+1)}^{\mathrm{S}_k}\right) \leqslant \ln\left(\sum_{k=1}^{N}\sum_{i=1}^{n_{\mathrm{S}_k}} w_{it}^{\mathrm{S}_k}\right) - (1-\phi_{\mathrm{S}})L_{\mathrm{S}_k} = \ln N - (1-\phi_{\mathrm{S}})L_{\mathrm{S}_k} \tag{3-11}$$

可得，

$$L_{\mathrm{S}_k} \leqslant \frac{\ln N - \ln\left(\sum_{k=1}^{N}\sum_{i=1}^{n_{\mathrm{S}_k}} w_{i(M+1)}^{\mathrm{S}_k}\right)}{1-\phi_{\mathrm{S}}} \tag{3-12}$$

又因为

$$\sum_{k=1}^{N}\sum_{i=1}^{n_{\mathrm{S}_k}} w_{i(M+1)}^{\mathrm{S}_k} \geqslant \sum_{k=1}^{N}\sum_{i\in\{1,\cdots,n_{\mathrm{S}_k}\}} w_{i(M+1)}^{\mathrm{S}_k} = \sum_{k=1}^{N}\sum_{i\in\{1,\cdots,n_{\mathrm{S}_k}\}} w_{i1}^{\mathrm{S}_k}\phi_{\mathrm{S}}^{L(x_i^{\mathrm{S}_k})}$$
$$\geqslant \phi_{\mathrm{S}}^{\max L(x_i^{\mathrm{S}_k})}\sum_{k=1}^{N}\sum_{i\in\{1,\cdots,n_{\mathrm{S}_k}\}} w_{i1}^{\mathrm{S}_k} \tag{3-13}$$

将式 (3-13) 代入式 (3-12)，得

$$L_{\mathrm{S}_k} \leqslant \frac{\ln N - \ln\left[\phi_{\mathrm{S}}^{\max L(x_i^{\mathrm{S}_k})}\displaystyle\sum_{k=1}^{N}\sum_{i\in\{1,\cdots,n_{\mathrm{S}_k}\}} w_{i1}^{\mathrm{S}_k}\right]}{1-\alpha_{\mathrm{S}}}$$
$$= \frac{\ln N - \ln\left(\displaystyle\sum_{k=1}^{N}\sum_{i=\{1,\cdots,n_{\mathrm{S}_k}\}} w_{i1}^{\mathrm{S}_k}\right) - \max L(x_i^{\mathrm{S}_k})\ln\phi_{\mathrm{S}}}{1-\alpha_{\mathrm{S}}} \tag{3-14}$$
$$= \frac{\ln N - \ln\dfrac{N}{n_{\mathrm{S}_k}} - L(x_i^{\mathrm{S}_k})\ln\phi_{\mathrm{S}}}{1-\phi_{\mathrm{S}}} = \frac{\ln n_{\mathrm{S}_k} - L(x_i^{\mathrm{S}_k})\ln\phi_{\mathrm{S}}}{1-\phi_{\mathrm{S}}}$$

即

$$L_{\mathrm{S}_k} \leqslant \frac{\ln n_{\mathrm{S}_k} + \ln\left(\dfrac{1}{\phi_{\mathrm{S}}}\right)\min L(x_i^{\mathrm{S}_k})}{1-\phi_{\mathrm{S}}} \tag{3-15}$$

得证。

式 (3-15) 给出了任意源领域在 M 次迭代后总损失的上界。根据式 (3-15) 可知，L_{S_k} 并不比训练样本中损失最小的样本损失值大很多，这与 TrAdaBoost 思想是一致的。

此外，所有源领域训练样本 M 次迭代后总损失 L 为各源领域损失值加权和，表示为

$$L = \sum_{k=1}^{N} w_t^k L_{\mathrm{S}_k} = \sum_{k=1}^{N}\frac{\mathrm{e}^{1-2\varepsilon_t^k}}{\displaystyle\sum_{k=1}^{N}\mathrm{e}^{1-2\varepsilon_t^k}} L_{\mathrm{S}_k} \tag{3-16}$$

则

$$\sum_{k\in\{1,\cdots,N\}}\frac{\mathrm{e}^{1-2\varepsilon_t^k}}{\displaystyle\sum_{k\in\{1,\cdots,N\}}\mathrm{e}^{1-2\varepsilon_t^k}}\min L_{\mathrm{S}_k} \leqslant L \leqslant \sum_{k\in\{1,\cdots,N\}}\frac{\mathrm{e}^{1-2\varepsilon_t^k}}{\displaystyle\sum_{k\in\{1,\cdots,N\}}\mathrm{e}^{1-2\varepsilon_t^k}}\max L_{\mathrm{S}_k} \tag{3-17}$$

即

$$\min L_{S_k} \leqslant L \leqslant \max L_{S_k} \tag{3-18}$$

由弱分类器的权重公式可知，若测试误差越小，则权重 w_t^k 越大，对应源领域损失值在总损失值中所占比例越大。因此，所有源领域训练样本总损失值 L 与所有源领域中损失最小的领域损失值相差不大，表明多个源领域的共同训练的总损失值并没有随着源领域数目的增加而增加。

3.3.2　目标领域训练集测试误差分析

定理 2　目标领域训练集上最终测试误差为

$$\varepsilon \leqslant 2^M \prod_{t=1}^{M} \sqrt{\varepsilon_t(1-\varepsilon_t)} \tag{3-19}$$

证明　令在目标领域训练集上最终测试错误样本集合为 S，则最终测试误差 $\varepsilon = |S|/n$，其中 n 为目标领域训练样本数目。

每次迭代得到的测试误差为

$$\varepsilon_t = \sum_k \frac{w_t^k}{\sum\limits_k w_t^k}\varepsilon_t^k = \frac{\sum\limits_k \mathrm{e}^{1-2\varepsilon_t^k}\varepsilon_t^k}{\sum\limits_k \mathrm{e}^{1-2\varepsilon_t^k}} \tag{3-20}$$

式中，$0 \leqslant \varepsilon_t^k \leqslant 0.5$，可得

$$\frac{\sum\limits_k \mathrm{e}^{1-2\varepsilon_t^k}\min \varepsilon_t^k}{\sum\limits_k \mathrm{e}^{1-2\varepsilon_t^k}} \leqslant \varepsilon_t \leqslant \frac{\sum\limits_k \mathrm{e}^{1-2\varepsilon_t^k}\max \varepsilon_t^k}{\sum\limits_k \mathrm{e}^{1-2\varepsilon_t^k}} \tag{3-21}$$

即

$$\min \varepsilon_t^k \leqslant \varepsilon_t \leqslant \max \varepsilon_t^k, \quad (0 \leqslant \varepsilon_t \leqslant 0.5) \tag{3-22}$$

当 $\varepsilon_t = 0$ 时，表明目标领域训练样本测试误差为 0，训练样本权重无需更新，设置 $w_{(t+1)i}^{\mathrm{T}} = w_{ti}^{\mathrm{T}}$，此时 $\varepsilon = \varepsilon_t = 0$。

当 $\varepsilon_t \neq 0$ 时，$\alpha_t = \dfrac{\varepsilon_t}{1-\varepsilon_t} \neq 0$，目标领域训练样本最终的权重计算公式为

$$w_{it}^{\mathrm{T}} = w_{i(t-1)}^{\mathrm{T}} \phi_{t-1}^{1-|h_t(x_i^{\mathrm{T}})-y(x_i^{\mathrm{T}})|} = w_{i1}^{\mathrm{T}} \prod_{t=1}^{t} \phi_t^{1-\varepsilon_t} \tag{3-23}$$

$$\sum_{i=1}^{n} w_{i(t+1)}^{\mathrm{T}} = \sum_{i=1}^{n} w_{it}^{\mathrm{T}} \phi_t^{1-\varepsilon_t} \leqslant \sum_{i=1}^{n} w_{it}^{\mathrm{T}}[1-(1-\phi_t)(1-\varepsilon_t)] \tag{3-24}$$

于是

$$\sum_{i=1}^{n} w_{i(t+1)}^{\mathrm{T}} = \sum_{i=1}^{n} w_{i1}^{\mathrm{T}} \prod_{t=1}^{M} [1-(1-\phi_t)(1-\varepsilon_t)] = \prod_{t=1}^{M} [1-(1-\phi_t)(1-\varepsilon_t)] \tag{3-25}$$

又有

$$\sum_{i=1}^{n} w_{i(M+1)}^{\mathrm{T}} \geqslant \sum_{i\in \mathrm{S}}^{n} w_{i(M+1)}^{\mathrm{T}} = \sum_{i\in \mathrm{S}}^{n} w_{i1}^{\mathrm{T}} \prod_{t=1}^{M} \phi_t^{1-\varepsilon_t} \tag{3-26}$$

因为 $\varepsilon_t \leqslant 0.5$，有

$$\prod_{t=1}^{M} \phi_t^{-\varepsilon_t} \geqslant \left(\prod_{t=1}^{M} \phi_t\right)^{-1/2} \tag{3-27}$$

将式 (3-27) 代入式 (3-26)，得

$$\sum_{i=1}^{n} w_{i(M+1)}^{\mathrm{T}} \geqslant \sum_{i\in S}^{n} w_{i1}^{\mathrm{T}} \left(\prod_{t=1}^{M} \phi_t\right)^{1/2} = \varepsilon \left(\prod_{t=1}^{M} \phi_t\right)^{1/2} \tag{3-28}$$

合并式 (3-25) 和 (3-28)，得

$$\varepsilon \left(\prod_{t=1}^{M} \phi_t\right)^{1/2} \leqslant \prod_{t=1}^{M} [1-(1-\phi_t)(1-\varepsilon_t)] \tag{3-29}$$

化简得

$$\varepsilon \leqslant \prod_{t=1}^{M} \frac{[1-(1-\phi_t)(1-\varepsilon_t)]}{\phi_t^{1/2}} \tag{3-30}$$

将 $\phi_t = \dfrac{\varepsilon_t}{1-\varepsilon_t}$ 代入式 (3-30)，可得

$$\varepsilon \leqslant 2^M \prod_{t=1}^{M} \sqrt{\varepsilon_t(1-\varepsilon_t)} \tag{3-31}$$

得证。

由式 (3-31) 可知，目标领域训练集上的误差随着迭代次数的增加而减小，当迭代次数无穷大时，误差接近于 0，这与 AdaBoost 算法思想是一致的。

3.3.3 时间复杂度分析

由于多个源领域共同参与目标任务学习，明显地，算法时间复杂度大于单源 TrAdaBoost 算法。设训练一个分类器的时间复杂度为 C_{H}，权重更新的时间复杂度为 C_{W}，则 TrAdaBoost 算法的时间复杂度为 $M(C_{\mathrm{H}}+n_{\mathrm{S}}C_{\mathrm{W}})$，WMTrA 算法的时间复杂度为 $M\sum_{k=1}^{N}(C_{\mathrm{H}_k}+n_{\mathrm{S}_k}C_{\mathrm{W}})$。当各源领域样本数目差别不大时，WMTrA 算法的时间复杂度近似为 $NM(C_{\mathrm{H}}+n_{\mathrm{S}}C_{\mathrm{W}})$，与 MTrA 算法时间复杂度相同。

3.4 试验及其结果对比

试验分为两部分：第一部分选用双月型人工数据集，目的是通过二维数据试验结果更直观的表现加权多源 TrAdaBoost 算法的效果；第二部分选用 UCI 真实数据集，目的是为了在真实数据中验证提出算法的有效性。

3.4.1 双月型数据集试验

本试验选用一系列不同分布的人造二维数据集，其中包含 200 个二维数据的双月型数据集作为目标领域测试样本，包含 40 个同分布二维数据的数据集作为目标领域训练样本，目标领域测试样本旋转不同角度后得到的数据集作为源领域样本。旋转角度共设定 12 个，包括 ±15°，±30°，±45°，±60°，±75° 以及 ±90°。

基分类器选用加权支持向量机，核函数选用高斯核，惩罚因子 C 与核宽度 σ 采取 5 重交叉验证选取，样本初始权重设置为平均权重，其中源领域样本权重设定为 $1/2n_{\mathrm{S}}$，目标领域样本权重设定为 $1/2n_{\mathrm{T}}$，n_{S_k}、n_{T} 分别表示源领域与目标领域样本个数。试验中迭代次数设为 50 次。

首先分别使用不同的源领域和目标领域组成的训练集训练分类模型，根据上述对源领域训练集的定义，一共可以得到 13 组支持向量机分类模型；然后将这 13 组分类模型分别对目标领域测试集测试，图 3-2 给出了不同训练集训练得到的分类模型及对目标领域测试集测试结果。图 3-2(a) 仅使用目标领域训练集训练分类器，没有任何源领域样本参与训练，图 3-2(b)~(g) 分别给出旋转不同角度，例如旋转 15°，30°，45°，60°，75° 和 90° 得到的源领域训练集与目标领域训练集共同训练对目标领域测试集测试效果图。另外，为了对比不同训练集训练得到的分类模型对测试集测试效果，表 3-1 给出了不同源领域训练集与目标领域训练集共同训练对目标领域测试集测试结果。由图 3-2 和表 3-1 可以看出，旋转角度越小的源领域数据集对目标领域学习帮助越大，可以提高目标分类器的准确率，当旋转角度大于

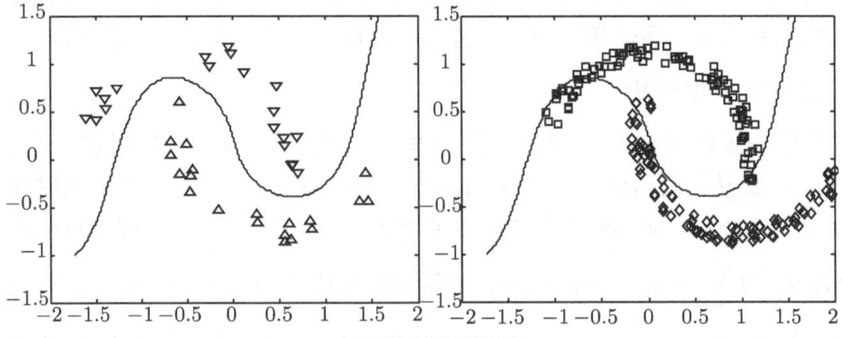

(a)无源领域训练集

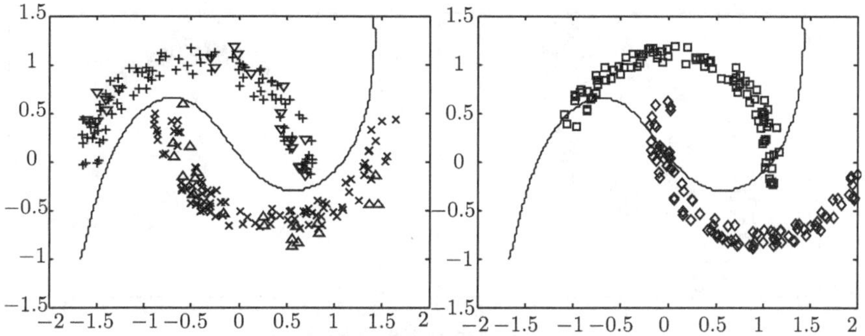

(b)旋转15°数据集作为源领域

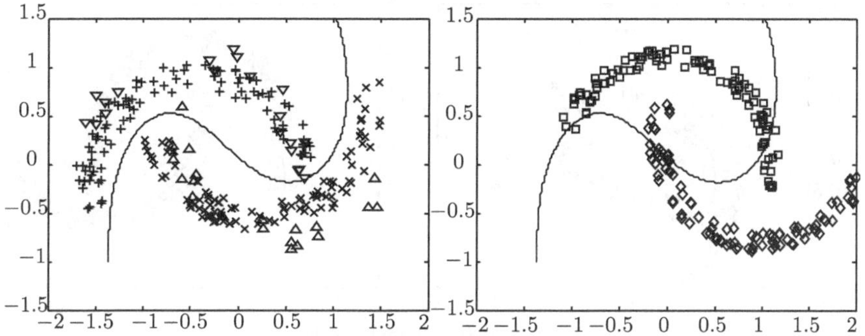

(c)旋转30°数据集作为源领域

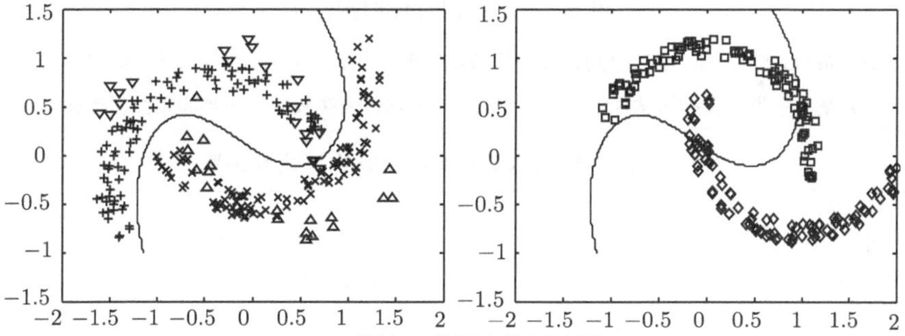

(d)旋转45°数据集作为源领域

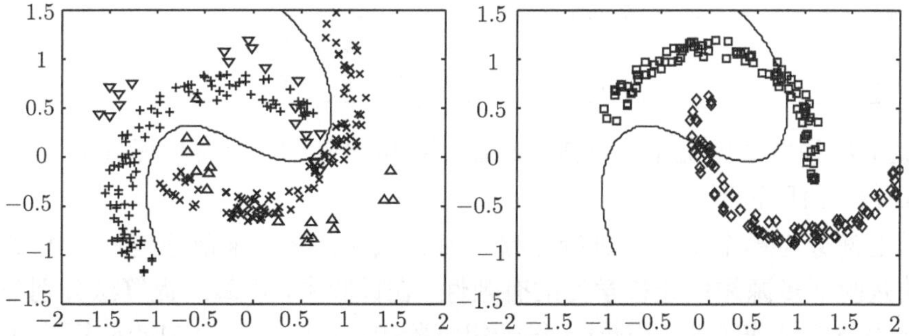

(e)旋转60°数据集作为源领域

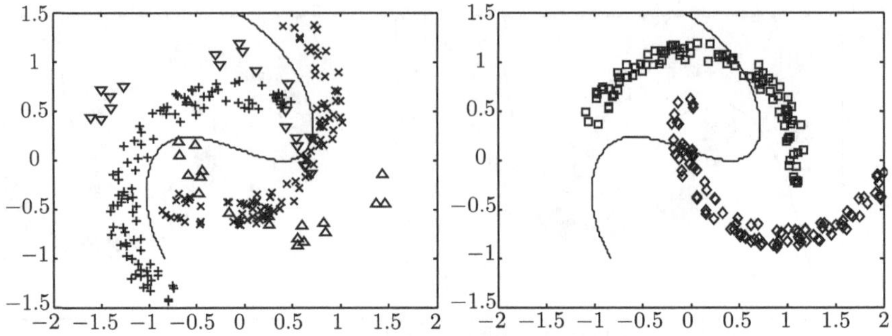

(f)旋转75°数据集作为源领域

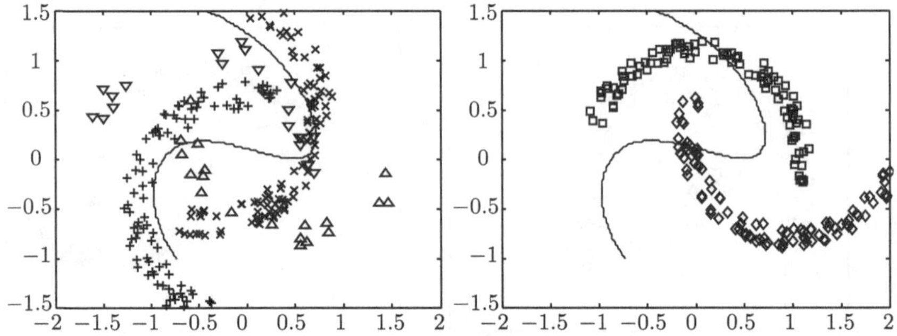

(g)旋转90°数据集作为源领域

图 3-2　不同训练集训练结果

"–" 代表分类界限；"▽" 和 "△" 分别代表目标领域的正类和负类训练样本；"□" 和 "◇" 分别代表目标领域的正类和负类测试样本；"+" 和 "×" 分别代表源领域的正类和负类训练样本

表 3-1　不同支持向量机模型的测试准确率

不同源领域	分类准确率	不同源领域	分类准确率
None	85%	—	—
旋转 15°	89%	旋转 −15°	89%
旋转 30°	87%	旋转 −30°	87%
旋转 45°	80.5%	旋转 −45°	80.5%
旋转 60°	75.5%	旋转 −60°	78.5%
旋转 75°	71.5%	旋转 −75°	75.5%
旋转 90°	67%	旋转 −90°	73.5%

$\pm30^\circ$ 时，源领域数据集无法直接训练出可靠的分类器，对目标任务学习起到反作用，阻碍目标任务的学习。

以上部分为单个源领域进行迁移学习的试验，接下来部分包括三组试验，主要目的是验证多源领域迁移学习的有效性。在试验中，本章所提算法分别与 TrAdaBoost 及 MTrA 算法进行对比。第一组试验中，MTrA 与 WMTrA 算法分别选用旋转 $\pm15^\circ$ 与 $\pm30^\circ$ 数据集作为源领域训练集，而对于 TrAdaBoost 算法，选用旋转 15° 数据集作为源领域训练集。所选数据集与原数据集分布最相似，相关性最大，包含的有用知识最多，与目标领域训练集共同训练无须更新样本权重即可提高目标分类器准确率。各算法每次迭代后训练集训练得到的分类模型对测试集测试准确率结果如图 3-3(a) 所示。第二组试验中，MTrA 与 WMTrA 算法分别选用旋转 ±45° 与 ±60° 数据集作为源领域训练集，而对于 TrAdaBoost 算法，选用旋转 45° 数据集作为源领域训练集。第三组试验中，MTrA 与 WMTrA 算法分别选用旋转 ±75° 与 ±90° 数据集作为源领域训练集，而对于 TrAdaBoost 算法，选用旋转 −75° 数据集作为源领域训练集。与图 3-3(a) 类似，图 3-3(b) 与图 3-3(c) 分别展示出第二组试验与第三组试验不同算法每次迭代后训练集训练得到的分类模型对测试集测试准确率结果。

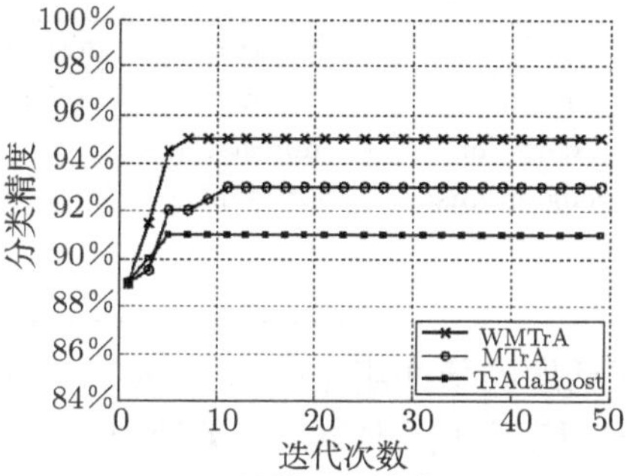

(a)第一组试验

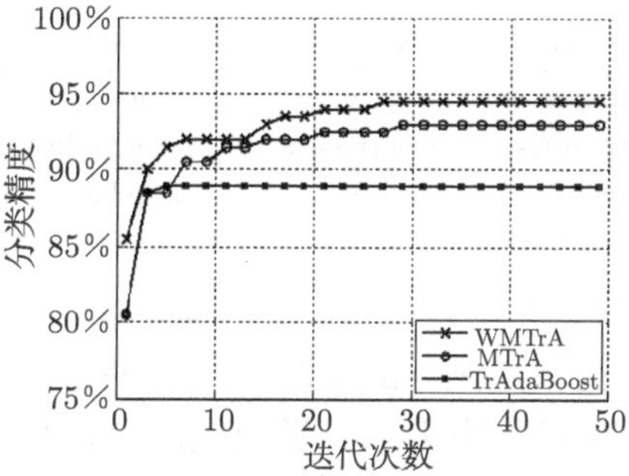

(b)第二组试验

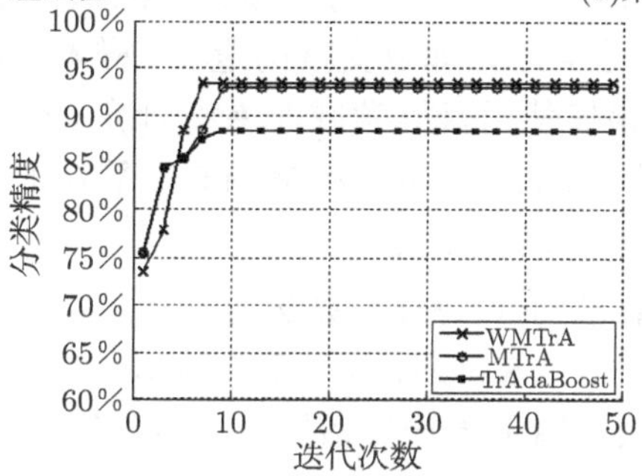

(c)第三组试验

图 3-3 不同迁移算法在双月型数据集上准确率

由图 3-3 可以看出：这三种算法对目标任务学习都有所提高，迁移学习不仅可以更好地帮助目标任务学习，而且可以更有效地避免负迁移现象，避免了因为源领域与目标领域差别较大时反而阻碍目标任务学习的情况。其中，TrAdaBoost 算法由于只使用一个源领域训练样本集，从源领域获得的有用知识最少，因而测试结果相对最差，MTrA 与 WMTrA 分别使用 4 个不同源领域训练样本集，包含的有用信息量多，得到的测试准确率也高。在各组试验中，MTrA 只选取每次迭代中准确率最高的分类器，忽略了其他源领域对目标任务的影响，而 WMTrA 由于引入了加权机制，更好的利用所有源领域中有用知识，消除源领域训练集中无关样本对目标任务的影响，结果比 MultiSource-TrAdaBoost 算法更有效。

3.4.2 文本分类试验

试验选用迁移学习常用 UCI 数据集之一的 20_newsgroups 数据集，20_newsgroups 是一组文本分类数据，包含 20 个类，每个类包含 1000 个同类的新闻组文档，实验选用 Chih-Jen Lin 预处理过的数据。许多类新闻组有重叠部分。例如，有 5 类是关于商业的话题，4 类是关于科学的话题等，数据集具体分布如表 3-2 所示。

表 3-2 20_newsgroups 数据集分布

companies	sciences	sports	religion	politics	miscellaneous
graphics	crypt	autos	atheism	guns	for sale
ms-windows	electronics	motorcycles	christian	mideast	
pc.hardware	med	baseball	religion.misc	politics.misc	
mac.hardware	space	hockey			
windows.x					

为简单起见，试验选取 2 个属于不同话题的新闻组 (motorcycles VS med) 作为目标领域，作为二分类问题研究，对于目标领域样本集，每类抽取 100 个样本作为有标签目标领域训练样本，其余为目标领域测试样本。与双月型数据集试验类似，试验中用到的基分类器为加权支持向量机，样本初始权重设置平均权重，迭代次数设置 50 次，如果仅使用目标领域训练集训练一个支持向量机分类模型，对测试集测试的准确率为 92.05%，为展示 WMTrA 算法的有效性，试验结果分别与 TrAdaBoost 算法和 MTrA 算法对比。

首先对比 MTrA 算法与 WMTrA 算法的性能。第一组试验选择两个不同的数据集作为源领域，即 autos VS electronics 和 baseball VS crypt，从数据集分布可以看出源领域与目标领域都属于同一类话题，即各源领域与目标领域样本集相关性比较大，都可以提供较多有用知识。第二组试验为验证当源领域样本集数量增加时本章算法的有效性，在第一组试验的基础上添加一组新的数据集作为源领域样本，新源领域样本集与目标领域样本集同属一个话题，数据集为 hockey VS space。第三组试验在第二组试验的基础上添加一组与目标领域样本集属于不同话题的样本集作为源领域样本集，验证当源领域包含与目标领域样本相关性较小样本时本章算法的有效性，添加的新样本集为 pc.hardware VS religion.misc。第四组试验在第三组试验的基础上添加另外一组与目标领域样本集属于不同话题的样本集作为源领域样本集，验证当源领域包含较多与目标领域样本相关性较小的样本时本章算法的有效性，添加的新样本集为 guns VS for sale。第五组试验，分别使用前四组试验中用到的源领域样本集作为 TrAdaBoost 算法中源领域样本。图 3-4 给出了不同迁移学习算法在 20_newsgroups 数据集上分类性能对比，从图中可以看出，大概经过 30 次迭代后，各算法准确率趋于收敛，表 3-3 列出不同算法的最终准确率结果。由图 3-4(e) 可以看出，图中 5 条不同曲线分别对应不同的源领域迁移结果，而源领域 hockey VS space 训练的支持向量机分类模型获得最高准确率，为 95.06%。表 3-3 仅列出 TrAdaBoost 算法获得的最高准确率。

由上述各组试验结果可知，当源领域与目标领域相关性较大时，源领域可以提供较多有用信息帮助目标学习，TrAdaBoost、MTrA、WMTrA 算法都可以获得较高分类准确率，当源领域数目增加时，尤其增加的源领域与目标领域差别较大时，MTrA 算法在训练中几乎无法获取到新领域样本中的有用知识，造成新领域样

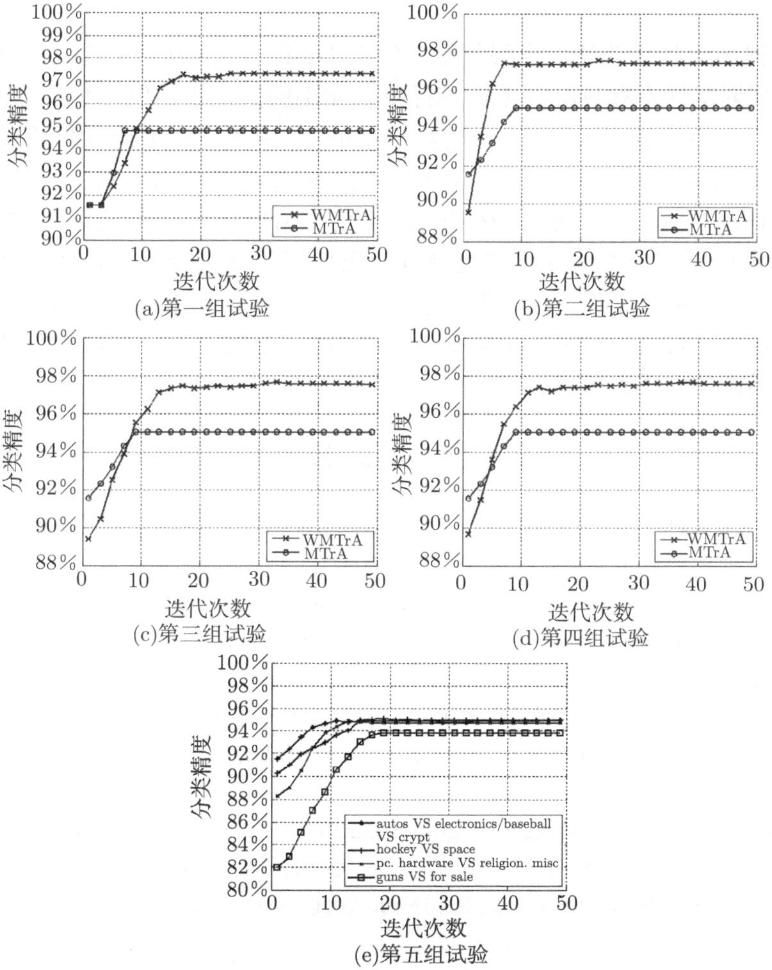

图 3-4 不同迁移算法在 20_newsgroups 数据集上的测试性能对比

表 3-3　不同算法对目标测试样本的测试准确率

算法	第一组试验	第二组试验	第三组试验	第四组试验	第五组试验
TrAdaBoost	–	–	–	–	95.06%
MTrA	94.84%	95.06%	95.06%	95.06%	–
WMTrA	97.35%	97.42%	97.56%	97.63%	–

本在学习中无法起到应有的作用，在后面三组试验中，MTrA 算法得到的结果没有发生变化，而 WMTrA 算法可以充分利用各领域包含有用信息，准确率随着源领域数目的增加逐步上升。

3.5　本章小结

本章提出一种新的迁移学习算法，在 TrAdaBoost 算法基础上，分别对弱分类器、源领域训练样本和目标领域训练样本设置不同的加权机制，每次迭代中，如果弱分类器对目标领域测试误差大，则其权重小，如果候选分类器对源领域和目标领域训练样本测试正确，则源领域与目标领域训练样本的权重不变，反之，源领域和目标领域训练样本的权重分别减小和增大。前文给出详细的算法步骤，并对源领域训练集和目标领域训练集和算法复杂度给出详细的理论分析。双月型数据集试验和 20_newsgroups 数据集试验表明：与 TrAdaBoost 和 Multi-source TrAdaBoost 相比，本章算法可以充分利用各源领域中有用知识，避免无用信息可能造成负迁移现象，得到最高的分类准确率。

参考文献

[1] Cheng Y H, Cao G, Wang X S, et al. Weighted multi-source TrAdaBoost. Chinese Journal of Electronics, 2013, 22(3): 505-510.

[2] Dai W Y, Yang Q, Xue G R, et al. Boosting for transfer learning. Proceedings of the 24th International Conference on Machine Learning. Corvalis, United States: ACM Press, 2007. 193-200.

[3] Schapire R E. A brief introduction to boosting.Proceedings of the 16th International Joint Conference on Artificial Intelligence. Stockholm, Sweden: Morgan Kaufmann Press, 1999. 1401-1406.

[4] Yao Y, Doretto G. Boosting for transfer learning with multiple sources. Proceedings of 2010 IEEE Computer Society Conference on Computer Vision and Pattern Recognition. San Francisco, United States: IEEE Press, 2010. 1855-1862.

第 4 章　多源 Tri-Training 知识迁移

第 3 章介绍了一种多源迁移学习的算法，该算法可以根据源领域与目标领域相关性的不同赋予不同的权重改变不同源领域对任务学习的影响，同时还可以有效地选取各领域中对目标任务学习帮助大的样本，降低无关样本对任务的干扰。多源迁移学习算法合理利用了不同的源领域知识，然而，在 Boosting 过程中，假如目标领域训练样本数极少，与源领域样本共同训练时，可能会产生过学习现象，即所训练的分类器模型对目标训练样本的测试准确率皆为 100%，此时，该算法则无法正确地选择相关性大的源领域，各个源领域对目标任务的作用皆相同，算法的性能将会下降[1]。为避免此种情况，本章节将介绍一种新的多源知识迁移算法 Tri-Training 算法。该算法不仅利用源领域的有用知识，同时利用半监督学习的协同思想选取目标领域测试样本中置信度高的未标记样本共同训练，然后利用 Boosting 机制选择合适的训练样本，最终得到强分类器。

本章内容安排如下：4.1 节介绍半监督学习的基本理论框架和 Tri-Training 算法的相关知识；4.2 节详细论述多源 Tri-Training 知识迁移的结构及算法流程；4.3 节通过在 UCI 实际数据集上的实验，验证本章所提算法的有效性；最后，4.4 节给出本章小结。

4.1　半监督学习简介

半监督学习最早是由 Shahshahani 在 1994 年提出 [2]。与监督学习和无监督学习不同，半监督学习不仅利用已标记样本，而且还关注未标记样本的价值。其基本定义为：对于一个特定的已标记样本集和未标记样本集，期望通过未标记样本的帮助，在已标记样本集上学习一个分类函数，可以准确地预测未标记样本的标签。即通过利用未标记样本所携带的信息，来获得学习目标需要的类条件概率。协同算法 (Co-Training) 是由 Blum 和 Mitchell 在 1998 年提出 [3]，是半监督学习常用的一种训练方法，该方法隐性地利用了聚类假设和流形假设，采用集成思想对样本置信度评估，选择可用的未标记样本。

半监督学习既不使用监督学习中专家标记的方法，也不使用非监督学习聚类学习的手段，而是同时利用可以获得的已标记样本和未标记样本进行学习。随着机器学习理论的不断发展，仅靠少量的已标记样本已无法满足分类器训练的需要，利用未标记样本共同训练变得尤为重要。近年来，半监督学习在机器学习理论研究中扮演着越来越重要的角色，其研究范围很广，包括半监督回归与半监督分类等，使用手段则囊括了核方法[4]、图方法[5]、流形分析[6] 等。半监督学习不仅节省了大量的人力物力，还充分利用了未标记样本资源，为机器学习开辟了一条全新的途径。

知识迁移作为另一种跨领域学习的重要机器学习方法，旨在寻找与目标领域相关的源领域中有用知识并利用其帮助目标任务学习，打破了传统学习中训练样本与目标样本必须服从相同分布的要求，可以有效利用大量与目标样本不同分布但是分布相似的已标记样本来提高学习器性能。近年来，国内外学者已经提出多种优秀的知识迁移算法。例如，多模型结构映射方法[7]、多任务高斯过程预测算法[8]、领域自适应学习方法 [9]、多任务特征学习方法 [10] 等。用不同的知识迁移方法解决了不同领域间知识重用的难点，并针对多源知识迁移解决实际问题中可能出现的负迁移现象，提出诸多改进算法，典型的有 Yao 提出的多源 TrAdaBoost[11]，利用多个源领域中的有用知识共同帮助目标任务学习，选取其中帮助最大的目标领域而减小不相关领域对新任务学习的影响。

半监督学习更加关注如何利用未标记样本辅助已标记样本训练分类器，而不考虑其他相关知识可能带来的影响，因此已标记样本与未标记样本的分布差别较大时，容易产生较大误差；而知识迁移的重点则是如何有效利用相关领域的已标记样本而不考虑目标领域的未标记样本分布，严重依赖目标训练样本的分布，因此容易对目标训练样本形成过拟合。将半监督学习与知识迁移相结合，考虑目标领域未标记样本的分布，同时利用相关领域的已标记样本共同学习，既可以减小因目标样本分布造成的影响，又可以避免过拟合现象，将很大程度提高学习器的学习性能。

4.2　多源 Tri-Training 知识迁移

4.2.1　Tri-Training 算法

Tri-Training 算法是周志华提出的一种基于协同训练思想的半监督学习算法，与以往的协同训练不同，该算法不需要显示对标记置信进行估计，既不要求充分冗余的视图，也不限定分类器的使用，放宽了协同训练的约束条件 [12]。Tri-Training 算法的最大特点是使用 3 个不同的分类器，首先利用 2 个弱分类器对未标记样本测试，认为标签相同的即为置信度高的样本，然后利用所选样本训练第三个分类器。此方法放宽了协同训练的约束条件，不仅简单有效地解决样本标记置信度难题，而且使用集成学习思想提高分类器的精度。

4.2.2 多源 Tri-Training 知识迁移

TrAdaBoost 算法为迁移学习提供了一种很好的迁移手段，可以根据目标领域训练样本的分布筛选分布相似的源领域样本，但是当目标训练样本数量极少时，与源领域共同训练的分类模型在目标训练样本上很容易达到测试准确率百分之百的现象，进入过拟合状态，此时筛选出的源领域样本严重依赖目标训练样本的分布，泛化能力不是很好。在多源学习中，由于分类器的过拟合作用，很难确定哪些源领域对目标任务的学习帮助大，因此，无法准确选择合适的源领域和源训练样本。而 Tri-Training 算法虽然可以避免频繁使用统计测试技术预测样本标签，但是如果初始分类器比较弱，会对未标记样本的预测产生误差，从而对第三个分类器训练带来噪声，因此 Tri-Training 算法对初始分类器和样本的分布依赖较大。受协同训练思想启发，提出一种多源 Tri-Training 知识迁移算法 (multi-source tri-training transfer learning，$\mathrm{MST^3L}$)[1]，在知识迁移中引入协同训练思想，利用源领域样本和目标训练样本共同评估测试样本的置信度，反过来再利用置信度高的未标记样本选择源领域样本，既可以解决未标记样本预测误差可能带来的噪声影响，又可以减弱分类器对目标标记样本过度学习的可能，同时也可以避免负迁移现象。

与 Tri-Training 算法相比，$\mathrm{MST^3L}$ 初始训练集不再是两个，而是与源领域的个数相同，从而弱分类器的个数也与源领域的个数相同；使用弱分类器对未标记样本预测标签，将预测结果全部一致的样本添加至目标领域训练集，构成新的训练样本集；对新训练样本集训练得到一个新的分类模型，利用此分类模型对源领域训练集测试，选择分类正确的样本加入下一轮的训练，而减小分类错误的样本的权重，即选取对目标任务学习有帮助的样本参与训练，而降低无帮助样本对任务学习产生的影响。对比每次弱分类器选择的未标记样本与上一轮循环是否一致，如果不一致，说明源领域中仍包含与目标任务学习无关的样本，继续减小此样本的权重，减小其对任务学习的影响；反之，则说明算法已收敛，无进化可能，将此时选取的未标记样本加入目标领域训练集训练，得到最终分类器。

4.2.3 算法结构

$\mathrm{MST^3L}$ 的流程图如图 4-1 所示。图中 D'_{N+1} 为上一轮得到的训练样本集，其初始为目标领域训练集 D_{T}。

4.2.4 算法流程

输入：目标领域训练集 D_{T}，目标领域测试集 U，N 个源领域训练集 $D_{\mathrm{S}_1}, D_{\mathrm{S}_2}, \cdots, D_{\mathrm{S}_N}$，最大迭代次数 M。

输出：目标领域分类器 $f(\cdot): X \to Y$。

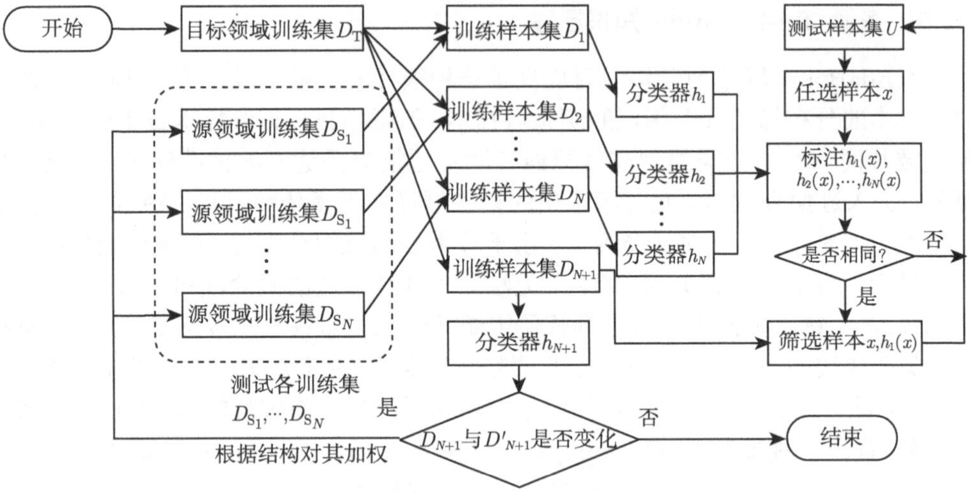

图 4-1　多源 Tri-Training 迁移算法流程图

步骤 (1)　将源领域训练集 $D_{S_1},D_{S_2},\cdots,D_{S_N}$ 分别与目标领域训练集 D_T 合并，组成训练样本集 $D_1,D_2,\cdots,D_N$；

步骤 (2)　分别对训练样本集 $D_1,D_2,\cdots,D_N$ 训练得到分类器 $h_1,h_2,\cdots,h_N$，使用各分类器对目标测试集测试；

步骤 (3)　将测试集中各分类器标记均相同的样本添加至目标领域训练集 D_T，构成新的训练样本集 D_{N+1}，并对 D_{N+1} 训练得到分类器 h_{N+1}；

步骤 (4)　将 D_{N+1} 与上一轮得到的训练样本集 D'_{N+1} 对比是否发生变化，若发生变化，转步骤 (5)，若无变化，h_{N+1} 即为目标分类器，退出程序；

步骤 (5)　使用 h_{N+1} 分别对 $D_1,D_2,\cdots,D_N$ 测试，测试标签正确的样本权重不变，测试标签错误的样本权重减小，权重更新公式为 $w_{i(t+1)}^{S_k}=w_{it}^{S_k}\dfrac{1}{e^{|C_{t(N+1)}x_i^{S_k}-y_i^{S_k}|}}$；

步骤 (6)　若迭代次数小于 M，更新 $D_1,D_2,\cdots,D_N$，并重复步骤 (1)~ 步骤 (5)。反之，退出程序，h_{N+1} 为最终分类器。

4.3　试验结果与对比

本试验仍选用第 3 章试验部分文本分类所用到的 UCI 数据集 20_newsgroups，数据集具体分布如表 4-1 所示。

为简单起见，试验选取 2 个属于不同话题的新闻组 (motorcycles VS med) 作为目标领域，做二分类问题研究。对于目标领域样本集，每类抽取少量样本做为有标签目标领域训练样本，其余为目标领域测试样本。试验中用到的基分类器为加权支持向量机，样本初始权重设置平均权重，最大迭代次数设置 15 次，为展示

MST^{3}L 算法的有效性，试验结果分别与 Tri-Training 和多源 TrAdaBoost(MTrA) 算法对比。

表 4-1 第一组试验使用数据

样本集	Tri-Training	MTrA	MST^{3}L
源领域样本集	–	autos VS electronics	autos VS electronics
		baseball VS crypt	baseball VS crypt
目标领域样本集	motorcycles VS med	motorcycles VS med	motorcycles VS med

试验共分为两部分：

(1) 第一部分显示在源领域不变时，目标训练样本变化对算法的影响，弱分类器均选用支持向量机，为显示训练集样本不同，考虑样本既要显示数据集的分布情况，同时又满足训练样本不足以训练一个可靠的分类模型，训练集总样本个数分别设为 40、60、80、100、120、140、160、180、200 个，即 motorcycles 数据集和 med 数据集分别各包含 20、30、40、50、60、70、80、90、100 个，其余为测试样本。对于 Tri-Training 算法，试验不需要源领域。由于 Tri-Training 算法的训练样本是通过 Bagging 算法随机采样抽取得到，因此，分类准确率存在随机性，试验中采用多次运行取平均值的方法得到 Tri-Training 算法的分类结果。另外，为了可以更好地体现出不同弱分类器之间协同训练的作用，而抽取的训练样本又可以很好地显示出训练集的样本分布情况，在使用 Bagging 算法随机采样时的比例是训练集总样本数的 60%。图 4-2 给出了选用不同训练集时程序经过 30 次运行，每次运行的分类结果。

由图 4-2 可以看出，Bagging 随机采样对分类结果的影响较大，运行结果不稳定，随着训练样本数目的增加，Tri-Training 算法的分类准确率也呈现逐渐增加的趋势，说明训练样本的增加更全面地描述了训练样本的分布情况，训练的分类模型具有更好的泛化能力。

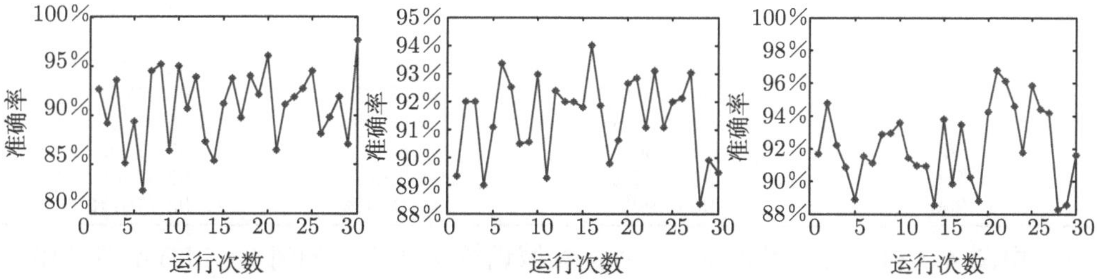

(a) 训练样本个数为40　(b) 训练样本个数为60　(c) 训练样本个数为80

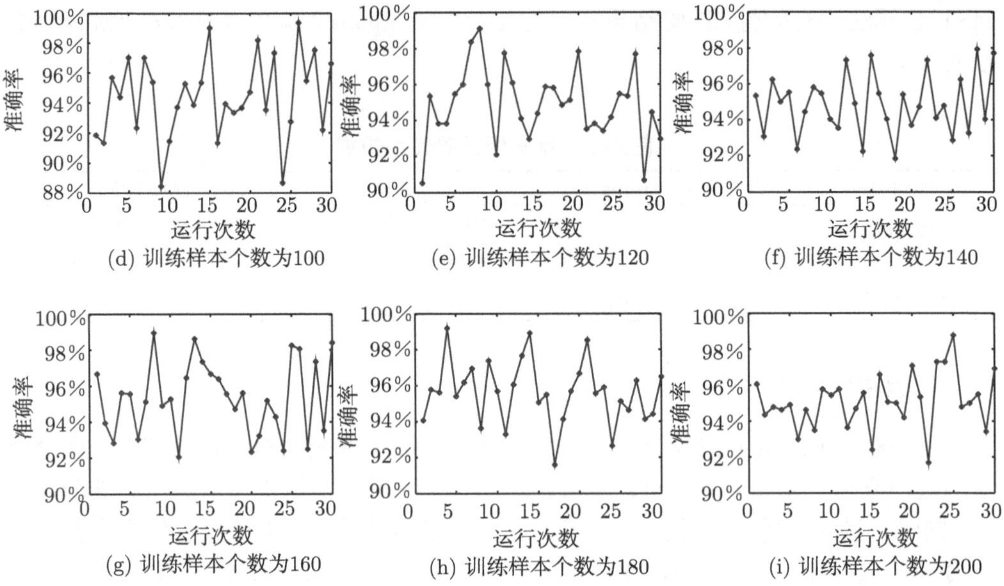

(d) 训练样本个数为100　(e) 训练样本个数为120　(f) 训练样本个数为140

(g) 训练样本个数为160　(h) 训练样本个数为180　(i) 训练样本个数为200

图 4-2　Tri-Training 算法 30 次运行的结果

对于 MTrA 与 MST^{3}L，试验使用的源领域为二源，且两个不同的源领域均与目标领域属于同一话题。试验所用数据集分布如表 4-1。MTrA 的思想是选出源领域训练集和目标训练集共同训练的对目标训练集测试误差最小的分类器，利用此分类器对训练样本加权，但是当目标训练集数目过少时，合并后的训练集所训练的分类器对目标训练集存在过学习现象，即对目标训练样本的测试误差为 0，算法无法选择合适源领域，在此试验中，当目标训练集数目小于 100 时，程序无法给出正确的结果。

表 4-2 给出了三种不同算法在目标训练集数目不同时的准确率结果，其中 Tri-Training 算法的结果为 30 次运行结果的平均值。

表 4-2　不同算法在训练集不同时的测试准确率

训练样本个数	Tri-Training	MTrA	MST^{3}L
40	90.9634%	—	94.3481%
60	91.4249%	—	94.0790%
80	92.1622%	—	94.7924%
100	94.3465%	92.9860%	94.9900%
120	94.8951%	93.2972%	95.0575%
140	94.8776%	93.8229%	95.0583%
160	95.3630%	94.7112%	95.6159%
180	95.6104%	94.5660%	95.6246%
200	95.0990%	94.8461%	95.7767%

由图 4-2 和表 4-2 可以看出，目标领域训练集在极少的情况，MTrA 算法由于自身结构的问题，无法得出正确结果，而 Tri-Training 算法采用 Bagging 随机采样

选择训练样本，采样的结果对分类结果有很大影响，结果不稳定，MST^3L 算法既适用于训练样本极少的情况，分类结果也很稳定。

(2) 试验的第二部分为测试在目标领域训练集不变时，源领域的不同对算法的影响，此部分试验共包含 4 组，目标训练样本总数为 120 个。第一组试验选用的源领域与第一部分试验选用源领域相同，所选源领域与目标领域都同属一个话题，即各源领域与目标领域样本集相关性比较大，都可以提供较多有用知识，第一组的试验结果如图 4-3(a) 所示。第二组试验在第一组试验的基础上添加一组与目标领域样本集同属一个话题的样本集作为源领域样本集，验证当源领域样本集数量增加时本文算法的有效性，添加的新样本集为 hockey VS space，试验结果图 4-3(b) 所示。第三组试验在第二组试验的基础上添加一组与目标领域样本集属于不同话题的样本集作为源领域样本集，验证当源领域包含与目标领域样本相关性较小样本时 Tri-Training 算法的有效性，添加的新样本集为 pc.hardware VS religion.misc，试验结果如图 4-3(c) 所示。第四组试验在第三组试验的基础上添加另外一组与目标领域样本集属于不同话题的样本集作为源领域样本集，验证当源领域包含较多与目标领域样本相关性较小的样本时 Tri-Training 算法的有效性，添加的新样本集

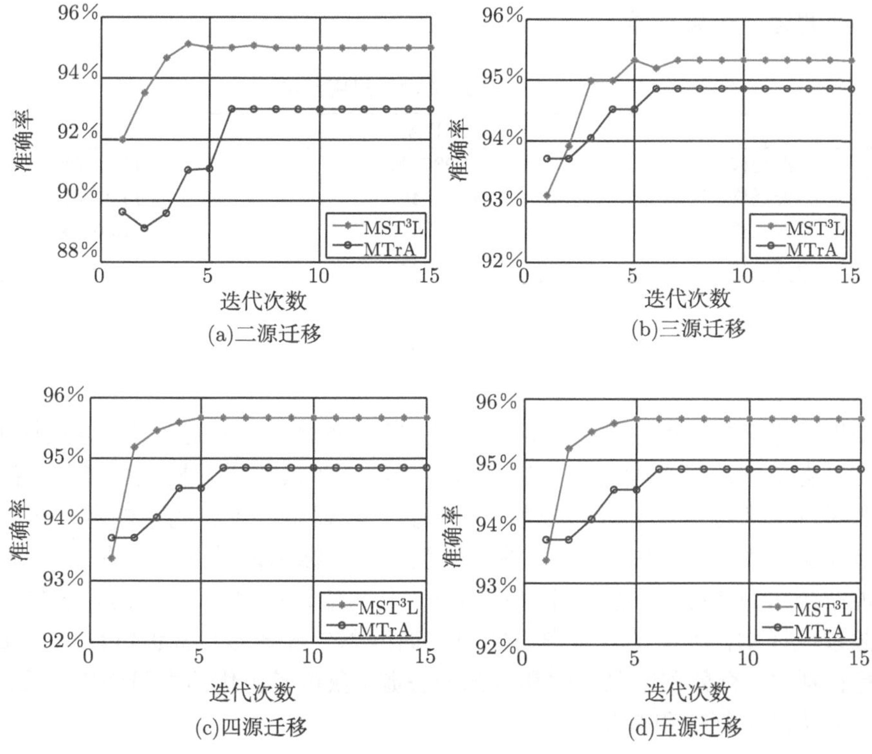

图 4-3 各组试验结果对比

为 guns VS forsale，试验结果如图 4-3(d) 所示。表 4-3 给出各组试验的最终结果。

由图 4-3 和表 4-3 可以看出，相同试验设置下，MST^{3}L 的准确率均高于 MTrA，且当源领域个数增加至 4 个时，由于新添加的源领域与目标领域不同属于一个话题，数据分布差异较大，相似性较小，MTrA 在选取相关性最大的源领域时，新添加的源领域无法参与至分类器的训练中，起不到任何作用，在后面的两组试验中，新添加的源领域都没起到帮助目标任务学习的作用，分类器准确率没有发生变化。而 MST^{3}L 通过协同训练选取目标领域未标记样本与目标领域训练集一起筛选源领域可用的样本，而源领域可供迁移的样本反过来帮助学习机协同训练选取置信度高的未标记样本，即使源领域中加入了与目标领域差异较大的新领域，算法仍然可以选择出合适阅源领域样本共同帮助目标任务学习。当加入的与目标领域差异较大的源领域数目增加时，源领域中存在较多与目标任务学习无关的样本，给任务学习带来噪声，弱分类在协同训练时选择的未标记样本变少，但未标记样本和训练样本共同训练的分类模型在筛选源领域样本时，会将源领域中无关样本去除掉，算法可试现去噪的效果，只保留对目标任务学习有帮助的样本。当源领域增加到 5 个时，其中两个源领域与目标分布差异大，对任务的学习没有帮助作用，在样本筛选阶段被逐渐减小权重，最终对算法的干扰降为 0，算法的运行结果与没有添加无关样本前的运行结果一样。

表 4-3　各组试验的最终结果

方法	MTrA	MST^{3}L
二源迁移	92.9860%	94.9900%
三源迁移	94.8544%	95.3284%
四源迁移	94.8544%	95.6669%
五源迁移	94.8544%	95.6669%

4.4　本章小结

知识迁移重视的是源领域知识的利用，半监督学习则更加重视未标记样本，两者均可以有效解决机器学习中训练样本少无法训练可靠学习模型的难题。但是两种方法对目标训练样本的分布依赖性都很大，对训练样本和测试样本分布存在差别的情况学习效果不理想。为解决这种严重依赖目标标记样本分布的问题，本章提出一种结合知识迁移和半监督学习的方法，利用知识迁移的 Boosting 思想选择合适阅源领域样本，利用半监督学习的协同训练思想选择与目标训练样本分布一致的未标记样本，充分利用已有的和未知的资源，获得了更优的学习效果，试验结果验证了方法的可行性和有效性。

参考文献

[1] Cheng Y H, Wang X S, Cao G. Multi-source tri-training transfer learning. IEICE Transactions on Information and Systems, 2014, 97(6): 1668-1672.

[2] Shahshahani B M, Landgrebe D A. The effect of unlabeled samples in reducing the small sample size problem and mitigating the Hughes phenomenon. IEEE Transactions on Geoscience and Remote Sensing, 1994, 32(5): 1087-1095.

[3] Blum A, Mitchell T. Combining labeled and unlabeled data with co-training. Proceedings of the 11th Annual Conference on Computational Learning Theory. Madison, United States: ACM Press, 1998. 92-100.

[4] Pozdnoukhov A, Bengio S. Semi-supervised Kernel methods for regression estimation. Proceedings of IEEE International Conference on Acoustics, Speech and Signal Processing. Toulouse, France: IEEE Press, 2006. 577-580.

[5] Luo J, Chen H, Tang Y. Analysis of graph-based semi-supervised regression. Proceedings of the 5th International Conference on Fuzzy Systems and Knowledge Discovery. Jinan, China: IEEE Press, 2008. 111-115.

[6] Zhang Z, Zha H, Zhang M. Spectral methods for semi-supervised manifold learning. Proceedings of the 26th IEEE Conference on Computer Vision and Pattern Recognition. Anchorage, United States: IEEE Press, 2008. 1-6.

[7] Gao J, Fan W, Jiang J, et al. Knowledge transfer via multiple model local structure mapping. Proceedings of the 14th ACM SIGKDD International Conference on Knowledge Discovery and Data Mining. Las Vegas, United States: ACM Press, 2008. 283-291.

[8] Bonilla E, Chai K M, Williams C. Multi-task gaussian process prediction. Proceedings of the 21st Annual Conference on Neural Information Processing Systems. Vancouver, Canada: MIT Press, 2007. 153-160.

[9] Samdani R, Yih W. Domain adaptation with ensemble of feature groups. Proceedings of the 22nd International Joint Conference on Artificial Intelligence. Barcelona, Spain: Morgan Kaufmann Press, 2011. 1458-1464.

[10] Lawrence N D, Platt J C. Learning to learn with the informative vector machine. Proceedings of the 21st International Conference on Machine Learning. Banff, Canada: ACM Press, 2004. 512-519.

[11] Yao Y, Doretto G. Boosting for transfer learning with multiple sources. Proceedings of 2010 IEEE Computer Society Conference on Computer Vision and Pattern Recognition. San Francisco, United States: IEEE Press, 2010. 1855-1862.

[12] Zhou Z H, Li M. Tri-training: Exploiting unlabeled data using three classifiers. IEEE Transactions on knowledge and Data Engineering, 2005, 17(11): 1529-1541.

第 5 章　基于样本分布信息的跨领域知识迁移

在计算机视觉应用中，伴随着互联网技术的发展和数据更新速度的加快，单一领域内可训练有价值的标记样本变得稀少，而对每个领域内的数据进行人工标记，成本过高。另一方面，传统的机器学习方法由于假设训练数据与测试数据独立且服从相同的分布，导致大量有标记但不同分布的数据被抛弃，形成浪费。知识迁移打破了传统机器学习要求训练数据集与目标数据集必须遵守相同分布和相同特征空间的限制，使得知识可以跨领域迁移。为此，本章主要研究跨领域间的知识迁移问题，即领域适应学习。

本章内容安排如下：5.1 节介绍领域学习的概念与目前的研究现状；5.2～ 5.4 节围绕最大均值差异与样本分布信息从不同角度提出一种跨领域知识迁移方法；5.5 节给出了各类算法的仿真效果对比；最后，5.6 节对本章内容进行总结。

5.1　领域适应学习

领域适应学习 (domain adaptation learning，DAL) 是知识迁移方法的特殊一类，其目标是传递和共享不同任务或领域间的知识。在 DAL 方法中，一个最主要的计算性问题是如何选取有效的度量去反映源域和目标域之间的分布差异。目前，常用的度量领域间分布差异的方法有 Bregman 差异 [1]、基于熵的 Kullback-Leibler(KL) 距离 [2] 和最大均值差异 (maximum mean discrepancy，MMD)[3]。Bregman 差异以失真函数为目标函数，用于度量两个样本间的相似度差异。由于一般采用梯度下降法求解目标函数，从而导致 Bregman 差异度量计算产生较大的时间花销。KL 距离常用于度量两个概率分布的距离，是一种带参的估计方法，在度量源域和目标域分布差异过程中需要不断地进行先验概率密度估计。MMD 度量则通过计算源域与目标域之间的均值差来反映两个区域之间的分布差异，是一种无参估计方法。与 Bregman 差异和 KL 距离相比，MMD 度量计算简单有效、直观且易于理解。将 MMD 度量与传统 PCA 相结合，Pan 提出一种具有知识迁移能力的特征提取方法：最大均值差异嵌入 (maximum mean discrepancy embedding，MMDE)[4]。MMDE 通过在源域上所获得的知识去构造适合目标域的特征提取技术，试现领域间的知识迁移。但是，由于 MMDE 在计算过程中需要求解半定规划问题，从而会增加算法的计算开销。

为了克服 MMDE 在求解方面的不足，Pan 又提出一个有效的特征提取算法：迁移主成分分析 (transfer component analysis，TCA)[5]。由 MMD 度量的定义可知，MMD 是使用源域和目标域的总体均值之差来表示两个领域之间分布差异的。进一步地，根据统计学理论，总体均值一般反映的是样本空间总体的分布信息和全局结构信息。因此，从这一层面上讲，可以认为 MMDE 和 TCA 是一种全局方法，以致一定程度上忽视了样本空间内在的局部结构和局部信息。在 MMD 的基础上，皋军等[6]提出具有局部学习能力的迁移学习度量，该度量不仅能够有效地反映源域和目标域之间存在的局部分布差异，而且也在一定程度上表明了区域内部存在的局部结构之间的差异。为进一步提升 MMD 的度量性能，Long 等[7]在目标域没有标记数据的场景下，利用源域标记样本训练所得分类器给目标域未标记的样本赋予伪标签，并将标签信息引入 MMD 中，设计了一种联合分布调整算法 (joint distribution adaptation，JDA)，能够同时度量并调整领域间的边缘分布差异和条件分布差异。

通过分析发现：

(1) 文献 [7] 忽略了样本个体在数据集中分布差异的因素，从而影响了算法的性能；

(2) 文献 [6] 虽然考虑了样本分布差异的因素，但算法采用最近邻分块局部加权方法，仅对源域和目标域部分样本的权重进行计算，且样本分布差异权重受热核参数和近邻样本数影响较大，同时，提出的迁移学习框架未考虑领域间的条件分布差异。

为此，首先考虑不同领域间的可迁移成分，并在 5.2 节对其进行理论分析。受文献 [8] 中加权均值思想的启发，通过设计每个样本的分布权重系数，在 MMD 准则基础上提出一种跨领域分布差异度量方法：最大分布加权均值差异 (maximum distribution weighted mean discrepancy，MDWMD)，不仅能够反映全局分布的差异性，而且能够体现出数据集中单个样本对度量领域间差异度量的贡献差异性。进一步地，在 MDWMD 基础上，结合联合分布调整思想，提出一种领域适应学习算法：基于最大分布加权均值嵌入的联合分布调整 (JDA with MDWMD，JDA-MDWMD)。

5.2 基于样本局部判别权重的加权迁移成分分析

5.2.1 问题描述

WTCA-SLDW 本质上同 TCA 和 JDA 一样，是一种具有迁移能力的特征提取算法。WTCA-SLDW 区别于 TCA 和 JDA 之处在于，它为每一个样本设计了一个局部判别权重，并利用该权重组成了一个新的分布差异矩阵，来体现样本间的差异性。给定一组源域 D_{S} 样本数据集 $X_{\mathrm{S}}=\{x_{\mathrm{s}}\}_{\mathrm{s}=1}^{n_{\mathrm{S}}}\in R^{d\times n_{\mathrm{S}}}$ 及其对应的标签集合 $Y_{\mathrm{S}}=\{y_{\mathrm{s}}\}_{s=1}^{n_{\mathrm{S}}}\in R^{1\times n_{\mathrm{S}}}$；同时给定另一组目标域 D_{T} 样本数据集 $X_{\mathrm{T}}=\{x_t\}_{t=1}^{n_{\mathrm{T}}}\in R^{d\times n_{\mathrm{T}}}$，样本标签 Y_{T} 未知。其中，d 为样本原始特征空间维数，Y_{S} 与 Y_{T} 共享标签空间 $[1,\cdots,c,\cdots C]$，C 为标签的类别个数。WTCA-SLDW 的目标是找到一个最优的子空间投影转换矩阵 A，使得 D_{S} 与 D_{T} 间的分布差异缩小，同时 X_{S}、X_{T} 通过 $z=A^{\mathrm{T}}x$ 投影得到的 Z_{S}、Z_{T}，使得在 $\{z_{\mathrm{s}},y_{\mathrm{s}}\}_{\mathrm{s}=1}^{n_{\mathrm{S}}}$ 上训练得到的分类器 $f(\cdot)$ 对 Z_{T} 分类时获得较好效果。

5.2.2 迁移成分分析

Pan 等 [5] 在 MMD 的基础上结合传统 PCA 进一步推导，设计了 TCA 算法，其目标函数为

$$\begin{aligned}\min_{A^{\mathrm{T}}A=I}\mathrm{dist}^2(D_{\mathrm{S}},D_{\mathrm{T}})&=\min\left\|\frac{1}{n_{\mathrm{S}}}\sum_{x_i\in D_{\mathrm{S}}}A^{\mathrm{T}}x_i-\frac{1}{n_{\mathrm{T}}}\sum_{x_j\in D_{\mathrm{T}}}A^{\mathrm{T}}x_j\right\|_H^2\\&=\min_{A^{\mathrm{T}}A=I}\mathrm{tr}(A^{\mathrm{T}}XLX^{\mathrm{T}}A)A^{\mathrm{T}}XHX^{\mathrm{T}}A=I\end{aligned}\tag{5-1}$$

式中，$\|\cdot\|_H^2$ 为 Hilbert 空间中的平方模。

进一步，将式 (5-1) 整理为

$$\min_{A^{\mathrm{T}}XHX^{\mathrm{T}}A=I}\mathrm{dist}^2(D_{\mathrm{S}},D_{\mathrm{T}})=\min_{A^{\mathrm{T}}XHX^{\mathrm{T}}A=I}\mathrm{tr}(A^{\mathrm{T}}XLX^{\mathrm{T}}A)\tag{5-2}$$

式中，$X=\{X_{\mathrm{S}};X_{\mathrm{T}}\}$；$A$ 为投影矩阵；$H=I-\frac{1}{n}qq^{\mathrm{T}}$ 为中心矩阵，其中 $q\in R^n$ 为元素为 1 的列向量，$n=n_{\mathrm{S}}+n_{\mathrm{T}}$；$L$ 为 ${}^{n\times n}$ 阶分布差异矩阵，其元素为

$$L_{ij}=\begin{cases}\dfrac{1}{n_{\mathrm{S}}n_{\mathrm{S}}}, & x_i,x_j\in D_{\mathrm{S}},\quad i,j\in[1,\cdots,n]\\\dfrac{1}{n_{\mathrm{T}}n_{\mathrm{T}}}, & x_i,x_j\in D_{\mathrm{T}},\quad i,j\in[1,\cdots,n]\\\dfrac{-1}{n_{\mathrm{S}}n_{\mathrm{T}}} & \text{其他}\end{cases}\tag{5-3}$$

由式 (5-1) 可知，TCA 在采用 MMD 进行领域间分布差异调整的过程中，每个样本均被平等对待，它仅注重对数据集全局的整体度量，而忽略了单个样本对全局度量贡献的差异性。为了体现此差异性，拟为每个样本设计一个局部判别权重。

5.2.3 局部判别权重

MMD 假定数据集中每个样本对本数据集分布信息的贡献程度是一样的，而事试上是不同的。通常越靠近分类间隔的样本被错分的可能性就越大，而距离分类间

隔较远的样本被错分的可能性则较小 [14]。为了区分样本的分布差异信息，为每个样本设计一个局部判别权重。

图 5-1 给出了样本的局部判别权重示意图。假设在一个二维空间内，存在一些已知来自源域的样本点 x_{S_1}、x_{S_2}、x_{S_3}、x_{S_4} 和目标域样本点 x_{T_1}。分别以这些样本点为中心，可以绘制出半径为 r 的局部近邻圆。这样，在每个样本的局部近邻圆内，样本的分布可能存在 4 种情况：同域同类、同域异类、异域同类、异域异类。其中，目标域样本的标记是算法迭代过程中赋予的伪标签 Y_T。

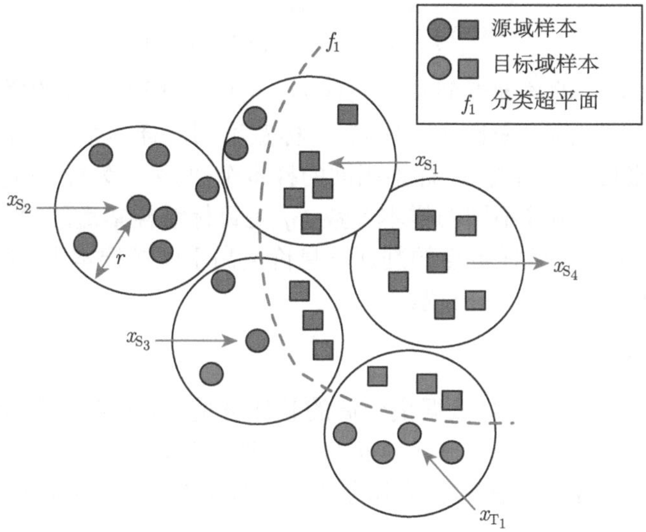

图 5-1 样本的局部判别权重示意图

下面将对 4 种可能的样本分布情形下，样本的权重设计进行逐一说明：

(1) 针对局部近邻圆内的样本与圆中心样本为同域同类情况，即来自同一领域且类别标签相同，如图 5-1 中以 x_{S_2} 为中心的局部近邻圆。此时，由于近邻圆内的样本均为同类，对分类作用不是很大，因此样本权重不宜较大。

(2) 针对局部近邻圆内的样本与圆中心样本为同域异类情况，即来自同一领域但类别标签不同，如图 5-1 中分别以 x_{S_1} 和 x_{T_1} 为中心的两个局部近邻圆。此时，由于近邻圆内的样本为异类，对分类超平面的确定起到关键的作用，我们希望分类超平面能经过此圆，因此样本权重宜较大。

(3) 针对局部近邻圆内的样本与圆中心样本为异域同类情况，即来自不同领域但类别标签相同，如图 5-1 中以 x_{S_4} 为中心的局部近邻圆。此时，由于近邻圆内的样本为同类，对分类作用不是很大，因此样本权重不宜较大。

(4) 针对局部近邻圆内的样本与圆中心样本为异域异类情况，即来自不同领域且类别标签不同，如图 5-1 中以 x_{S_3} 为中心的局部近邻圆。此时，由于近邻圆内的样本为异类，且来自不同领域，对分类超平面的确定起到关键的作用，因此样本权重宜较大。

(5) 由于迁移学习是通过源域样本帮助目标域进行学习，因此，对于局部近邻圆中存在的目标域样本点含有的判别信息量应高于源域样本点。

鉴于上述分析，此处设计了适用于迁移学习的局部判别权重，其公式如下：

$$w_i = \mathrm{e}^m \tag{5-4}$$

$$m = \frac{\mathrm{e}^{-1/n_{\mathrm{sd}}} + \eta \mathrm{e}^{-1/(n_{\mathrm{td}}+\varepsilon)}}{\mathrm{e}^{-1/(n_{\mathrm{ss}}+\varepsilon)} + \eta \mathrm{e}^{-1/(n_{\mathrm{ts}}+\varepsilon)}} \tag{5-5}$$

式中，n_{ss} 为样本 x_i 的局部近邻圆内来自 D_{S} 且与 x_i 标签相同的样本个数；n_{sd} 为样本 x_i 的局部近邻圆内来自 D_{S} 且与 x_i 标签不同的样本个数；n_{ts} 为样本 x_i 的局部近邻圆内来自 D_{T} 且与 x_i 标签相同的样本个数；n_{td} 为样本 x_i 的局部近邻圆内来自 D_{T} 且与 x_i 标签不同的样本个数；η 是目标域样本点的价值系数，一般取值大于 1，以说明目标域样本点的判别信息价值高于源域样本点；参数 ε 是为了防止权重公式分母为 0 的情况出现。

5.2.4 加权迁移

TCA 与 JDA 仅注重对数据集全局的整体度量，而忽略了单个样本对全局度量贡献的差异性，从而影响了 MMD 的度量性能。因此，为体现样本间的局部信息差异性，将源域和目标域数据集样本的局部判别权重代入式 (5-1)，得到

$$\min_{A^{\mathrm{T}}A=I} \mathrm{dist}^2(D_{\mathrm{S}}, D_{\mathrm{T}}) = \min_{A^{\mathrm{T}}A=I} \left\| \frac{1}{n_{\mathrm{S}}} \sum_{x_{\mathrm{s}} \in D_{\mathrm{S}}} w_{\mathrm{S_s}} A^{\mathrm{T}} x_{\mathrm{s}} - \frac{1}{n_{\mathrm{T}}} \sum_{x_t \in D_{\mathrm{T}}} w_{\mathrm{T}_t} A^{\mathrm{T}} x_t \right\|_{\mathrm{H}}^2 \tag{5-6}$$

式中，$m_{\mathrm{S_s}}$、m_{T_t} 分别为源域和目标域中样本的局部判别权重。

令

$$W_{\mathrm{S}} = (w_{\mathrm{S}_1}, w_{\mathrm{S}_2}, \cdots, w_{\mathrm{S}n_{\mathrm{S}}}, \underbrace{0, \cdots, 0}_{n_{\mathrm{T}}})^{\mathrm{T}} \tag{5-7}$$

$$W_{\mathrm{T}} = (\underbrace{0, \cdots, 0}_{n_{\mathrm{S}}}, w_{\mathrm{T}_1}, w_{\mathrm{T}_2}, \cdots, w_{\mathrm{T}n_{\mathrm{T}}})^{\mathrm{T}} \tag{5-8}$$

则式 (5-6) 可写为

$$\begin{aligned} \min_{A^{\mathrm{T}}A=I} \mathrm{dist}^2(D_{\mathrm{S}}, D_{\mathrm{T}}) &= \min_{A^{\mathrm{T}}A=I} \left\| A^{\mathrm{T}} X W_{\mathrm{S}} - A^{\mathrm{T}} X W_{\mathrm{T}} \right\|_{\mathrm{H}}^2 \\ &= \min_{A^{\mathrm{T}}A=I} \mathrm{tr}(A^{\mathrm{T}} X (W_{\mathrm{S}} W_{\mathrm{S}}^{\mathrm{T}} + W_{\mathrm{T}} W_{\mathrm{T}}^{\mathrm{T}} - W_{\mathrm{S}} W_{\mathrm{T}}^{\mathrm{T}} - W_{\mathrm{S}}^{\mathrm{T}} W_{\mathrm{T}}) X^{\mathrm{T}} A) \\ &= \min_{A^{\mathrm{T}}A=I} \mathrm{tr}(A^{\mathrm{T}} X L_0 X^{\mathrm{T}} A) \end{aligned} \tag{5-9}$$

式中，$L_0 = W_S W_S^T + W_T W_T^T - W_S W_T^T - W_S^T W_T$ 为边缘分布差异矩阵，有：

$$(L_0)_{ij} = \begin{cases} \dfrac{w_{S_i} w_{S_j}}{n_S n_S}, & x_i, x_j \in D_S, i, j \in [1, \cdots, n] \\ \dfrac{w_{S_i} w_{T_j}}{n_T n_T}, x_i, x_j \in D_T, & i, j \in [1, \cdots, n] \\ -\dfrac{w_{S_i} w_{T_j}}{n_S n_T}, & \begin{cases} x_i \in D_S \text{和} x_j \in D_T \\ x_j \in D_S \text{和} x_i \in D_T \end{cases}, i, j \in [1, \cdots, n] \\ 0, & \text{其他} \end{cases} \tag{5-10}$$

为了能够同时缩小领域间的边缘分布差异和条件分布差异，另外兼顾到保持类别标签的可分离性，将 JDA[9] 和线性判别分析 (linear discriminant analysis，LDA) 加入到式 (5-6) 中，可得到

$$\begin{aligned} J(A) &= \min_{A^T A = I} \operatorname{tr}(A^T X L_0 X^T A) \\ &\quad + \min_{A^T A = I} \sum_{c=1}^{C} \left\| \sum_{i=1}^{n_S^{(c)}} A^T x_{S(i)}^{(c)} - \sum_{j=1}^{n_T^{(c)}} A^T x_{T(j)}^{(c)} \right\|_H^2 + \alpha \max_{A^T A = I} \operatorname{tr}\left(\frac{A^T S_b A}{A^T S_t A} \right) \\ &= \min_{A^T A = I} \left\{ \operatorname{tr}(A^T X L_0 X^T A) + \operatorname{tr}\left(A^T X \sum_{c=1}^{C} L_c X^T A \right) + \alpha \operatorname{tr}\left(\frac{A^T S_t A}{A^T S_b A} \right) \right\} \\ &= \min_{A^T A = I} \operatorname{tr}\left(A^T (X (L_0 + \sum_{c=1}^{C} L_c) X^T + \alpha (S_t - S_b)) A \right) \end{aligned} \tag{5-11}$$

式中，$\min_{A^T A = I} \operatorname{tr}\left(A^T X \sum_{c=1}^{C} L_c X^T A \right)$ 为条件分布差异调整项；$\sum_{c=1}^{C} L_c$ 为 $n \times n$ 阶条件分布差异矩阵，其元素为

$$(L_c)_{ij} = \begin{cases} (w_{S_i}^{(c)} w_{S_j}^{(c)}) / n_S^{(c)} . n_S^{(c)}, & x_i^{(c)}, x_j^{(c)} \in D_S^{(c)}, i, j \in [1, \cdots, n] \\ (w_{T_i}^{(c)} w_{T_j}^{(c)}) n_T^{(c)} . n_T^{(c)}, & x_i^{(c)}, x_j^{(c)} \in D_T^{(c)}, i, j \in [1, \cdots, n] \\ -(w_{S_i}^{(c)} w_{T_j}^{(c)}) / n_S^{(c)} . n_T^{(c)}, & \begin{cases} x_i^{(c)} \in D_S^{(c)} \text{ 和 } x_j^{(c)} \in D_T^{(c)} \\ x_j^{(c)} \in D_S^{(c)} \text{ 和 } x_i^{(c)} \in D_T^{(c)} \end{cases}, i, j \in [1, \cdots, n] \\ 0, & \text{其他} \end{cases} \tag{5-12}$$

式中，$D_S^{(c)}$ 和 $D_T^{(c)}$ 为源域和目标域中标签类别为 c 的样本子集；$x_i^{(c)}$ 和 $x_j^{(c)}$ 分别为 $D_S^{(c)}$ 和 $D_T^{(c)}$ 中的样本；$n_S^{(c)}$ 和 $n_T^{(c)}$ 分别表示 $D_S^{(c)}$ 和 $D_S^{(c)}$ 中的样本个数；$w_{S_i}^{(c)}$ 和 $w_{T_j}^{(c)}$ 分别为 $D_S^{(c)}$ 和 $D_T^{(c)}$ 中样本的局部判别权重。

式 (5-11) 中第三项 $\min\limits_{A^{\mathrm{T}}A=I}\alpha\mathrm{tr}\left(\dfrac{A^{\mathrm{T}}S_{\mathrm{t}}A}{A^{\mathrm{T}}S_{\mathrm{b}}A}\right)$ 为线性判别分析项；α 为线性判别分析项的平衡系数；S_{b} 和 S_{t} 分别表示类间散度矩阵和总散度矩阵，可由下式求出：

$$S_{\mathrm{b}}=\sum_{c=1}^{C}n_c(u^{(c)}-u)(u^{(c)}-u)^{\mathrm{T}} \tag{5-13}$$

$$S_{\mathrm{w}}=\sum_{c=1}^{C}\sum_{l=1}^{n_c}(x_l^{(c)}-u^{(c)})(x_l^{(c)}-u^{(c)})^{\mathrm{T}} \tag{5-14}$$

式中，S_{w} 为类内散度矩阵。类间、类内和总散度矩阵之间满足关系：$S_{\mathrm{t}}=S_{\mathrm{w}}+S_{\mathrm{b}}$，则有

$$S_{\mathrm{t}}=\sum_{l=1}^{n}(x_l-u)(x_l-u)^{\mathrm{T}} \tag{5-15}$$

式中，n_c 为属于 c 类的样本个数；$u^{(c)}=\dfrac{1}{n_c}\sum\limits_{l=1}^{n_c}x_l^{(c)}$ 为 c 类样本的均值；x_l 表示第 l 个样本；$u=\dfrac{1}{n}\sum\limits_{l=1}^{n}x_l$ 为总的样本均值。

为了保证投影矩阵的稀疏度，在式 (5-11) 中加入稀疏正则项，则可得到 WTCA-SLDW 的目标函数

$$\min_{A^{\mathrm{T}}A=I}\mathrm{tr}(A^{\mathrm{T}}(X(L_0+\sum_{c=1}^{C}L_c)X^{\mathrm{T}}+\alpha(S_{\mathrm{t}}-S_{\mathrm{b}}))A)+\lambda\left\|A\right\|_F^2 \tag{5-16}$$

式中，λ 为控制模型复杂度并保证优化问题适定的正则化参数。

仿照式 (5-2)，将式 (5-16) 整理为：

$$\min_{A^{\mathrm{T}}XHX^{\mathrm{T}}A=I}\mathrm{tr}\left(A^{\mathrm{T}}\left(X\left(L_0+\sum_{c=1}^{C}L_c\right)X^{\mathrm{T}}+\alpha(S_{\mathrm{t}}-S_{\mathrm{b}})\right)A\right)+\lambda\left\|A\right\|_F^2 \tag{5-17}$$

对式 (5-17) 进行特征值分解，可得到

$$\left(\left(X\left(L_0+\sum_{c=1}^{C}L_c\right)X^{\mathrm{T}}+\alpha(S_{\mathrm{t}}-S_{\mathrm{b}})\right)+\lambda I\right)A=XHX^{\mathrm{T}}A\varPhi \tag{5-18}$$

式中，$\varPhi=\mathrm{diag}(\phi_1,\cdots,\phi_k)\in R^{k\times k}$ 是由前 k 个最大特征值构成的对角矩阵，其对应的特征向量矩阵即为投影矩阵 A。

5.3 基于样本分布信息的最大分布加权均值差异

给定两组数据集，共 $n = n_{\mathrm{S}} + n_{\mathrm{T}}$ 个样本，一组是已标记的高维样本源域数据集 $D_{\mathrm{S}} = [x_{\mathrm{S}(1)}, \cdots, x_{\mathrm{S}(i)}, \cdots, x_{\mathrm{S}(n_{\mathrm{S}})}]$ 及其标签 $Y_{\mathrm{S}} = [y_{\mathrm{S}(1)}, \cdots, y_{\mathrm{S}(i)}, \cdots, y_{\mathrm{S}(n_{\mathrm{S}})}]$，另一组是未标记目标域数据集 $D_{\mathrm{T}} = \{(x_{\mathrm{T}(j)})\}|_{j=1}^{n_{\mathrm{T}}}$，目标域数据集的标签 $Y_{\mathrm{T}} = [y_{\mathrm{T}(1)}, \cdots, y_{\mathrm{T}(i)}, \cdots, y_{\mathrm{T}(n_{\mathrm{T}})}]$ 是未知的，其中 $x_{\mathrm{S}(i)}, x_{\mathrm{T}(j)} \in R^m$，$y_{\mathrm{S}(i)}, y_{\mathrm{T}(j)} \in \{1, \cdots, c, \cdots, C\}$。设这两个领域的边缘分布和条件分布分别为：$P_{\mathrm{S}}(x_{\mathrm{S}})$ 和 $P_{\mathrm{T}}(x_{\mathrm{T}})$、$Q_{\mathrm{S}}(y_{\mathrm{S}}|x_{\mathrm{S}})$ 和 $Q_{\mathrm{T}}(y_{\mathrm{T}}|x_{\mathrm{T}})$，一般情况下 D_{S} 与 D_{T} 间会存在分布差异，即 $P_{\mathrm{S}}(x_{\mathrm{S}}) \neq P_{\mathrm{T}}(x_{\mathrm{T}})$、$Q_{\mathrm{S}}(y_{\mathrm{S}}|x_{\mathrm{S}}) \neq Q_{\mathrm{T}}(y_{\mathrm{T}}|x_{\mathrm{T}})$。领域适应学习的目标是找到一个低维子空间来表示高维数据，即：

$$z = W^{\mathrm{T}} x \in R^k \tag{5-19}$$

式中，z 为高维数据 x 的低维表示；$k \ll m$；投影矩阵 $W = (w_1, w_2, \cdots, w_k) \in R^{m \times k}$。

通过 W 使得 D_{S} 和 D_{T} 投影转换得到的数据 Z_{S} 与 Z_{T} 间的分布差异减小，即 $P_{\mathrm{S}}(z_{\mathrm{S}}) \approx P_{\mathrm{T}}(z_{\mathrm{T}})$ 和 $Q_{\mathrm{S}}(y_{\mathrm{S}}|z_{\mathrm{S}}) \approx Q_{\mathrm{T}}(y_{\mathrm{T}}|z_{\mathrm{T}})$，以便在 $\{Z_{\mathrm{S}}, Y_{\mathrm{S}}\}$ 上训练得到的分类器对 Z_{T} 分类时获得良好的效果。

由 MMD[3] 知，估计不同分布样本间的距离是通过最小化下面目标函数来实现的：

$$\mathrm{dist}^2(D_{\mathrm{S}}, D_{\mathrm{T}}) = \left\| \frac{1}{n_{\mathrm{S}}} \sum_{i=1}^{n_{\mathrm{S}}} \varphi(x_{\mathrm{S}(i)}) - \frac{1}{n_{\mathrm{T}}} \sum_{j=1}^{n_{\mathrm{T}}} \varphi(x_{\mathrm{T}(j)}) \right\|_{\mathrm{H}}^2 \tag{5-20}$$

式中，$\|\cdot\|_{\mathrm{H}}^2$ 为 Hilbert 空间中的平方模；$\varphi(x)$ 是一个从原始输入空间到可再生高维 Hilbert 空间中的核映射函数。

同 TCA[10] 相似，将 MMD 作为低维空间内跨领域边缘分布调整时 [9]，则有

$$\min_{W^{\mathrm{T}}W=I} \left\| \frac{1}{n_{\mathrm{S}}} \sum_{i=1}^{n_{\mathrm{S}}} W^{\mathrm{T}} \varphi(x_{\mathrm{S}(i)}) - \frac{1}{n_{\mathrm{T}}} \sum_{j=1}^{n_{\mathrm{T}}} W^{\mathrm{T}} \varphi(x_{\mathrm{T}(j)}) \right\|_{\mathrm{H}}^2 = \min_{W^{\mathrm{T}}W=I} \mathrm{tr}(W^{\mathrm{T}} K L K^{\mathrm{T}} W) \tag{5-21}$$

式中，$K = \varphi(X)^{\mathrm{T}} \varphi(X)$ 为数据集 X 的核矩阵，$X = D_{\mathrm{S}} \cup D_{\mathrm{T}}$，$L_{n \times n}$ 为分布差异矩阵，有

$$L_{ij} = \begin{cases} \dfrac{1}{n_{\mathrm{S}}^2}, x_{\mathrm{S}(i)}, \quad x_{\mathrm{S}(j)} \in D_{\mathrm{S}} \\ \dfrac{1}{n_{\mathrm{T}}^2}, x_{\mathrm{T}(i)}, \quad x_{\mathrm{T}(j)} \in D_{\mathrm{T}} \\ -\dfrac{1}{n_{\mathrm{S}} n_{\mathrm{T}}}, \quad \text{其他} \end{cases} \tag{5-22}$$

由式 (5-22) 可知，传统的 MMD 认为单一数据集中每个样本对本数据集的内在结构信息和分布信息的贡献程度是一样的，而事实上是不同的。假定数据集 D_S 和 D_T 均满足高斯分布，假设 β_i 与 β_j 分别为源域数据集中样本 $x_{S(i)}$ 和目标域数据集中样本 $x_{T(j)}$ 在本数据集中的分布权重，它们可以反映对应样本对本数据集分布信息的贡献度，一般可以通过 $\beta = \exp(-||x-\mu||^2/h)$ 求得，其中 μ 为数据集的均值，h 为热核参数。一般来说，热核参数的选取方法主要有：经验选择法、实验试凑法和正交试验设计法。经验选择要求对所研究问题拥有很好的经验和足够的知识，否则，并不容易获得合适的参数。实验试凑是通过大量的数字仿真实验来获得较优的参数，比较费时，而且获得的参数也不一定是最优的。正交试验设计法的缺点是计算量大。白化余弦相似性度量是计算机视觉和模式识别中最常使用的相似性度量方法之一，它反映了两个不同模式向量间的关系。因此，此处考虑采用白化余弦相似性度量来求取样本的分布权重 β，其表达式为

$$\beta = \frac{1}{\delta_{WC}(x,\mu)} = \frac{||A^T x|| \cdot ||A^T \mu||}{(A^T x)(A^T \mu)} \tag{5-23}$$

式中，$\delta_{WC}(x,\mu)$ 为白化余弦相似性度量；$||\cdot||$ 表示取模；白化转换矩阵 A 可以通过协方差矩阵计算。

采用 PCA 对所有样本的协方差矩阵 $\Sigma = E[(x-M_0)(x-M_0)^T]$ 进行分解，可得 $\Sigma = V\Lambda V^T$，进一步可得 $A = V\Lambda^{-1/2}$，其中 $M_0 = E(x)$ 表示总均值矢量；$E(\cdot)$ 表示期望，V 表示特征向量矩阵，Λ 表示对角特征值矩阵。

将源域和目标域数据集样本的分布权重代入式 (5-2)，可将 MMD 推广至线性最大分布加权均值差异 (MDWMD) 度量，其目标函数为

$$\begin{aligned}\min \mathrm{dist}^2(D_S, D_T) = \min_{W^T W = I} \Bigg\| & \sum_{i=1}^{n_S} \frac{\beta_{S(i)} W^T \varphi(x_{S(i)})}{\sum_{i=1}^{n_S} \beta_{S(i)}} \\ & - \sum_{j=1}^{n_T} \frac{\beta_{T(j)} W^T \varphi(x_{T(j)})}{\sum_{j=1}^{n_T} \beta_{T(j)}} \Bigg\|_H^2\end{aligned} \tag{5-24}$$

如果将源域和目标域的数据权重分别按如下方式进行扩充：

$$\beta_S = \Bigg(\frac{\beta_{S(1)}}{\sum_{i=1}^{n_S} \beta_{S(i)}}, \frac{\beta_{S(2)}}{\sum_{i=1}^{n_S} \beta_{S(i)}}, \cdots, \frac{\beta_{S(n_S)}}{\sum_{i=1}^{n_S} \beta_{S(i)}}, \underbrace{0, \cdots, 0}_{n_T}\Bigg)^T \tag{5-25}$$

$$\beta_T = (\underbrace{0, \cdots, 0}_{n_S}, \frac{\beta_{T(1)}}{\sum_{j=1}^{n_T} \beta_{T(j)}}, \frac{\beta_{T(2)}}{\sum_{j=1}^{n_T} \beta_{T(j)}}, \cdots, \frac{\beta_{T(n_T)}}{\sum_{j=1}^{n_T} \beta_{T(j)}},)^T \tag{5-26}$$

那么，式 (5-24) 可写为

$$\begin{aligned}\min_{W^{\mathrm{T}}W=I}\operatorname{dist}^2(D_{\mathrm{S}},D_{\mathrm{T}})&=\min_{W^{\mathrm{T}}W=I}\left\|W^{\mathrm{T}}K\beta-W^{\mathrm{T}}K\beta_{\mathrm{T}}\right\|_{\mathrm{H}}^2\\&=\min_{W^{\mathrm{T}}W=I}\operatorname{tr}(W^{\mathrm{T}}K(\beta_{\mathrm{S}}\beta_{\mathrm{S}}^{\mathrm{T}}+\beta_{\mathrm{T}}\beta_{\mathrm{T}}^{\mathrm{T}}-\beta_{\mathrm{S}}\beta_{\mathrm{T}}^{\mathrm{T}}-\beta_{\mathrm{S}}^{\mathrm{T}}\beta_{\mathrm{T}})K^{\mathrm{T}}W)\\&=\min_{W^{\mathrm{T}}W=I}\operatorname{tr}(W^{\mathrm{T}}KL_0K^{\mathrm{T}}W)\end{aligned}\tag{5-27}$$

式中，$L_0=\beta_{\mathrm{S}}\beta_{\mathrm{S}}^{\mathrm{T}}+\beta_{\mathrm{T}}\beta_{\mathrm{T}}^{\mathrm{T}}-\beta_{\mathrm{S}}\beta_{\mathrm{T}}^{\mathrm{T}}-\beta_{\mathrm{S}}^{\mathrm{T}}\beta_{\mathrm{T}}$ 为边缘分布差异权重矩阵，有

$$(L_0)_{ij}=\begin{cases}\beta_{\mathrm{S}(i)}\beta_{\mathrm{S}(j)}, & x_{\mathrm{S}(i)},x_{\mathrm{S}(j)}\in D_{\mathrm{S}}\\ \beta_{\mathrm{T}(i)}\beta_{\mathrm{T}(j)}, & x_{\mathrm{T}(i)},x_{\mathrm{T}(j)}\in D_{\mathrm{T}}\\ -\beta_{\mathrm{S}(i)}\beta_{\mathrm{T}(j)}, & \text{其他}\end{cases}\tag{5-28}$$

5.4 基于 MDWMD 的领域适应学习

目前的跨领域学习算法大多是对边缘概率分布或条件概率分布单独进行调整，同时对两种分布进行调整的算法较少。缩小领域间的边缘分布差异或条件分布差异均能实现跨领域的知识迁移，但若对两种分布差异同时进行调整，将能够进一步提高领域适应算法的鲁棒性和分类精度。基于 MDWMD 的领域适应学习的算法流程是：首先，对源域和目标域中的数据进行边缘概率分布调整；其次，再对条件分布进行调整；然后，采用 PCA 进行特征提取，求取最佳投影矩阵；最后，利用投影到子空间中的数据训练出一个分类器，对目标域的未标记样本进行分类。由于目标域数据集中样本都是未标记的，算法在运算过程中先给目标域数据赋予伪标签，然后再通过迭代精化其标签。

5.4.1 联合分布调整

联合分布调整需要对跨领域数据集间的边缘分布和条件分布同时进行调整。对给定的不同但相关的跨领域数据集进行领域间的边缘分布调整时，其目标函数为式 (5-27)。领域间的条件分布调整是通过在边缘分布调整的基础上加入标签信息来实现的，其目标函数为

$$\begin{aligned}\min_{W^{\mathrm{T}}W=I}\operatorname{dist}^2(D_{\mathrm{S}},D_{\mathrm{T}})&=\min_{W^{\mathrm{T}}W=I}\sum_{c=1}^{C}\left\|\sum_{i=1}^{n_{\mathrm{S}}^{(c)}}\frac{\beta_{\mathrm{S}(i)}^{(c)}W^{\mathrm{T}}\varphi(x_{\mathrm{S}(i)}^{(c)})}{\sum\limits_{i=1}^{n_{\mathrm{S}}^{(c)}}\beta_{\mathrm{S}(i)}^{(c)}}-\sum_{j=1}^{n_{\mathrm{T}}^{(c)}}\frac{\beta_{\mathrm{T}(j)}^{(c)}W^{\mathrm{T}}\varphi(x_{\mathrm{T}(j)}^{(c)})}{\sum\limits_{j=1}^{n_{\mathrm{T}}^{(c)}}\beta_{\mathrm{T}(j)}^{(c)}}\right\|_{\mathrm{H}}^2\\&=\min_{W^{\mathrm{T}}W=I}\sum_{c=1}^{C}\left\|W^{\mathrm{T}}K^{(c)}\beta_{\mathrm{S}}^{(c)}-W^{\mathrm{T}}K^{(c)}\beta_{\mathrm{T}}^{(c)}\right\|_{\mathrm{H}}^2\end{aligned}$$

$$
\begin{aligned}
&= \min_{W^{\mathrm{T}}W=I} \sum_{c=1}^{C} \operatorname{tr}(W^{\mathrm{T}}K^{(c)}(\beta_{\mathrm{S}}^{(c)}(\beta_{\mathrm{S}}^{(c)})^{\mathrm{T}} + \beta_{\mathrm{T}}^{(c)}(\beta_{\mathrm{T}}^{(c)})^{\mathrm{T}} \\
&\quad - \beta_{\mathrm{S}}^{(c)}(\beta_{\mathrm{T}}^{(c)})^{\mathrm{T}} - (\beta_{\mathrm{S}}^{(c)})^{\mathrm{T}}\beta_{\mathrm{T}}^{(c)})(K^{(c)})^{\mathrm{T}}W) \\
&= \min_{W^{\mathrm{T}}W=I} \sum_{c=1}^{C} \operatorname{tr}(W^{\mathrm{T}}K^{(c)}L_c(K^{(c)})^{\mathrm{T}}W) \\
&= \min_{W^{\mathrm{T}}W=I} \operatorname{tr}\left(W^{\mathrm{T}}K\sum_{c=1}^{C}L_cK^{\mathrm{T}}W\right)
\end{aligned}
\tag{5-29}
$$

式中，$K^{(c)}$ 为 $\{D_{\mathrm{S}}^{(c)} \cup D_{\mathrm{T}}^{(c)}\}$ 的核映射矩阵；$D_{\mathrm{S}}^{(c)}$ 和 $D_{\mathrm{T}}^{(c)}$ 为源域和目标域中标签类别为 c 的样本子集；$\beta_{\mathrm{S}}^{(c)} = \left(\dfrac{\beta_{\mathrm{S}(1)}^{(c)}}{\sum_{i=1}^{n_{\mathrm{S}}^{(c)}}\beta_{\mathrm{S}(i)}^{(c)}}, \dfrac{\beta_{\mathrm{S}(2)}^{(c)}}{\sum_{i=1}^{n_{\mathrm{S}}^{(c)}}\beta_{\mathrm{S}(i)}^{(c)}}, \cdots, \dfrac{\beta_{\mathrm{S}(n_{\mathrm{S}}^{(c)})}^{(c)}}{\sum_{i=1}^{n_{\mathrm{S}}^{(c)}}\beta_{\mathrm{S}(i)}^{(c)}}, \underbrace{0,\cdots,0}_{n_{\mathrm{T}}^{(c)}}\right)^{\mathrm{T}}$；$\beta_{\mathrm{T}}^{(c)} = \left(\underbrace{0,\cdots,0}_{n_{\mathrm{S}}^{(c)}}, \dfrac{\beta_{\mathrm{T}(1)}^{(c)}}{\sum_{i=1}^{n_{\mathrm{T}}^{(c)}}\beta_{\mathrm{T}(i)}^{(c)}}, \dfrac{\beta_{\mathrm{T}(2)}^{(c)}}{\sum_{i=1}^{n_{\mathrm{T}}^{(c)}}\beta_{\mathrm{T}(i)}^{(c)}}, \cdots, \dfrac{\beta_{\mathrm{T}(n_{\mathrm{S}}^{(c)})}^{(c)}}{\sum_{i=1}^{n_{\mathrm{T}}^{(c)}}\beta_{\mathrm{T}(i)}^{(c)}}\right)^{\mathrm{T}}$；$L_c$ 为条件分布差异权重矩阵，即 $L_c = \beta_{\mathrm{S}}^{(c)}\beta_{\mathrm{S}}^{(c)\mathrm{T}} + \beta_{\mathrm{T}}^{(c)}\beta_{\mathrm{T}}^{(c)\mathrm{T}} - \beta_{\mathrm{S}}^{(c)}\beta_{\mathrm{T}}^{(c)\mathrm{T}} - \beta_{\mathrm{S}}^{(c)\mathrm{T}}\beta_{\mathrm{T}}^{(c)}$，各项取值为

$$
(L_c)_{ij} = \begin{cases}
\beta_{\mathrm{S}(i)}^{(c)}\beta_{\mathrm{S}(i)}^{(c)}, & x_{\mathrm{S}(i)}^{(c)}, x_{\mathrm{S}(j)}^{(c)} \in D_{\mathrm{S}}^{(c)} \\
\beta_{\mathrm{T}(i)}^{(c)}\beta_{\mathrm{T}(i)}^{(c)}, & x_{\mathrm{T}(i)}^{(c)}, x_{\mathrm{T}(j)}^{(c)} \in D_{\mathrm{T}}^{(c)} \\
-\beta_{\mathrm{S}(i)}^{(c)}\beta_{\mathrm{T}(j)}^{(c)}, & \begin{cases} x_{\mathrm{S}(i)}^{(c)} \in D_{\mathrm{S}}^{(c)} \text{ 和 } x_{\mathrm{T}(j)}^{(c)} \in D_{\mathrm{T}}^{(c)} \\ x_{\mathrm{S}(j)}^{(c)} \in D_{\mathrm{S}}^{(c)} \text{ 和 } x_{\mathrm{T}(i)}^{(c)} \in D_{\mathrm{T}}^{(c)} \end{cases} \\
0, & \text{其他}
\end{cases}
\tag{5-30}
$$

式中，$x_{\mathrm{S}(i)}^{(c)}$ 和 $x_{\mathrm{T}(j)}^{(c)}$ 分别为 $D_{\mathrm{S}}^{(c)}$ 和 $D_{\mathrm{T}}^{(c)}$ 中的样本；$n_{\mathrm{S}}^{(c)}$ 和 $n_{\mathrm{T}}^{(c)}$ 分别表示 $D_{\mathrm{S}}^{(c)}$ 和 $D_{\mathrm{T}}^{(c)}$ 中的样本个数；$\beta_{\mathrm{S}(i)}^{(c)}$ 和 $\beta_{\mathrm{T}(j)}^{(c)}$ 分别为 $x_{\mathrm{S}(i)}^{(c)}$ 和 $x_{\mathrm{T}(j)}^{(c)}$ 所对应的样本分布权重，有

$$
\beta^{(c)} = \frac{1}{\delta_{\mathrm{WC}}}(x^{(c)}, \mu^{(c)}) = \frac{||A^{\mathrm{T}}x^{(c)}|| \cdot ||A^{\mathrm{T}}\mu^{(c)}||}{(A^{\mathrm{T}}x^{(c)})^{\mathrm{T}}(A^{\mathrm{T}}\mu^{(c)})}
\tag{5-31}
$$

式中，$x^{(c)}$、$\mu^{(c)}$ 分别为相应数据集中标签类别为 c 的样本和样本均值。

5.4.2　投影矩阵

为了求取最佳投影矩阵，实现空间转换和降维的目的，此处采用 PCA 算法来实现，其目标函数为

$$
\max_{W^{\mathrm{T}}W=I} \operatorname{tr}(W^{\mathrm{T}}KHK^{\mathrm{T}}W)
\tag{5-32}
$$

式中，$H = I - uu^{\mathrm{T}}/n$ 为中心矩阵；$u \in R^n$ 为元素为 1 的列向量。

对式 (5-32) 进行特征值分解，可得到

$$KHK^{\mathrm{T}}W = W\Phi \tag{5-33}$$

式中，$\Phi = \mathrm{diag}(\phi_1, \cdots, \phi_k) \in R^{k\times k}$ 是由前 k 个最大特征值构成的对角矩阵，其对应的特征向量矩阵即为投影矩阵 W。

5.4.3 目标函数

为了对边缘概率分布和条件概率分布同时进行调整，联合式 (5-27)、式 (5-29) 和式 (5-32)，即可得到 JDA-MDWMD 的目标函数为

$$\max_{W^{\mathrm{T}}KHK^{\mathrm{T}}W=I} \mathrm{tr}(W^{\mathrm{T}}K\sum_{c=0}^{C} L_c K^{\mathrm{T}}W) + \lambda\left\|W\right\|_F^2 \tag{5-34}$$

式中，λ 是控制模型复杂度并保证优化问题适定的正则化平衡参数。

此处，将边缘概率分布调整的情况视为条件概率分布调整 $c = 0$ 的特殊形式。当 $c = 0$ 时，可理解为标签信息未参与领域间的分布差异调整，即边缘分布调整。结合式 (5-33)，对式 (5-34) 进行特征值分解可得到

$$\left(K\sum_{c=0}^{C} L_c K^{\mathrm{T}} + \lambda I\right)W = KHK^{\mathrm{T}}W\Phi \tag{5-35}$$

5.4.4 算法步骤

输入：源域数据集 D_{S} 及其标记 Y_{S}，目标域数据集 D_{T}，低维子空间维数 k，正则化参数 λ，基分类器 f，最大迭代次数 $T_{\max}$。

输出：低维投影矩阵 W。

步骤 (1) 根据式 (5-28)，构建边缘分布差异权重矩阵 L_0；

步骤 (2) $t = 1$；

步骤 (3) 求解式 (5-35)，得投影矩阵 W；

步骤 (4) 由式 (5-19) 将 D_{S} 和 D_{T} 分别映射到 k 维子空间中，得到 Z_{S} 和 Z_{T}；

步骤 (5) 在数据集 $\{Z_{\mathrm{S}}, Y_{\mathrm{S}}\}$ 上训练基分类器 f，并利用训练得到的分类器对 Z_{T} 进行标记，得到目标域数据的标签集 $\tilde{Y}_{\mathrm{T}}$；

步骤 (6) 采用数据集 $\{D_{\mathrm{S}}, Y_{\mathrm{S}}\}$ 和 $\{D_{\mathrm{T}}, \tilde{Y}_{\mathrm{T}}\}$，根据式 (5-30) 构建条件分布差异矩阵 L_c；

步骤 (7) $t \leftarrow t + 1$；

步骤 (8) 若 $t < T_{\max}$，转到步骤 (3)。

5.5 试验结果与对比

5.5.1 试验数据集

试验数据集采用如表 5-1 所示的 USPS 与 MNIST 数字手写体、COIL20 物品类别、PIE 人脸以及 Office 与 Caltech 显示屏等 6 个图片数据集。在这 6 个数据集上，共设计 36 组迁移学习试验。

表 5-1 试验数据集描述

数据集	数据类型	样本个数	特征维数	类别数	包含子集
USPS	Digit	1800	256	10	USPS
MNIST	Digit	2000	256	10	MNIST
COIL20	Object	1440	1024	20	COIL1, COIL2
PIE	Face	11554	1024	68	PIE1,$\cdots$, PIE5
Office	Object	1410	800	10	A, W, D
Caltech	Object	1123	800	10	C

USPS 与 MNIST 均为描述手写体数字的图片数据集，它们分布不同但相关，共有 10 个数字类别。试验过程中，按下述方式构造 2 组试验数据 (USPS vs MNIST，MNIST vs USPS)：从 USPS 中随机抽取 1800 幅图片分别作为源域和目标域数据集，相应地，从 MNIST 中随机抽取 2000 幅图片作为目标域和源域数据集。USPS 和 MNIST 中的所有图片统一变换成像素为 16×16，并且将每幅图片变成由灰度值表示像素点的灰度图。

COIL20 包含 20 类物品，共计 1440 幅图片。每个物品有 72 幅图片，且被旋转 5 个角度。每幅图片的像素规模为 32×32，每个像素点为 0~256 的灰度值。试验过程中，将 COIL20 数据集划分成 COIL1 和 COIL2 两个子数据集：COIL1 含有角度方向为 $[0°, 85°] \cup [180°, 265°]$(即 1, 3 象限) 的所有图片；COIL2 含有角度方向为 $[90°, 175°] \cup [270°, 355°]$ (即 2, 4 象限) 的所有图片，则 COIL1 和 COIL2 满足了不同分布但相关的要求。按下述方式构造 2 组试验数据 (COIL1 vs COIL2，COIL2 vs COIL1)：从 COIL1 中选取 720 幅图片分别作为源域和目标域数据集，相应地，从 COIL2 中选取 720 幅图片分别作为目标域和源域数据集。

PIE 是一个含有 68 个人的 41368 幅人脸图片的标准人脸数据集，每幅图片的像素规模为 32×32。将 PIE 中的人脸图片划分为 5 个子集，每个子集对应于不同的姿势，即 PIE1(C05, 左姿势)，PIE2(C07, 向上姿势)，PIE3(C09, 向下姿势)，PIE4(C27, 正脸姿势)，PIE5(C29, 右姿势)。每个子集中，所有人脸均为处于不同灯光、光照和表情条件下获取得到的。从这 5 个子集中随机抽取 2 个子集分别作为源域和目标域数据集，则可构建 20 组跨领域人脸数据集，即 PIE1 vs PIE2，PIE1 vs PIE3，···，PIE5 vs PIE4。由人脸不同姿势构建的 20 组数据集中源域和目标域数据集遵循不同分布但相关的要求。此外，这些数据集中分布差异存在变化较多，如左姿势子集和右姿势子集领域间的分布差异相比左姿势子集和正脸姿势子集领域间的分布差异较大。

Office 是视觉跨领域学习常用数据集，包含 3 个现实汇总的物品数据集：Amazon(由在线交易网站下载)，Webcam(由低分辨率网络摄像头拍摄) 和 DSLR(由数码SLR 高分辨率摄像机拍摄)。该数据集含有 31 个类别共 4652 幅图片。Caltech 也是目标识别常用的标准数据集，它含有 256 个类别共 30607 幅图片。采用 Gong 等在文献 [10] 中发布的 Office+Caltech 数据集，含有 4 个领域 C(Caltech-256)、A(Amazon)、W(Webcam) 和 D(DSLR)。试验过程中，随机抽取两个不同领域分别作为源域和目标域数据集，则可构建 12 个跨领域目标数据集，即 C→A，C→W，C→D，···，D→W。

5.5.2 试验结果及分析

分别采用 KNN、PCA、TCA[5]、JDA[9]、TSL[11]、MWME[6]、GFK[10]、JDA-MDWMD 和基于最大分布加权均值嵌入的分布调整 (DA-MDWMD) 进行试验，其中 DA-MDWMD 为 JDA-MDWMD 的特例，即仅考虑边缘概率分布调整的 JDA-MDWMD。为保证试验的公平性，统一采用 1 近邻分类器作为基分类器行监督分类，每个试验均做 20 次，取平均值。试验过程中，各算法的参数统一设置为：$k = 100$，$\lambda = 0.1$，$T_{\max} = 30$。

图 5-2 给出了各算法在 36 组跨领域图片数据集上的分类精度曲线，表 5-2 中的结果则为各算法在 USPS+MNIST、COIL20、PIE 以及 Office+Caltech 等 4 种不同类型数据集上的分类精度平均值。由图 5-2 和表 5-2 可以看出：

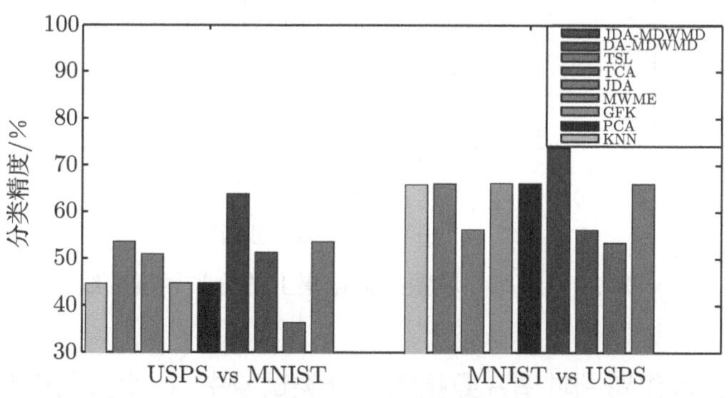

(a) USPS+MNIST数据集

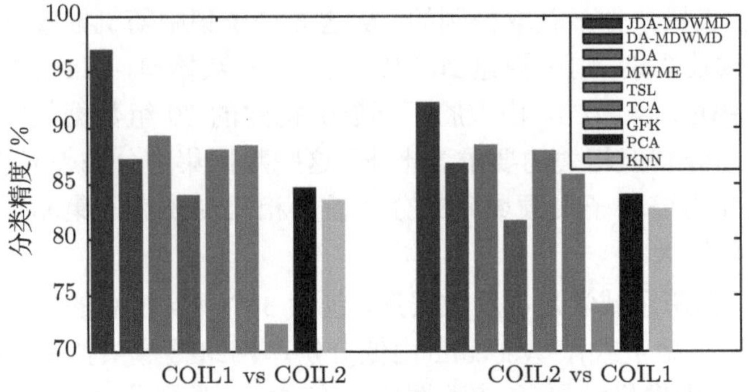

(b) COIL20数据集

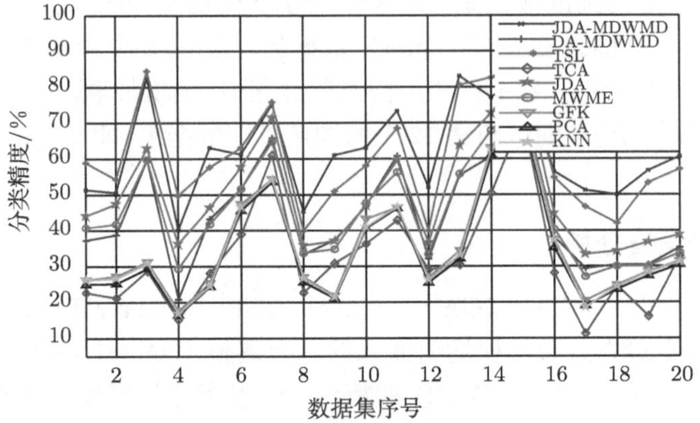

(c) PIE数据集

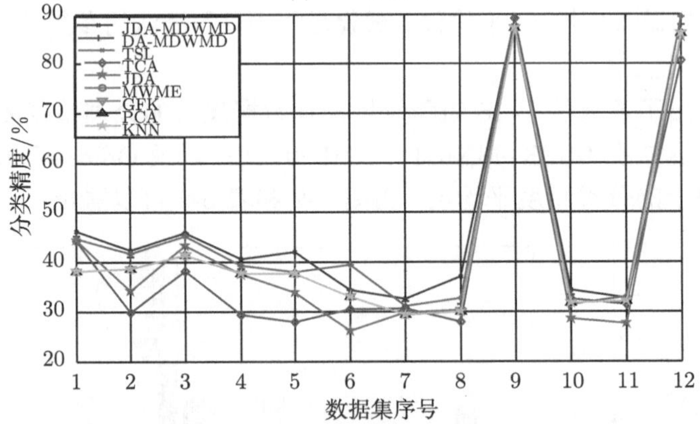

(d) Office+Caltech数据集

图 5-2　组跨领域图片数据集上的分类精度曲线

(1) 在所有 36 组跨领域图片数据集的分类试验中，除少数几组数据集外，JDA-MDWMD 的分类精度均高于其他 8 个分类算法。另外，JDA-MDWMD 在 4 种不同类型数据集上的分类精度也是最高的。

(2) 由于 JDA-MDWMD 同时对领域间的边缘分布和条件分布进行调整，因此能够获得比只考虑边缘分布调整的 DA-MDWMD 更高的分类精度。同理，JDA 比其余只考虑边缘分布调整的 GFK、MWME、TCA 以及 TSL 的分类精度要高。

(3) 尽管 JDA 同时考虑了领域间的边缘分布差异和条件分布差异，但它仅考虑了领域间的全局信息差异，未考虑单个样本对领域间差异度量的贡献差异性，而 JDA-MDWMD 通过为每个样本引入分布权重解决了这个问题，从而使得其分类精度高于 JDA。

表 5-2 种类型跨领域图片数据集上的分类精度平均值对比

数据集	无迁移算法		迁移算法						
	KNN	PCA	GFK	MWME	TCA	TSL	JDA	JDA-MDWMD	DA-MDWMD
USPS+MNIST	55.32%	55.59%	56.84%	45.01%	53.67%	59.91%	63.47%	68.87%	53.90%
COIL20	83.20%	84.38%	73.34%	82.85%	87.15%	87.99%	88.89%	94.65%	87.02%
PIE	34.76%	33.85%	35.35%	32.07%	48.18%	49.43%	60.24%	62.02%	43.80%
Office+Caltech	31.37%	39.79%	42.95%	41.03%	43.61%	42.37%	46.31%	47.30%	45.77%

为分别考察 JDA-MDWMD 的分类精度与迭代次数、子空间维数和正则化参数之间的关系，图 5-3~图 5-5 给出 JDA-MDWMD 在 USPS vs MNIST、COIL1 vs COIL2、PIE1 vs PIE2 以及 A→D 数据集上的试验结果。由图可以看出：①随着迭代次数的增加，JDA-MDWMD 的分类精度会不断提高并逐渐趋于稳定；②JDA-MDWMD 在子空间维数 $k \in [100, 200]$ 时能取得较好的分类性能；③当 $\lambda \to 0$ 时，JDA-MDWMD 目标函数的优化是不适定的；当 $\lambda > 1$ 时，随着 λ 的增大，JDA-MDWMD 的分类精度明显下降。

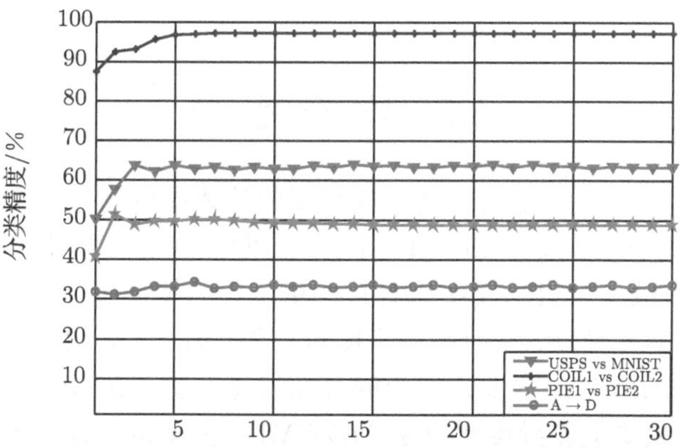

图 5-3 JDA-MDWMD 的分类精度图与迭代次数间关系曲线

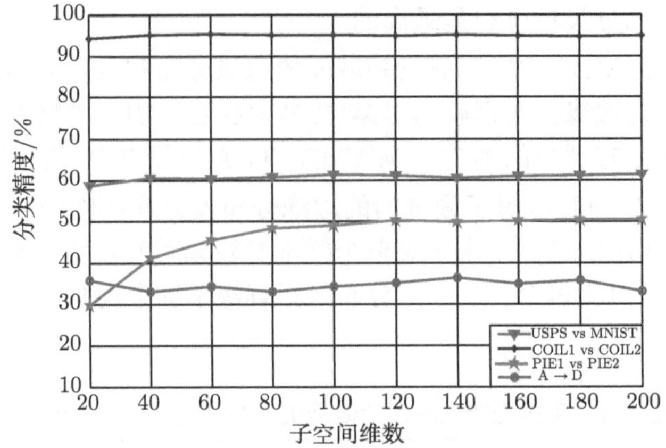

图 5-4 JDA-MDWMD 的分类精度图与子空间维数间关系曲线

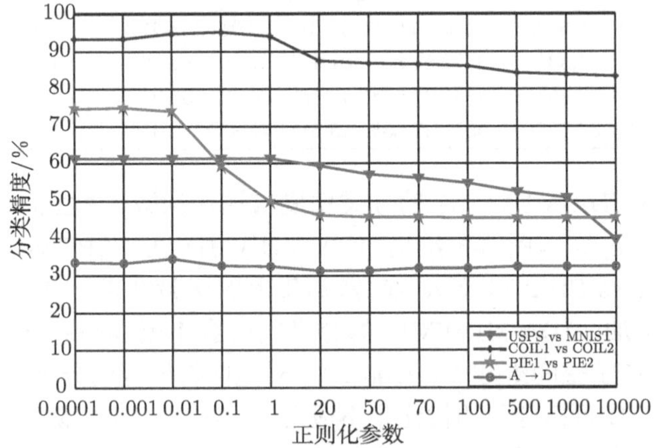

图 5-5 JDA-MDWMD 的分类精度与正则化参数间关系曲线

5.6 本章小结

最大均值差异 MMD 使用源域和目标域的总体均值之差来度量两个领域之间的分布差异，具有计算简单有效、直观且易于理解的优点，因此在领域适应学习中获得广泛应用。但是，MMD 仅注重对数据集全局的整体度量，而忽略了单个样本对全局度量贡献的差异性，从而影响了度量性能。为此，采用白化余弦相似性度量为源域和目标域的所有样本设计相应的分布权重系数，在 MMD 的基础上，提出一种最大分布加权均值差异度量方法 MDWMD，使得每个样本的分布差异信息在全局度量中均得以体现。为提高领域适应学习算法的分类精度，在 MDWMD 基础上，同时对源域和目标域中的数据进行边缘概率分布调整和条件分布调整，提出一种基于最大分布加权均值嵌入的领域适应学习算法 JDA-MDWMD。多个跨领域学习数据集上的试验结果表明，JDA-MDWMD 具有较高的分类精度。

参考文献

[1] Ben-David S, Blitzer J, Crammer K, et al. Analysis of representations for domain adaptation. Proceedings of the 20th Annual Conference on Neural Information Processing Systems. Vancouver, Canada: MIT Press, 2007. 137-144.

[2] Pérez-Cruz F. Kullback-Leibler divergence estimation of continuous distributions. Proceedings of IEEE International Symposium on Information Theory. Toronto, Canada: IEEE Press, 2008. 1666-1670.

[3] Borgwardt K M, Gretton A, Rasch M J, et al. Integrating structured biological data by kernel maximum mean discrepancy. Bioinformatics, 2006, 22(14): 49-57.

[4] Pan S J, Kwok J T, Yang Q. Transfer learning via dimensionality reduction. Proceedings of the 23rd AAAI Conference on Artificial Intelligence and the 20th Innovative Applications of Artificial Intelligence Conference. Washington DC: AAAI Press, 2008: 667-682.

[5] Pan S J, Tsang I W, Kwok J T, et al. Domain adaptation via transfer component analysis. IEEE Transactions on Neural Networks, 2011, 22(2): 199-210.

[6] 皋军, 黄丽莉, 孙长银. 一种基于局部加权均值的领域适应学习框架. 自动化学报, 2013, 39(7): 1037-1052.

[7] Long M, Wang J, Ding G, et al. Adaptation regularization: a general framework for transfer learning. IEEE Transactions on Knowledge and Data Engineering, 2014, 26(5): 1076-1089.

[8] Nakanishi J, Farrell J A, Schaal S. Composite adaptive control with locally weighted statistical learning. Neural Networks, 2005, 18(1): 71-90.

[9] Long M S, Wang J M, Ding G G, et al. Transfer feature learning with joint distribution adaptation. Proceedings of IEEE International Conference on Computer Vision. Sydney. Piscataway: IEEE Press, 2013. 2200-2207.

[10] Gong B, Shi Y, Sha F, et al. Geodesic flow Kernel for unsupervised domain adaptation. Proceedings of IEEE Conference on Computer Vision and Pattern Recognition. Piscataway: IEEE Press, 2012. 2066-2073.

[11] Si S, Tao D, Geng B. Bregman divergence-based regularization for transfer subspace learning. IEEE Transactions on Knowledge and Data Engineering, 2010, 22(7): 929-942.

第 6 章　基于相似度衡量的决策树迁移

第 2~5 章为本书第一部分，即分类知识迁移。第 6 章开始第二部分内容，即决策迁移。正如第 1 章所描述的那样，利用模型迁移、样本实例迁移与特征迁移等方法能在很大程度上提高智能体 Agent 在面临决策任务时的学习效率与源任务数据的重用率，同时缓解目标任务在样本数不足情形下的学习压力。本章内容针对决策问题中的多源迁移，考察各源任务与目标任务的相似程度，采用模型集成迁移机制迁移源任务，提出一种多源决策树迁移方法。

本章结构安排如下：6.1 节说明决策迁移的研究动机并简要分析目前研究现状；6.2 节给出决策迁移相关概念数学描述；6.3 节重点阐述所提出的基于相似度衡量的多源决策树迁移算法；6.4 节给出算法流程与仿真分析；6.5 节为本章小结。

6.1　研究动机

知识迁移在实际问题的应用中将不可回避地遇到两个难题：何时迁移和如何迁移。迁移时机与方法的不当不仅无法促进当前任务的学习，反而会造成干扰，即产生“负迁移”，这将导致知识迁移在实际应用中的困难[1]。为解决“负迁移”问题，提高迁移效率，主要采用以下 3 种方法：实例迁移、特征迁移与模型迁移。

实例迁移是最基本也是最直观的迁移学习方法，主要用来解决源任务与目标任务拥有相同或相近数据分布的问题，其核心思想是尽管源样本与目标样本分布不尽相同，仍然存在可供目标任务利用的有效样本实例，那么对这些样本实例妥善处理并辅助构建目标学习器将能够实现有效迁移。基于实例迁移的经典方法有：Transductive 方法[2]、TrAdaBoost 算法[3] 以及在其基础上拓展为多源的 MS-TrAdaBoost[4] 算法。这类算法的优点是能够高效地利用源任务的知识和经验，辅助目标任务达到令人满意的精度，然而其对于源样本不断筛选与更新权值的迭代进程也使其拥有远远高于其他迁移算法的时间复杂度。另外，洪佳明等[5]基于领域弱相似性的概念，提出了一种 TrSVM 算法，其能够将相似性约束条件与目标分类器联系起来，在训练过程中有效利用相关领域的大量数据。Zadrozny[6] 则是将抽样误差理论规范至分类器学习中，并提出了在其影响下的各学习器偏差校正方法。

相比于实例迁移，特征迁移具有更高的灵活性，其舍弃了源任务与目标任务间的数据一致性分布假设，降低了关联性要求，在很大程度上拓宽了待解决任务空间。Torrey[7] 提出的 RMT-D 算法，将不同任务间的共同特征总结为关联宏(relational macros，RM)，通过 RM 来实现任务间的特征迁移，并将该技术用于 RoboCup 仿真足球领域。为解决自然语言领域内的特征空间结构化迁移问题，Arnold[8] 提出一种分层优先级结构，将整体特征空间层次化、离散化，便于实现局部特征迁移以提高迁移的可靠性。而 Wang 和 Yang[9] 则是从辅助域与目标域的结构相似度入手，提取不同域的结构特征，并将其映射到再生核希尔伯特空间(reproducing Kernel Hilbert space，RKHS)，在 RKHS 进一步估计相似特征的结构依赖性，为合理迁移提供依据。以上算法均以特征为纽带以实现迁移，实际问题中，任务间的共同特征往往难以归纳，同时这种有针对性的特征归纳迁移在面临不同特征空间的跨领域迁移问题时，将遭遇无共同特征归纳的难题。

模型迁移允许将源任务的学习器模型直接迁移以解决目标任务，目标数据仅对源学习器做局部修正。典型的迁移模型可以是遗传算法、马尔可夫逻辑网络、高斯过程模型以及决策树等。这类迁移方式的特点是直观形象，更符合人类大脑的类比迁移思维，然而对于机器而言，如何判定任务间的关联性以便于选择合适的源任务模型进行迁移是个难题。针对这个问题，本章提出一种基于相似度衡量的决策树自适应迁移方法。不同于 TrSVM 基于概率分析的领域弱相似性判定条件，本章的相似度衡量指标对学习器结构与成分更加有针对性，同时避免了 Wang 和 Yang 在 RKHS 中映射特征结构时出现的特征选择和优化问题。本章算法在本质上属于一种多源的模型迁移算法，与实例迁移相比，迁移进程更加快速，且能够克服特征迁移中特征难以总结的问题。首先，根据源任务数据是否可以访问，自适应地采用路径预测概率或成分预测概率进行相似度判定；其次，由多源判定条件确定是否进行择优迁移并将任务亲和系数归一化后分配给各源任务；最后，将源任务统一集成迁移，辅助实现目标任务。采用 UCI 机器学习库以及 20 个新闻组 (newsgroups) 的数据进行仿真，结果证明了算法的有效性。

6.2 决策迁移数学描述

6.2.1 领域与任务

将给出决策迁移的基本概念与定义。在此之前，首先给出“领域”与“任务”的描述。

领域 特征空间 X 与边界概率分布 $P(X)$ 的总和。$X=\{x_1,x_2,\cdots,x_n\}\in X$ 为边界模式向量。对于文本分类而言，每一项为二进制属性，X 则为所有特征向量构成的空间，$x_i(i=1,2,\cdots,n)$ 为对应于某文档的第 i 个模式向量，X 为特殊的学习样本，即边界学习样本。一般来说，如果两个领域不同，那么其或者特征空间不同，或者边界概率分布不同。

任务 给定具体领域 $D=\{X,P(X)\}$，任务 $T=\{Y,f(\cdot)\}$ 包含两个成分：标签空间 Y 与目标预测函数 $f(\cdot)$。其中 $f(\cdot)$ 通常无法直接观测或获得，但可以通过由 $x_i \in X$ 与 $y_i \in Y$ 构成的训练数据对 $\{x_i,y_i\}$ 学习得到。函数 $f(\cdot)$ 被用来预测新样本 x 相应的标签 $f(x)$，若从概率的角度进行描述，$f(x)$ 可以写作 $P(y|x)$。对于文档分类等二进制任务来说，Y 为所有标签的集合，即 $Y=\{\text{True},\text{False}\}$，而具体标签 y_i 取值为 True 或 False。

通常来说，仅考虑单一源领域 D_{S} 与单一目标领域 D_{T} 的情形，这也是目前众多文献中最普遍的研究任务。更具体地说，采用 $D_{\text{S}}=\{(x_{\text{S}_1},y_{\text{S}_1}),\cdots,(x_{\text{S}_n},y_{\text{S}_n})\}$ 描述源领域，其中 $x_{\text{S}_1}\in X_{\text{S}}$ 为源样本，$y_{\text{S}_1}\in Y_{\text{S}}$ 为相应的类标签。在文本分类的任务中，D_{S} 为文本模式向量与其相应的标签 True 或 False 的集合。同样地，将目标领域描述为 $D_{\text{T}}=\{(x_{\text{T}_1},y_{\text{T}_1}),\cdots,(x_{\text{T}_n},y_{\text{T}_n})\}$，其中 $x_{\text{T}_i}\in X_{\text{T}}$ 为目标输入，$y_{\text{T}_i}\in Y_{\text{T}}$ 为对应的目标系统输出。同时有 $0\leqslant n_{\text{T}}\ll n_{\text{S}}$，其中 $n_{\text{T}}=|D_{\text{T}}|$ 为目标样本数，$n_{\text{S}}=|D_{\text{S}}|$ 为源任务样本数。下面给出分类迁移一般定义。

6.2.2 决策迁移

决策迁移 给定源领域 D_{S} 和学习任务 T_{S}，目标领域 D_{T} 与学习任务 T_{T}，迁移学习目标旨在利用 D_{S} 与 T_{S} 中的知识提高目标预测函数 $f_{\text{T}}(\cdot)$ 在目标领域 D_{T} 中的决策能力，其中 $D_{\text{S}}\neq D_{\text{T}}$ 或 $T_{\text{S}}\neq T_{\text{T}}$。

在以上定义中，领域 $D=\{X,P(X)\}$，因而不同的领域 $D_{\text{S}}\neq D_{\text{T}}$ 指代不同的特征空间 $X_{\text{S}}\neq X_{\text{T}}$ 或者不同的边界概率分布 $P_{\text{S}}(X)\neq P_{\text{T}}(X)$。对于文本分类任务来说，意味着在源文档与目标文档之间，或者有不同的特征空间，即使用不同的语言，或者其边界分布不同。类似地，任务被定义为 $T=\{Y,P(Y|X)\}$，其条件 $T_{\text{S}}\neq T_{\text{T}}$ 意味着 $Y_{\text{S}}\neq Y_{\text{T}}$ 或 $P(Y_{\text{S}}|X_{\text{S}})\neq P(Y_{\text{T}}|X_{\text{T}})$。

根据源领域、目标领域以及源任务与目标任务间的对应关系，可以进一步分为以下几种：

(1) 当目标领域与源领域相同时，即 $D_{\text{S}}=D_{\text{T}}$，同时其对应的学习任务也相同，有 $T_{\text{S}}=T_{\text{T}}$，则学习问题变为传统的单任务机器学习问题。

(2) 当源领域与目标领域不同时，①源与目标的特征空间不同，$X_{\text{S}}\neq X_{\text{T}}$，或②$X_{\text{S}}=X_{\text{T}}$，但源领域数据与目标领域数据的边界概率分布不同，即 $P(X_{\text{S}})\neq P(X_{\text{T}})$，其中 $X_{\text{S}i}\in X_{\text{S}}$，$X_{\text{T}_i}\in X_{\text{T}}$。在文本分类任务中，情形①表明源文档与目标文档采用不同的语言描述，情形②表明源文档与目标文档关注不同的话题。

给定具体领域 D_{S} 与 D_{T}，当学习任务 T_{S} 与 T_{T} 不同时，或者情形①领域间拥有不同的标签空间 $Y_{\text{S}}\neq Y_{\text{T}}$；情形②领域间的条件概率分布不同，即 $P(Y_{\text{S}}|X_{\text{S}})\neq P(Y_{\text{T}}|X_{\text{T}})$，其中 $Y_{\text{S}_i}\in Y_{\text{S}}$，$Y_{\text{T}_i}\in Y_{\text{T}}$。以文档分类任务而言，情形①意味着文档为二分类任务，而目标领域为十分类任务；情形②则表明源文档与目标文档在定义类

别的范畴上界限并不均衡。补充说明，当源领域与目标领域间存在密切的或一般的关联度时，称源领域与目标领域相关。

6.3 多源决策树相似度衡量与误差分析

给定数据集 D，其拥有属性空间 R^n，n 为属性个数。决策树 DT 将 R^n 划分为 Q 个区域 $r_m(m=1,2,\cdots,Q)$，每个区域 r_m 对应类标签 $r_m\cdot cl$。决策树 DT 的作用相当于一个分段常值函数 $f_{\mathrm{DT}}:x\rightarrow r_m\cdot cl$，将样本 $x\in D$ 映射到对应的区域 r_m 中，并输出相应的标签值 $r_m\cdot cl$。

一般来说，决策树预测区域 r，具有路径结构与成分结构两种表达形式，其路径结构 $r\cdot p$ 采用如下公式描述：

$$r\cdot p=\{\cap d(a_v),v=1,2,\cdots,K_r\} \tag{6-1}$$

式中，$d(a_v)$ 表示属性 a_v 在区域 r 内的取值范围；K_r 为根节点到区域 r 路径上的节点总数，符号 $\cap$ 表示各属性区间为相交的关系；路径结构 $r\cdot p$ 反映的是预测区域 r 与决策树 DT 间的结构联系，给出了根节点到区域 r 所包含的属性以及规则集合。

为描述区域 r 中所包含数据集 D 的内容，给出 r 的成分结构如下：

$$r\cdot c=\{\mathrm{num}(k_1),\mathrm{num}(k_2),\cdots,\mathrm{num}(k_J)\} \tag{6-2}$$

式中，J 为类别总数，$\mathrm{num}(k_1),\mathrm{num}(k_2),\cdots,\mathrm{num}(k_J)$ 为进入区域 r 且分别属于 $k_1,k_2,\cdots,k_J$ 类的样本个数。成分结构 $r\cdot c$ 反映的是预测区域 r 与相应数据集 D 间的成分关系。

对于具有相关性且结构不同的决策树 DT_1 与 DT_2 而言，可以通过样本预测概率的亲和系数来描述相似程度。预测概率 $P(r)$ 根据训练数据集是否可以访问，分为路径预测概率 $P(r\cdot p)$ 和成分预测概率 $P(r\cdot c)$，其预测分量表达式如式 (6-3) 与式 (6-5) 所示

$$P(r_m\cdot p)=\frac{V(r_m\cdot p)}{\displaystyle\sum_{l=1}^{Q}V(r_l\cdot p)} \tag{6-3}$$

$$V(r_m\cdot p)=\prod_{v=1}^{k_{r_m}}\frac{|d(a_v)|}{|\mathrm{dom}(a_v)|} \tag{6-4}$$

$$P(r_m\cdot c)\frac{|r_m\cdot c|}{\displaystyle\sum_{l=1}^{Q}|r_l\cdot c|} \tag{6-5}$$

式中，式 (6-4) 为区域 r_m 在属性空间 R^n 归一化后的超体积，$|\mathrm{dom}(a_v)| = \max(a_v) - \min(a_v)$，表示属性 a_v 的全局取值范围，$|d(a_v)| = \max\limits_{r_m}(a_v) - \min\limits_{r_m}(a_v)$ 为属性 a_v 在区域 r_m 内的取值范围；式 (6-5) 中 $|r_m c| = \sum\limits_{\rho=1}^{J}\mathrm{num}(k_\rho)$ 为区域 r_m 中各类样本总和。

需要说明的是，式 (6-3) 所得的路径预测概率 $P(r \cdot p)$ 必须满足属性一致性分布假设，否则会出现较大偏差。因此通常情况下，应尽可能采用式 (6-5) 获取预测概率 $P(r)$，除非原训练集 D 已不可访问。另外，式 (6-3) 与式 (6-5) 给出的仅是预测分量，完整的预测概率表达式为 $P(r) = \{P(r_m)|m = 1, 2, \cdots, Q\}$。

获取 $P(r)$ 后，采用下式可以计算得到不同决策树间的相似度：

$$S(\mathrm{DT}_1, \mathrm{DT}_2) = s(P_{\mathrm{DT}_1}(r), P_{\mathrm{DT}_2}(r)) = \sum_{m=1}^{Q}[P_{\mathrm{DT}_1}(r_m) \cdot P_{\mathrm{DT}_2}(r_m)] \tag{6-6}$$

式中，$s(\cdot,\cdot)$ 为亲和系数，展开式如式 (6-6) 右侧所示，其反映的是不同概率分布的相近程度，且有 $0 < s(\cdot,\cdot) \leqslant 1$。易知，$S(\mathrm{DT}_1, \mathrm{DT}_2)$ 具有相同的取值范围 $(0, 1]$，并且 DT_1 与 DT_2 的预测概率越相似，$S(\mathrm{DT}_1, \mathrm{DT}_2)$ 取值越接近 1，否则 $S(\mathrm{DT}_1, \mathrm{DT}_2)$ 取值越接近 0。当且仅当 $P_{\mathrm{DT}_1}(r) = P_{\mathrm{DT}_2}(r)$ 时，有 $S(\mathrm{DT}_1, \mathrm{DT}_2) = 1$。

对于多源迁移学习 $\mathrm{KT}: S_1 \times S_2 \times \cdots \times S_N \to \mathrm{T}$ 而言，$S_i(i = 1, 2, \cdots, N)$ 为源任务，T 为目标任务，不同 S_i 可获得相应源决策树 DT_i，算法系统结构框图如图 6-1 所示，总共分为 3 个阶段，即源域决策树训练、相似度判定、多源集成迁移。其中，第 2 与第 3 阶段为算法的核心部分，相似度判定机制根据源域数据集是否能够访问又分为基于成分与基于路径两种方法，具体为图 6-1 中第 2 阶段判定框下左右两条分支，分别简记为 STDT-C 与 STDT-P。

第 3 阶段实现的前提是进行如下单源迁移条件判定

$$\max_i[S(\mathrm{DT}_i, \mathrm{DT}_\mathrm{T})] - \operatorname*{avg}_i[S(\mathrm{DT}_i, \mathrm{DT}_\mathrm{T})] > 0 \tag{6-7}$$

式中，$\mathrm{avg}[\cdot]$ 表示取平均值；$\theta \in (0, 1)$ 为阈值参数，其限定了进行单源择优迁移的阈值，其值越接近 1，则阈值越高，即更偏向于执行多源集成迁移，其值越接近 0 则偏向于执行单源择优迁移，通常情况取 $\theta = 0.2$。

若满足式 (6-7)，即表明源域中存在与目标任务相似度远远高于其同类的源任务，此时进行单源择优迁移，即选择 $\arg\max\limits_i[\mathrm{S}(\mathrm{DT}_i, \mathrm{DT}_\mathrm{T})]$ 作为迁移源辅助决策，否则进行多源集成迁移。

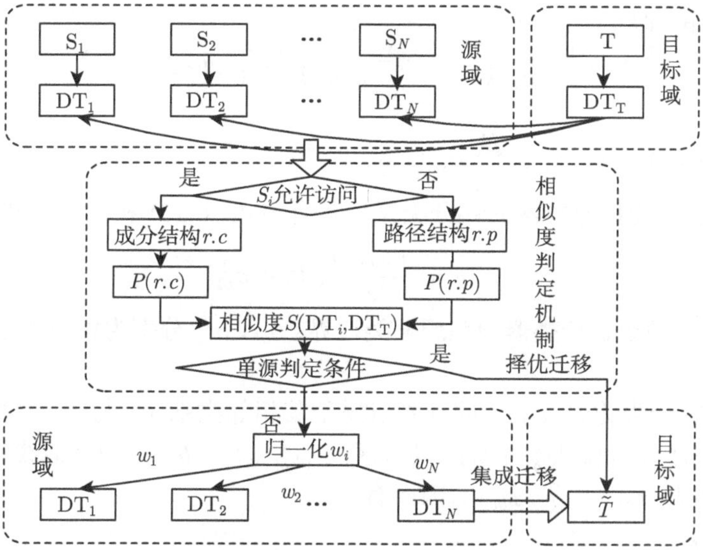

图 6-1 多源决策树自适应迁移系统结构框图

采用决策树 DT 实现的各源任务 S_i 具有如下数学描述形式:

$$g(k|x) = P(k|x) + e_k(x) \tag{6-8}$$

式中，$P(k|x)$ 为样本 x 属于第 k 类的理想后验概率；$e_k(x)$ 为源任务 S_i 的估计误差；$g(k|x)$ 表示 x 属于 k 类的估计概率。

由于估计误差 $e_k(x)$ 的存在，使得实际分类边界 x_b 偏离于理想分类边界 x_b^*，设 $b = x_b - x_b^*$，$p(x)$ 为样本 x 的概率分布，那么可以得到单一决策树将类别 k_α 分为类别 k_β 的概率

$$E = \int_{x_b^*}^{x_b^*+b} |P(k_\alpha|x) - P(k_\beta|x)| p(x) d(x) \tag{6-9}$$

式中，$\alpha, \beta \in [1, J]$ 且 $\alpha \neq \beta$。

通常情况下，b 值较小，可将区间 $[x_b^*, x_b^*+b]$ 内的贝叶斯概率分布 $P(k|x)$ 以及样本分布做近似的线性化处理，有 $P(k|x_b^*+b) \approx b \cdot P'(k|x_b^*+b) + P(k|x_b^*)$，$p(x) \approx p(x_b^*)$，代入式 (6-9)，化简得

$$E = \frac{p(x_b^*)}{2} b^2 \mu = \frac{p(x_b^*)\mu}{2} (\beta_b^2 + \sigma_b^2) \tag{6-10}$$

式中，β_b 与 σ_b^2 分别是 b 的偏差与方差；$\mu = P'(k_\alpha|x_b^* + b) - P'(k_\beta|x_b^* + b)$。

为实现多个源任务 S_i 对目标任务 T 的迁移，考虑采用线性组合的方法对 T

进行辅助决策，即

$$g_{\mathrm{T}}(k|x)=\sum_{i=1}^{N}w_ig_i(k|x)+e_k^{\mathrm{T}}(x) \tag{6-11}$$

对比式 (6-8) 可知，$e_k^{\mathrm{T}}(x)=\sum\limits_{i=1}^{N}w_ie_k^i(x)$。

易知，多源迁移分类器的误分类概率具有与式 (6-10) 相同的形式：

$$E_{\mathrm{T}}=\frac{p(x_{bt}^*)\mu}{2}(\beta_{bt}^2+\sigma_{bt}^2) \tag{6-12}$$

式中，x_{bt}^* 为多源组合分类器的理想分类边界；β_{bt}，σ_{bt}^2 分别为相应的边界偏移量 b_t 的偏差与方差。

由于实际分类边界 x_{bt} 上的样本点属于其相邻类别 k_α 与 k_β 的概率相等，即 $g_{\mathrm{T}}(k_\alpha|x_{bt}^*+b_t)=g_{\mathrm{T}}(k_\beta|x_{bt}^*+b_t)$，结合区间 $[x_{bt}^*,x_{bt}^*+b_t]$ 内的近似线性化条件，可得 $b_t=\mu^{-1}[e_{k_\alpha}^{\mathrm{T}}(x_{bt})-e_{k_\beta}^{\mathrm{T}}(x_{bt})]$，因而有

$$\beta_{bt}^2\frac{1}{\mu^2}\sum_{i=1}^{N}w_i^2(\beta_{k_\alpha}^i-\beta_{k_{(\beta)}}^i)^2+\frac{1}{\mu^2}\sum_{i=1}^{N}\sum_{j\neq i}w_iw_j(\beta_{k_\alpha}^i-\beta_{k_\beta}^i)(\beta_{k_\alpha}^j-\beta_{k_\beta}^j) \tag{6-13}$$

$$\sigma_{bt}^2\frac{1}{\mu^2}\sum_{i=1}^{N}w_i^2[(\sigma_{k_\alpha}^i)^2-(\sigma_{k_\beta}^i)^2]+\frac{1}{\mu^2}\sum_{i=1}^{N}\sum_{j\neq i}w_iw_j(\rho_{k_\alpha}^{ij}\sigma_{k_\alpha}^i\sigma_{k_\alpha}^j+\rho_{k_\beta}^{ij}\sigma_{k_\beta}^i\sigma_{k_\beta}^j) \tag{6-14}$$

式中，$\beta_{k_\alpha}^i$、$\beta_{k_\beta}^i$ 分别表示源任务 S_i 估计误差 $e_{k_\alpha}^i(x)$ 与 $e_{k_\beta}^i(x)$ 的偏差；$\rho_{k_\alpha}^{ij}$、$\rho_{k_\beta}^{ij}$ 表征 $e_{k_\alpha}^i(x)$ 与 $e_{k_\alpha}^j(x)$ 以及 $e_{k_\beta}^i(x)$ 与 $e_{k_\beta}^j(x)$ 间的相关系数；$(\sigma_{k_\alpha}^i)^2$、$(\sigma_{k_\beta}^i)^2$ 则表示 $e_{k_\alpha}^i(x)$ 与 $e_{k_\beta}^i(x)$ 的方差。

假设源任务 S_i 估计误差 $e_k^i(x)$ 无偏且完全无关，即 $\beta_{k_\alpha}^i=\beta_{k_\beta}^i=\beta_{k_\alpha}^j=\beta_{k_\beta}^j=0$，$\rho_{k_\alpha}^{ij}=\rho_{k_\beta}^{ij}=0$。综合式 (6-12)~ 式 (6-14)，可得

$$E_{\mathrm{T}}=\frac{p(x_{bt}^*)}{2\mu}\sum_{i=1}^{N}w_i^2[(\sigma_{k_\alpha}^i)^2+(\sigma_{k_\beta}^i)^2] \tag{6-15}$$

迁移权值w_i 的确定，采用不同源决策树 DT_i 与目标决策树 DT_{T} 的相似程度来进行衡量。考虑到 $\sum\limits_{i=1}^{N}w_i=1$，有

$$w_i\left[\sum_{q=1}^{N}S(\mathrm{DT}_q,\mathrm{DT}_{\mathrm{T}})\right]^{-1}S(\mathrm{DT}_i,\mathrm{DT}_{\mathrm{T}}) \tag{6-16}$$

将上式代入式 (6-15)，可得多源迁移学习的误分类概率：

$$E_{\mathrm{T}}=\frac{p(x_{bt}^*)}{2\mu}\left[\sum_{q=1}^{N}S(\mathrm{DT}_q,\mathrm{DT}_{\mathrm{T}})]^{-2}\sum_{q=1}^{N}S^2(\mathrm{DT}_i,\mathrm{DT}_{\mathrm{T}})[(\sigma_{k_\alpha}^i)^2+(\sigma_{k_\beta}^i)^2\right] \tag{6-17}$$

6.4 算法流程与仿真研究

6.4.1 算法流程

根据 6.3 节所述系统结构原理，基于相似度衡量的多源决策树自适应迁移算法具有如下算法步骤:

步骤 (1) 先验知识。由源域中各数据集 S_i 训练的源决策树 DT_i，以及目标域中的训练集 T 及目标决策任务 $\mathrm{DT_T}$。

步骤 (2) 依次判定 $\mathrm{DT_T}$ 与各源任务 DT_i 的相似度 $S(\mathrm{DT_T},\mathrm{DT}_i)$，若源数据集 S_i 允许访问，采用式 (6-2) 计算区域 r 成分结构 $r\cdot c$，进一步通过式 (6-5) 获取成分预测概率 $P(r\cdot c)$，否则利用式 (6-1) 得到的路径结构 $r\cdot p$ 求解式 (6-3) 给出的路径预测概率 $P(r\cdot p)$。

步骤 (3) 根据式 (6-7)，判定是否为单源迁移。若是，直接选取 $S(\mathrm{DT_T},\mathrm{DT}_i)$ 最大的 DT_i 进行迁移，对目标任务进行决策，结束；否则执行步骤 (4)。

步骤 (4) 将各相似度 $S(\mathrm{DT_T},\mathrm{DT}_i)$ 归一化，得迁移权值 w_i，依次分配给各源决策树 DT_i。

步骤 (5) 采用线性组合的方法进行迁移集成，即目标任务决策树 $\mathrm{DT_T}=\sum_{i=1}^{N}w_i\cdot\mathrm{DT}_i$，结束。

6.4.2 精度与复杂度分析

为验证所提算法的有效性，采用 UCI 机器学习库中的 16 个数据集进行仿真，数据集尺寸与属性个数如表 6-1 所示。

表 6-1 UCI 数据集说明

数据集	属性	类别	样本	数据集	属性	类别	样本
Iris	4	3	150	Hayes-Roth	5	3	160
Balance Scale	4	3	625	Ecoli	8	8	336
Car Evalution	6	4	1728	Acute Inflammations	6	2	120
Chess(KR vs KP)	36	2	3196	Haberman's Survival	3	2	306
Mushroom	22	2	8124	MONK's Problems	7	2	432
Nursery	8	5	12960	Mammographic Mass	6	2	961
Statlog(Heart)	13	2	270	SPECT Heart	22	2	267
Wine	13	3	178	TAE	5	3	151

数据集分属 4 个不同领域: 即生命科学，Iris，Mushroom，Statlog(Heart)，Ecoli，Acute Inflammations，Haberman's Survival，Mammographic Mass，SPECT Heart；社会科学，Balance Scale，Nursery，Hayes-Roth，Teaching Assistant Evaluation，Car

Evaluation，MONK's Problems；竞技体育，Chess(KR vs KP)；物质结构，Wine。其中属性跨度为 3～36，类别跨度为 2～8，样本跨度为 120～12960。

将提出的基于成分相似度判定的 STDT-C 算法、基于路径相似度判定的 STDT-P 算法与经典的 MS-TrAdaBoost 算法以及决策树迁移 (transfer in decision trees, TDT) 算法进行对比，其结果如表 6-2 所示。为保证不同算法相互间的可比性，4 种算法均采用 C4.5 决策树作为基学习器，尽管与 Yao[4] 采用的线性 SVM 不同，然而 MS-TrAdaBoost 算法本身更注重的是样本权值与弱分类器权值的迭代更新，对基学习器并无特殊的要求，采用 C4.5 替换线性 SVM 并不影响 MS-TrAdaBoost 的本质。同样地，Lee 和 Giraud[10] 采用了 ID3 作为基学习器，仅能够处理离散属性问题，改用 C4.5 后提高了其对连续属性问题的应对能力，却不影响其在二次循环下对决策树叶节点的增补与修正。

表 6-2　UCI 数据集分类性能对比

UCI 数据集	STDT-C		STDT-P		MS-TrAdaBoost		TDT	
	精度	耗时	精度	耗时	精度	耗时	精度	耗时
Iris	0.855	0.015	0.842	0.016	0.939	1.533	0.787	0.016
Balance Scale	0.803	0.007	0.755	0.007	0.795	0.708	0.663	0.008
Car Evaluation	0. 778	0.021	0.740	0.021	0.741	1.977	0.700	0.021
Chess(KR vs KP)	0.925	0.345	0.922	0.339	0.926	32.891	0.633	0.343
Mushroom	0.712	0.285	0.695	0.267	0.739	27.968	0.692	0.286
Nursery	0.892	0.107	0.892	0.105	0.840	10.988	0.828	0.108
Statlog(Heart)	0.784	0.090	0.780	0.089	0.858	8.750	0.757	0.091
Wine	0.813	0.397	0.778	0.394	0.788	39.683	0.653	0.399
Hayes-Roth	0.708	0.018	0.753	0.018	0.702	1.706	0.763	0.019
Ecoli	0.901	0.062	0.891	0.062	0.852	6.198	0.644	0.053
Acute Inflammations	0.756	0.014	0.789	0.013	0.799	1.241	0.411	0.014
Haberman's Survival	0.714	0.013	0.731	0.013	0.698	1.343	0.737	0.014
MONK's Problems	0.845	0.019	0.799	0.019	0.832	1.761	0.504	0.020
Mammographic Mass	0.801	0.015	0.816	0.015	0.802	1.409	0.612	0.015
SPECT Heart	0.759	0.046	0.796	0.045	0.746	4.302	0.493	0.047
TAE	0.926	0.020	0.933	0.020	0.893	1.934	0.640	0.021

由表 6-2 可以看出，这 4 种算法中对于分类精度而言，以 STDT 与 MS-TrAdaBoost 算法为优，而对于复杂度而言，则是 STDT 优于 MS-TrAdaBoost，两种算法相比较下前者的仿真耗时远远小于后者。事实上，MS-TrAdaBoost 算法的复杂度不仅依赖于源任务的个数 N，还与其最大迭代次数 M 有关，精准的分类效果必然依靠于设定较大的 M 值。Yao[4] 曾分析指出，MS-TrAdaBoost 算法的计算复杂度为 $C_hO(MN)+C_wO(Mn_s)$，其中 C_h 与 C_w 分别为训练单一基学习器以及更新一次权值的复杂度，n_s 为迁移空间样本总数，可以看出 M 值的选取对算法

的复杂度起着至关重要的影响，而大部分时候需要选取较大的 M 值，即以时间为代价来换取分类精度。对于 TDT 算法，Lee 和 Giraud[10] 给出了其复杂度的表达式 $O(d_{\mathrm{s}}^2 n_{\max} + b_{\mathrm{s}}^{d_{\mathrm{s}}}) + O((d_{\mathrm{t}} - d_{\mathrm{s}})d_{\mathrm{t}} n_{\max})$，其中 d_{s} 与 d_{t} 分别为源数据集与目标数据集的属性个数，$n_{\max}$ 为源任务训练样本数与目标任务训练样本数中的较大者，b_{s} 则是源任务属性最大值。

显然，从本质上来说，TDT 作为一种单源的二次迭代修正迁移算法，复杂度必然小于多源多迭代的 MS-TrAdaBoost 算法。两种算法相比可以看出，$O(d_{\mathrm{s}}^2 n_{\max} + b_{\mathrm{s}}^{d_{\mathrm{s}}}) \approx C_h \ll C_h O(MN)$，又由于 $O(n_{\mathrm{s}}) \approx O(N n_{\max}) > O(n_{\max})$，$O(M) \approx O(d_{\mathrm{t}}^2)$，因而有 $O((d_{\mathrm{t}} - d_{\mathrm{s}})d_{\mathrm{t}} n_{\max}) \approx O(d_{\mathrm{t}}^2 n_{\max}) \ll C_w O(M n_{\mathrm{s}})$，故 TDT 算法的复杂度远远小于 MS-TrAdaBoost 算法，体现在统计结果即为表 6-2 中所呈现的两种算法在仿真耗时上的差异。相比之下，STDT 则是综合了这两种算法的优点，在复杂度上，STDT-C 与 STDT-P 分别为 $O((d_{\max}^2 n_{\max} + b_{\mathrm{s}}^{d_{\max}})N) + C_c O(N n_{\max})$ 与 $O((d_{\max}^2 n_{\max} + b_{\mathrm{s}}^{d_{\max}})N) + C_p O(N d_{\max})$，其中 $d_{\max}$ 为任务空间最大属性数，C_c 与 C_p 分别为计算单一成分预测概率 $P(r \cdot c)$ 与路径预测概率 $P(r \cdot p)$ 的复杂度，其差异仅在于相似度判定的机理不同。明显地，$O((d_{\max}^2 n_{\max} + b_{\mathrm{s}}^{d_{\max}})N) \approx C_h O(N) > O(d_{\mathrm{s}}^2 n_{\max} + b_{\mathrm{s}}^{d_{\mathrm{s}}})$，$C_c \approx C_p \approx C_w$，而 $O(N) \approx O((d_{\mathrm{t}} - d_{\mathrm{s}})d_{\mathrm{t}})$，故 STDT 的复杂度优于 MS-TrAdaBoost 而劣于 TDT。迁移精度方面，STDT 算法选择了多源机制，与 TDT 相比精度更高，同时克服了其对源任务选取的依赖性，降低了负迁移的概率。尽管不同于 MS-TrAdaBoost 的权值更新方法，STDT 的相似度判定机制也能很好的对多个迁移源分配权值，从而保证了迁移精度。

6.4.3 ROC 特性分析

为从更细微的角度观察算法分类性能，图 6-2 给出了 STDT-C、STDT-P、MS-TrAdaBoost 与 TDT 对于数据集 Balance Scale 不同类别的受试者操作特性 (receiver operating characteristics，ROC) 曲线。一般来说，对于 n 类的问题 ROC 空间维数将达到 $n^2 - n$，当 $n > 2$ 时很难直观地呈现其仿真特性。为解决这个问题，针对 Balance Scale 的每一类，均生成一幅 ROC 曲线，如图 6-2(a)~(c) 所示，其中横坐标 FPR 为假正类率，即错分为正类的负类样本在全部负类中所占比例，纵坐标 TPR 为真正类率，表示分类正确的正类样本在全部正类中的比例。

对于 ROC 曲线而言，其越靠近左上，表明分类的效果越好，即能够以尽可能小的错分负类代价换取较高的正类划分率。由图 6-2 可以看出，在对 Balance Scale 第 2 类和第 3 类的识别效果上，STDT-C 与 MS-TrAdaBoost 大致相同，优于 STDT-P 与 TDT 算法，而在第 1 类的识别上，则是 STDT-C 优于其余三种算法，综合而言，在数据集 Balance Scale 的分类效果上，STDT-C 算法为最优，这也与表 6.2 呈现的数据相符。对于 TDT 算法，由图可以发现，其对于不同类别的识别效果并不稳定，在 Balance Scale 第 1 类与第 3 类的识别上较好，而在第 2 类上很差，体现了单源迁移的局限性。

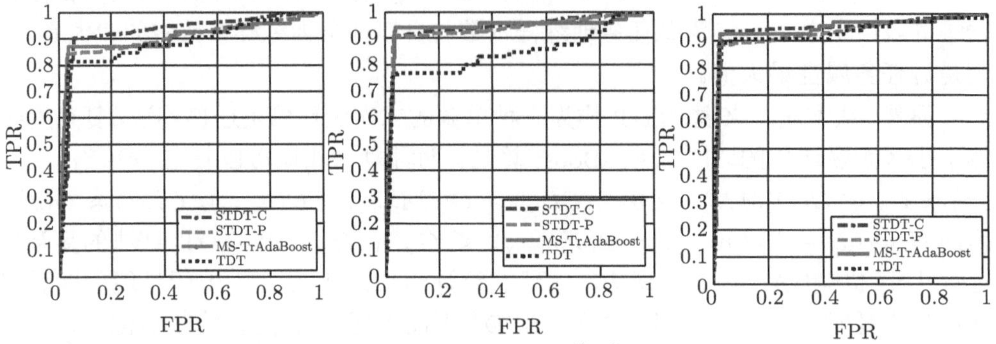

(a) Balance Scale第1类　(b) Balance Scale第2类　(c) Balance Scale第3类

图 6-2 各算法不同类别下 ROC 曲线对比

为了更直观地观察不同算法的分类性能，此处采用 AUC 指标予以衡量。所谓 AUC，即指 ROC 曲线下的面积，对于多分类问题，总体的 AUC 指标为每一类 AUC 的加权和，即

$$\mathrm{AUC_{total}} = \sum_{k_i \in k} p(k_i)\mathrm{AUC}(k_i) \tag{6-18}$$

式中，K 为类集合；$p(k_i)$ 为第 k_i 类样本所占比率；$\mathrm{AUC}(k_i)$ 为第 k_i 类 ROC 曲线的 AUC 指标。

图 6-3 分别针对目标训练样本数以及迁移源数这两个不同角度给出了不同算法对于 AUC 以及 AUC 标准差两个指标的性能对比。

图 6-3(a) 中，目标训练样本数为 $n_{\mathrm{T}} = \{10, 50, 100, 150, 200\}$，迁移源数为 N=3，图 6-3(b) 中，迁移源数 $N = \{1, 3, 5, 7, 9\}$，训练样本数为 $n_{\mathrm{T}} = 10$。由图 6-3(a) 可以看出，随着 n_{T} 的增加，这 4 类算法的 AUC 均呈上升趋势，最终在到达 200 个训练样本时，算法 STDT-C、STDT-P、MS-TrAdaBoost 的性能趋于一致。尽管如此，在 $n_{\mathrm{T}} \in [10, 100]$ 阶段，STDT-C 与 STDT-P 的算法性能远远优于 MS-TrAdaBoost，也就是说，当目标训练样本数较少时，基于相似度判定的集成迁移机制优于 MS-TrAdaBoost 的弱分类器样本权值更新机制。另外，从 AUC 标准差的变化趋势来看，基于多源迁移的三类算法好于单源迁移的 TDT 算法，说明了多源迁移能够在一定程度上提高算法的稳定性。

图 6-3(b) 是基于不同迁移源数的四种算法 AUC 性能指标对比，可以看出，经典的多源迁移算法 MS-TrAdaBoost 在迁移源数达到下限 $N = 1$ 时，表现出较差的性能，而 STDT-C 与 STDT-P 算法的相似度判定机制则是起到良好的筛选性，保

证了算法在迁移知识极少的情况下仍然能保持令人满意的分类效果。在 AUC 标准差的对比上，与基于目标样本数的曲线变化趋势相同，更多的迁移源保证了更加稳定的算法性能。不同的是，由内容拟合的相似度指标在迁移源数目较少时波动较大，使得 STDT-C 在曲线的前半部分呈现出高于其余算法的 AUC 标准差，这种情况在迁移源增多时得到较好的改善，当 $N > 7$ 时，算法 STDT-C 成功地将 AUC 标准差控制在 0.05 以下，使算法的分类精度保持极高的稳定性。

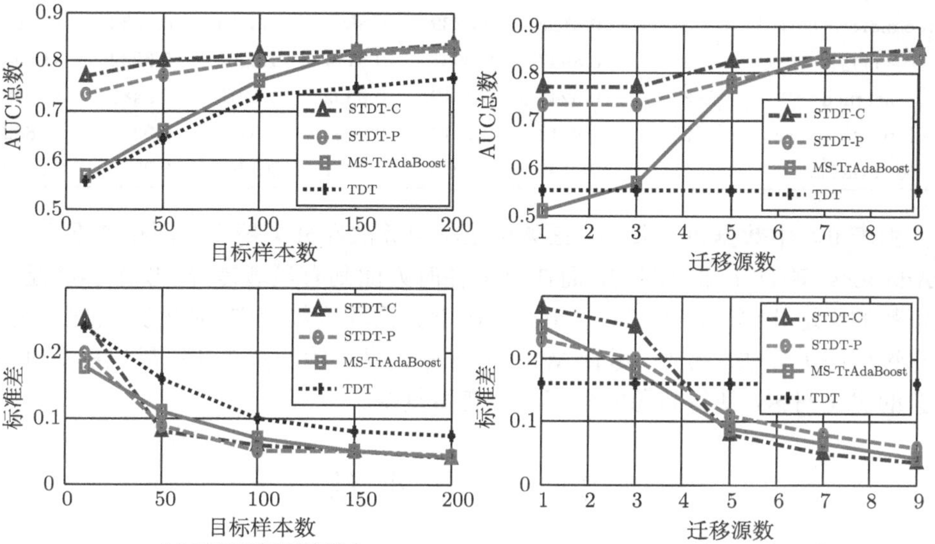

(a) 基于目标训练样本　　(b) 基于迁移源

图 6-3　各算法 AUC 指标与 AUC 标准差对比

6.4.4　文本分类研究

采用 20 个 newsgroups 数据集进行相关算法的仿真对比。数据集采自近 20000 个新闻组文档，涉及 20 个不同领域的内容，如表 6-3 所示。全部新闻组共分为 6 个不同的范畴：计算机，comp.graphics、comp.os.ms-windows.misc、comp.sys.ibm.pc.hardware、comp.sys.mac.hardware、comp.windows.x；记录，rec.autos、rec.motorcycles、rec.sport.baseball、rec.sport.hockey；科学，sci.crypt、sci.electronics、sci.med、sci.space；销售，misc.forsale；演讲，talk.politics.misc、talk.politics.guns、talk.politics.mideast；宗教，talk.religion.misc、alt.atheism、soc.religion.christian。

表 6-3 给出了几种不同集成迁移算法的性能对比。其中，STDT-C 是基于成分相似度的自适应决策树迁移算法，第 2 种是由 Li 等提出的加权求和算法 (weighted sum rule，WSR)，此处表中出现的 MS-TrAdaBoost 采用 Yao 在原文中使用的 SVM 作为基分类器。目标任务为从 6 个不同领域中任选其一，迁移源为相应领域内的

其余任务。同时由于 misc.forsale 为其领域内的唯一数据集，因而采用了科学领域的文本集 sci.med 对其进行替换。

表 6-3　文本分类性能对比

目标任务	迁移源数	STDT-C		WSR		MS-TrAdaBoost	
		精度	耗时/s	精度	耗时/s	精度	耗时/s
comp.graphics	4	0.9155	0.4631	0.8690	1.6243	0.9012	4.1318
rec.motorcycles	3	0.9112	0.3232	0.8622	1.3154	0.8936	3.2381
sci.crypt	3	0.8947	0.2987	0.9114	1.2194	0.9232	3.0854
sci.med	3	0.9245	0.3119	0.9392	1.1875	0.9485	3.2198
talk.politics.misc	2	0.9613	0.2019	0.9637	0.8124	0.9371	1.9882
alt.atheism	2	0.9193	0.2238	0.9207	0.8447	0.9306	2.6213

由表 6-3 中数据可以看出，三类集成学习算法在分类精度方面相差不大，MS-TrAdaBoost 略优于 STDT-C，而在分类耗时方面则有显著差异，STDT-C 是非参数依赖的无迭代算法，MS-TrAdaBoost 由于其循环迭代操作，使得其耗时最大，远远超过前两类算法。另外，尽管 WSR 也不需迭代，然而其在计算最优权值时引入了新的优化问题，使得问题的求解过程变得复杂。

6.5　本章小结

本章提出一种相似度衡量的决策树自适应迁移方法，根据预测概率的不同分为基于成分的 STDT-C 算法与基于路径的 STDT-P 算法。主要有以下特点：①对迁移源数以及源任务数据集的自适应性，既可以进行多源任务的集成迁移，也可以实现单源任务的择优选择迁移，并针对源数据集是否可以访问采用不同的概率预测方式；②相似度判定机制使得迁移更加高效也更有针对性，在很大程度上降低了负迁移的可能性；③利用了模型迁移高效快速的特点，避免了对源数据反复筛选迭代更新的过程，提高了迁移时间效率，与经典的多源迁移算法 MS-TrAdaBoost 相比拥有更低的时间复杂度；④ STDT-C 允许访问源任务数据集，使其预测概率更加准确，相似度计算更为合理，从而保证更好的迁移精度；⑤对于源数据空间不可访问的情形，可以采用 STDT-P 算法，其基于路径判定预测概率的方式更适合于解决数据空间符合属性一致性分布假设的问题；⑥与 MS-TrAdaBoost 和 TDT 相比，当迁移源数较少时，STDT 拥有更小的标准差，克服了迁移源数目造成的算法不稳定性。

参 考 文 献

[1] 王雪松, 潘杰, 程玉虎, 等. 基于相似度衡量的决策树自适应迁移. 自动化学报, 2013, 39(12): 2186-2192.

[2] Ceci M, Appice A, Barile N, et al. Transductive learning from relational data. Proceedings of the 5th International Conference on Machine Learning and Data Mining in Pattern Recognition. Leipzig,Germany: Springer Press, 2007. 324-338.

[3] Dai W Y, Yang Q, Xue G R,et al. Boosting for transfer learning. Proceedings of the 24th International Conference on Machine Learning. Corvalis, U S A: ACM Press, 2007. 193-200.

[4] Yao Y, Doretto G. Boosting for transfer learning with multiple sources. Proceedings of the IEEE Computer Society Conference on Computer Vision and Pattern Recognition. S an Francisco, USA: IEEE Press, 2010. 1855-1862.

[5] 洪佳明, 印鉴, 黄云, 等. TrSVM: 一种基于领域相似性的迁移学习算法. 计算机研究与发展, 2011, 48(10): 1823-1830.

[6] Zadrozny B. Learning and evaluating classifiers under sample selection bias. Proceedings of the 21st International Conference on Machine Learning. Banff, Canada: ACM Press, 2004. 903-910.

[7] Torrey L, S havlik J, Walker T, et al. Relational macros for transfer in reinforcement learning. Proceedings of the 17th International Conference on Inductive Logic Programming. Corvallis, U S A: S pringer Press, 2008. 254-268.

[8] Arnold A, Nallapati R, Cohen W W. Exploiting feature hierarchy for transfer learning in named entity recognition. Proceedings of the 46 th Annual Meetingof the Association for Computational Linguistics: Human Language Technologies. Columbus, U S A: ACL Press, 2008. 245-253.

[9] Wang H Y, Yang Q. Transfer learning by structural analogy. Proceedings of the 25th AAAI Conference on Artificial Intelligence and the 23rd Innovative Applications of Artificial Intelligence Conference. S an Francisco,U S A: AI Access Foundation, 2011. 513-518.

[10] Lee J W, Giraud C C. Transfer learning in decision trees. Proceedings of International Joint Conference on Neural Networks. Orlando, U S A: IEEE Press, 2007. 726-731.

第 7 章　基于极限学习机的多源强化知识迁移

强化学习中 Agent 与环境的交互反馈并促使其获取最优回报的机制不同于一般机器学习分类、聚类与回归中任务的学习训练机制，因而，一般的迁移强化学习方法更注重于初始 Q 值的迁移或直接的策略迁移，这种迁移方式相比于目标任务从零学习有较为明显的优势，却忽视了源任务与目标任务间的关联程度，无法抑制负迁移的发生。

为此，本章设计一种基于极限学习机 (extreme learning machine，ELM) 的多源迁移 Q 学习算法。ELM 作为一种特殊的单隐层神经网络，以其快速性与良好的泛化性能代替 Q 值表实现状态动作对到 Q 值的映射，同时基于贝叶斯概率理论的任务空间与样本空间筛选方式，合理整合了多个源任务间的迁移关系，样本的重要性排序对避免负迁移产生了积极的作用。

本章结构安排如下：7.1 节介绍强化迁移的学习机制，对国内外研究现状进行概述；7.2 节给出基于 ELM 的无迁移 Q 学习算法；7.3 节重点阐述多源迁移 ELM-Q 算法系统结构与原理图，根据提出的状态转移模型与回报模型获取任务似然度与样本契合度；7.4 节给出算法步骤与典型强化迁移模型下的仿真分析与对比；最后，7.5 节对本章内容进行总结。

7.1　强化迁移机制

强化知识迁移以强化学习为核心，采用知识迁移辅助智能体 Agent 在与环境交互的过程中进行快速合理决策[1]。通常分为行为迁移与信息迁移。行为迁移关注点在于不同任务间的相似程度。一般来说，最简单的行为迁移即策略迁移，比如 Q 值迁移。尽管 Q 值本身并不直接代表策略，但策略由其直接产生。源任务的 Q 值被作为先验知识迁移到目标任务，能够降低目标任务的学习难度。事实上，Q 值的主要作用在于引导行为的选择，因而行为迁移强化学习的迁移与学习阶段可以看作是对离散 Q 值表的构建与优化过程。一旦构建出最优 Q 值表，相应的最优策略便很容易获得。由于 Q 值中不仅包含了相关信息同时还有无关信息，这导致负迁移现象时常发生。为解决这个问题，Fernandez 和 Veloso[2] 通过经验观察仅迁移部分 Q 值，并在迁移效率与最优性能的关系上取得一个平衡。这类知识迁移的要点在于人工经验，它对先验知识与人工干预均有很高的要求。基于此，Fernandez 和 Veloso 进一步提出一种增强的探索方法来解决迁移过程中的动作选择问题。他们以递减的概率来利用过往的经验与策略，而以递增的概率采用贪婪策略来探索新的任务空间[3]。另一种行为迁移的思想是寻找公共子进程作为子单元来完成迁移学习的任务。这种子单元通常称为 “option”。Pickett 和 Barto 假定任务数据遵守某个未知的确定分布，并将各源任务的策略进行简单的平均获得一个混合策略，以此构建 “option” 进行再利用[4]。不同于自下而上的 “option” 机制，分层强化学习试图将任务分解并构建主任务与子任务间层次化的关系，其主要迁移源任务与目标任务的公共子任务来完成迁移学习[5]。

不同于关注于任务解本身的行为迁移，信息迁移更加注重对任务自身的理解。受到监督学习的启发，信息迁移尝试将源任务作为一种监督信息来辅助目标任务。Mahadeva 通过将任务与领域分离提出一种迁移学习的新框架[6]，使得 Agent 能够通过学习源领域的值函数来迁移源任务。除了值函数迁移之外，启发式信息同样能够作为可迁移的知识。Madden 和 Howley 提出一种渐进强化学习方法，其采用 C4.5 决策树来记录 Q 学习进程并总结学习规则[7]，并通过在过往学习经验上构建的决策规则来提高当前任务额学习性能。基于强化学习的思想，Driessens 等参数化了目标与策略[8]，使原本仅用于解决单任务的策略也可以解决多任务问题。

包括行为迁移与信息迁移在内的多种 KTRL 算法均被应用到实践领域。然而，大部分迁移强化学习算法仅关注于单源迁移任务，即仅考虑单个与目标任务关联度最大的任务作为迁移源，其他与目标有关联的任务并不对目标任务起作用。这种情形下，迁移学习效果好坏与源任务和目标任务的关联度直接相关，即所选源任务与目标任务的关联度越高，则迁移效果越好；而较弱的关联度将产生很差的迁移效果，甚至发生负迁移。为解决这个问题，本章提出一种多源迁移学习方法并将其应用到基于 ELM 的 Q 学习中。本章研究中，所提 Q 学习算法称为基于 ELM 的多源迁移 Q 学习 (MST-ELMQ)。首先，根据贝叶斯概率分析理论计算各源任务与目标任务间的相似度；其次，获得的任务相似度被作为迁移权值来决定从每个源任务迁移的样本数目；再次，类似于任务权值的计算，求出源任务中各样本属于目标样本集的概率作为样本迁移权值，其值决定样本迁移的可能性大小；最后，将各源任务中的样本依样本迁移权值大小降序排列，再根据任务权值决定的迁移样本数确定有效迁移样本，以此来指导强化学习 Agent 针对目标任务快速做出合理决策。

7.2 基于 ELM 的 Q 学习

Q 学习是强化学习领域最重要算法之一，本质上属于 TD 控制算法的延伸与拓展。Q 学习的目的在于当系统动力学模型未知时，通过估计 Q 值来选择最优策略以辅助 Agent 实现最高回报。在线 Q 学习算法满足如下条件：首先由 Q 学习系统在 t 时刻观察当前状态 s_t 并执行动作 a_t，进一步获取后续动作 s_{t+1} 及立即回

报 r_t，Q 值函数采用如下表达式进行更新：

$$Q_{t+1}(s_t,a_t)=(1-\eta)Q(s_t,a_t)+\eta[r_t+\gamma\max_{a_{t+1}}Q_t(s_{t+1},a_{t+1})] \tag{7-1}$$

式中，$0<\eta<1$ 表示学习率，其大小控制学习速度，其值越接近 1 表明更新速度越快，即能够较快实现学习任务。但是太大的 η 值将导致算法不稳定无法收敛；$0<\gamma<1$ 表示折扣因子，影响决策制定的远视程度。

极限学习机 (extreme learning machine，ELM) 作为一种新型的单隐层前馈神经网络，能够以极快的速度实现良好的泛化性能。前馈神经网络的逼近通常分为两个方面：基于无限输入集的整体逼近与基于有限集的局部逼近。ELM 用于逼近强化学习的 Q 值函数，属于后一种情形。式 (7-1) 中，$\max Q_t(s_{t+1},a_{t+1})$ 无法从样本或前一次迭代中直接获得，通常来说，该项是由一个包含状态–动作对到 Q 值映射的查找表获得。然而，这种包含 Q 值映射关系的查找表在计算与存储中将遭遇“维数灾”难题。为解决该问题，提出一种基于 ELM 的 Q 学习系统代替传统的查找表机制。这种新方法能够模拟 Agent 系统与环境间中的交互关系，自主实现状态–动作对到 Q 值的映射，并且通过式 (7-1) 进一步更新 Q 值。基于 ELM 的 Q 学习结构图如图 7-1 所示。

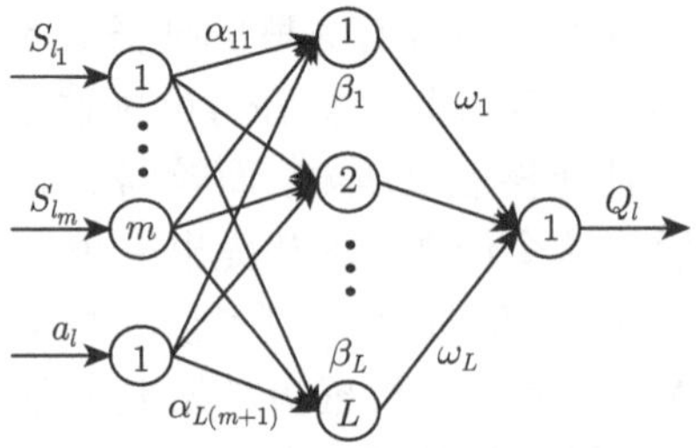

图 7-1 基于 ELM 的 Q 学习原理图

图 7-1 中，分别设定 $s_l=[s_{l_1},s_{l_2},\cdots,s_{l_m}]^{\mathrm{T}}\in R^m$ 表示 m 维的系统状态集，$a_l\in R$ 表示 Q 学习 Agent 所采用的动作，状态动作对 $x_l=(s_l,a_l)^{\mathrm{T}}=[s_{l_1},s_{l_2},\cdots,s_{l_m},a_l]^{\mathrm{T}}\in R^{m+1}$ 为 ELM 的输入向量，而 ELM 的输出为相应于状态 (s_l,a_l) 的估计 Q 值，式中 $l=1,2,\cdots,L$ 为训练样本索引。$\alpha_1=[\alpha_{11},\cdots,\alpha_{1(m+1)}]$ 与 $\omega=[\omega_1,\omega_2,\cdots,\omega_L]^{\mathrm{T}}$ 分别为输入和输出权值向量，$\beta=[\beta_1,\beta_2,\cdots,\beta_L]^{\mathrm{T}}$ 为隐层节点偏差。为确保 ELM 的学习效率，隐层节点数应当等于训练样本数，也就是说，在以上设定中隐层节点数应为 L。给定训练样本集 $D=\{(x_l,Q_l)|x_l\in R^{m+1},Q_l\in R,l=1,2,\cdots,L\}$ 与隐层激活函数 f，ELM 的学习进程包括以下几个步骤：

步骤 (1) 随机设定输入权值矩阵 $\alpha=[\alpha_1,\cdots,\alpha_l,\cdots,\alpha_L]^{\mathrm{T}}$ 以及隐层偏差向量 β；

步骤 (2) 由下式计算隐层输出矩阵 H

$$H = \begin{bmatrix} f(\alpha_1 x_1 + \beta_1) & \cdots & f(\alpha_L x_1 + \beta_L) \\ \cdots & & \cdots \\ f(\alpha_1 x_l + \beta_1) & \cdots & f(\alpha_L x_l + \beta_L) \\ \cdots & & \cdots \\ f(\alpha_1 x_L + \beta_1) & \cdots & f(\alpha_L x_L + \beta_L) \end{bmatrix}_{L\times L} \tag{7-2}$$

步骤 (3) 计算输出量 $Q = H\omega$，式中 $Q = [Q_1, Q_2, \cdots, Q_L]^{\mathrm{T}}$ 为相应于 L 个状态动作对的估计 Q 值向量；

步骤 (4) 获取权值 $\omega = H'Q$，式中 H' 为 H 的 Moore-Penrose 广义逆矩阵。

由于 ELM 的隐层节点数等同于训练样本数，巨大的样本尺寸将严重影响 ELM 的学习速度。因此，在模型建立过程中考虑引入滚动时间窗机制，来缓解基于 ELM 的 Q 学习系统对于大样本数据带来的压力。滚动时间窗能够随着时间进程不断吸收最新样本同时抛弃最旧样本，这一机制确保了样本能够被有规律地更新同时训练样本的储存空间被限定在一个固定的尺寸上。因而滚动时间窗机制的引入能够解决过量样本数目带来的一系列问题，并且能够避免 ELM 在训练阶段的低效率。宽度为 L 的滚动时间窗如图 7-2 所示。为确定滚动时间窗的宽度 L，有以下两点需要考虑：①过大的 L 将增加 ELM 的训练时间，无法良好发挥其自身的作用；②过小的 L 将导致 ELM 的频繁更新，造成系统不稳定，同时影响最终训练进度。综合考虑以上两点，选择 L 比训练样本总量低一个数量级，其值视具体问题由试验或经验给出。

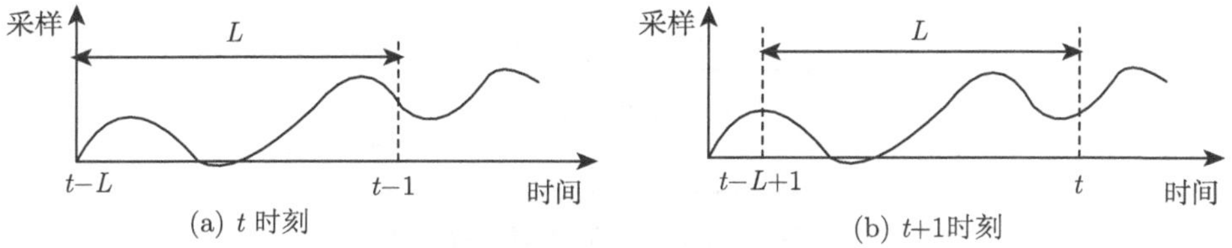

图 7-2 滚动时间窗原理图

7.3 基于 ELM 的多源迁移 Q 学习

7.3.1 系统原理图

针对研究的问题，设定包含 M 个源任务与 1 个待解决目标任务 T 的任务空间 $\Gamma = (\mathrm{S}, \mathrm{T}) = (\mathrm{S}_1, \cdots, \mathrm{S}_k, \cdots, \mathrm{S}_M, \mathrm{T})$。每个源任务包含 n_{S} 个样本，目标任务包含 n_{T} 个样本。一方面由于收集样本的代价往往较高，常有 $n_{\mathrm{T}} \ll n_{\mathrm{S}}$，导致 n_{T} 个

训练样本无法十分良好地训练目标任务 T。另一方面，合理利用 M 个源任务并提取必要样本与重新从当前环境中获取样本相比付出的代价要小得多。综合以上两点，将知识迁移 (knowledge transfer，KT) 技术引入基于 ELM 的 Q 学习系统以提升对目标任务 T 的学习速度。知识迁移的映射关系如下式描述：

$$\hat{S}\times\hat{T}\rightarrow\Lambda \tag{7-3}$$

式中，$\hat{S}$ 和 $\hat{T}$ 分别为对应于源任务与目标任务的样本集，Λ 为最佳迁移样本集。

KT 技术的核心与要点在于如何避免负迁移的发生。事实上，并非所有的迁移均是有效的。无价值的或不相关的知识只会使目标任务的性能变得更糟，这种情况称为 “负迁移”。为克服这个难题，提出一种基于 ELM 的多源迁移 Q 学习 (multi-source transfer ELM-based Q learning，MST-ELMQ)，总共分为如下 3 个步骤：任务空间迁移、样本空间迁移和基于 ELM 的 Q 学习。MST-ELMQ 算法原理图如图 7-3 所示。

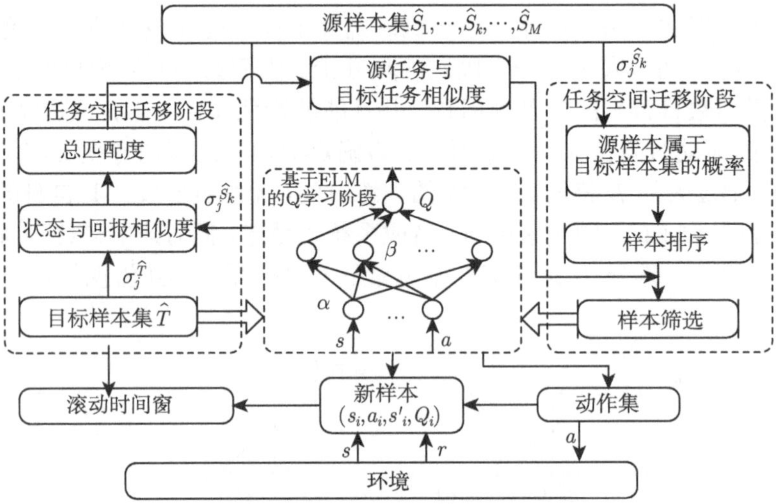

图 7-3　MST-ELMQ 算法原理图

任务空间迁移阶段的目标是计算第 k 个源任务与目标任务间的任务相似度。为此，首先，应获取第 j 个源样本与第 i 个目标样本间的状态相似度与回报相似度；其次，计算第 i 个目标样本与整个源任务空间 S 的总体匹配度。第二阶段的主要任务为针对源样本属于目标样本集的概率从源样本集中筛选出最有价值的样本作为迁移样本。ε-greedy 动作选择策略由式(7-4)描述，Q 学习系统即采用该策略在动作集中选择合适动作作用于环境，同时环境对系统给出立即回报 r 作为反馈。

$$s'=\begin{cases}\arg\max Q(s,a), & \varepsilon\geqslant\varepsilon_0\\ \text{rand}, & \text{其他}\end{cases} \tag{7-4}$$

式中，ε_0 为随机动作控制常数，$0 \leqslant \varepsilon_0 \leqslant 1$；$\varepsilon$ 为随机变量，$0 \leqslant \varepsilon \leqslant 1$。

可以知道，Agent 将以 ε_0 的概率选择使 $Q(s,a)$ 最大的动作，而以 $(1-\varepsilon_0)$ 的概率选择随机动作。这种机制可以确保 Agent 在探索与利用上达到一个平衡。基于 ELM 的 Q 学习阶段的核心功能为极限学习机，它通过从环境中获取的新样本，不断更新输出权值向量 ω 以逼近 Q 值函数。这种新观测的样本被不断加入到目标样本集中，由时间窗的滚动机制保证目标样本容量的固定性。

7.3.2 任务空间与样本空间迁移

为提高迁移效率，应在源任务空间中选择最合适的源任务进行迁移。衡量迁移有效性的标准为每个源任务与目标任务的似然率，在本文研究中也称为迁移权值。根据贝叶斯理论，有

$$P(S_k|\hat{T}) = \frac{P(S_k)P(\hat{T}|S_k)}{\sum\limits_{v=1}^{M} P(S_v)P(\hat{T}|S_v)} \propto P(S_k)P(\hat{T}|S_k) \tag{7-5}$$

式中，$P(\cdot)$ 为概率函数。

根据基于 ELM 的 Q 学习系统样本的具体形式，式 (7-5) 可以重写为

$$P(\hat{T}|S_k) = \prod_{u=1}^{n_{\mathrm{T}}} P(s_u, a_u, s'_u, Q_u|S_k) = \prod_{u=1}^{n_{\mathrm{T}}} P(s'_u|s_u, a_u)P(Q_u|s_u, a_u)P(S_k) \tag{7-6}$$

综合考虑式 (7-5) 和式 (7-6)，可以获得

$$P(S_k|\hat{T}) \propto \prod_{u=1}^{n_{\mathrm{T}}} P(s'_u|s_u, a_u)P(Q_u|s_u, a_u)P(S_k) \tag{7-7}$$

从式 (7-7) 可以看出，状态转移模型 $P(s'_u|s_u, a_u)$ 与回报模型 $P(Q_u|s_u, a_u)$ 应预先给出。在下面的章节，将通过参数 ξ 与 χ 来描述这两个模型。

设定 $\hat{S}_k$ 与 $\hat{T}$ 分别表示第 k 个源任务与目标任务的样本集，$\sigma_j^{\hat{S}_k} = (s_j, a_j, s'_j, Q_j) \in \hat{S}_k$ 为相应于 $\hat{S}_k$ 的第 j 个样本，$\sigma_i^{\hat{T}} = (s_i, a_i, s'_i, Q_i) \in \hat{T}$ 为相应于 $\hat{T}$ 的第 i 个样本，那么样本 $\sigma_i^{\hat{T}}$ 与 $\sigma_j^{\hat{S}_k}$ 间的状态相似度 ξ_{ij}^P 与回报相似度 ξ_{ij}^Q 可由式 (7-8) 与式 (7-9) 计算获得

$$\xi_{ij}^P = w_{ij} \cdot \exp\left(-\left(\frac{||s'_i, s'_j||}{\delta_s}\right)^2\right) \tag{7-8}$$

$$\xi_{ij}^Q = w_{ij} \cdot \exp\left(-\left(\frac{||Q_i - Q_j||}{\delta_q}\right)^2\right) \tag{7-9}$$

式中，$w_{ij} = \dfrac{\exp(-||(s_j, a_j), (s_i, a_i)||^2/\delta_{sa}^2)}{\sum\limits_{\hat{j}=1}^{n_s} \exp(-||(s_{\hat{j}}, a_{\hat{j}}), (s_i, a_i)||^2/\delta_{sa}^2)}$ 为相似度权值；δ_s、δ_q 与 δ_{sa} 为高斯核宽度参数，其值的设定通常遵循与其分子项 $||s_i', s_j'||$、$|Q_i - Q_j|$ 及 $||(s_j, a_j), (s_i, a_i)||$ 拥有相同的数量级，这样可以限制 ξ_{ij}^P、ξ_{ij}^Q 与 w_{ij} 的值在一个合理的范围之内，避免其集中在 0 附近或者靠近无穷大。很明显，两个样本的状态相似度越高，相应的 ξ_{ij}^P 值越大。同样地，从式 (7-9) 也可以看出，当两个 Q 值 Q_i 与 Q_j 越近，则回报相似度 ξ_{ij}^Q 越大。

接下来，计算源任务与目标任务所有样本的状态相似度与回报相似度。一般来说，如果 $\sum \xi_{ij}^P$ 与 $\sum \xi_{ij}^Q$ 越大，那么第 k 个源样本集 $\hat{S}_k$ 拥有更多的与第 i 个目标任务 $\sigma_i^{\hat{T}}$ 相似的样本。也就是说，$\sigma_i^{\hat{T}}$ 具有较大的触发概率，采用式 (7-10) 与式 (7-11) 进行描述

$$P_{\hat{S}_k}(s_i'|s_i, a_i) \propto \sum_{j=1}^{n_{\mathrm{S}}} \xi_{ij}^P \tag{7-10}$$

$$P_{\hat{S}_k}(Q_i|s_i, a_i) \propto \sum_{j=1}^{n_{\mathrm{S}}} \xi_{ij}^Q \tag{7-11}$$

根据以上分析，可以通过下式进一步获取状态与回报的匹配度：

$$\chi_i^P = P_{\hat{S}_k}(S_i'|s_i, a_i) = \frac{1}{Z_P} \sum_{j=1}^{n_{\mathrm{s}}} \xi_{ij}^P \tag{7-12}$$

$$\chi_i^Q = P_{\hat{S}_k}(Q_i|s_i, a_i) = \frac{1}{Z_Q} \sum_{j=1}^{n_{\mathrm{s}}} \xi_{ij}^Q \tag{7-13}$$

式中，Z_P 和 Z_Q 表示控制参数，其主要作用在于限定 χ_i^P 与 χ_i^Q 预防其值过大超出范围。

将式 (7-12) 与式 (7-13) 相乘，可以获得第 i 个目标样本 $\sigma_i^{\hat{T}} = (s_i, a_i, s_i', Q_i)$ 与源任务 S_k 的总体匹配度 $\chi_i = P(\sigma_i^{\hat{T}}|S_k) = \dfrac{1}{Z_P Z_Q}(\sum\limits_{j=1}^{n_{\mathrm{S}}} \xi_{ij}^P) \cdot (\sum\limits_{j=1}^{n_{\mathrm{S}}} \xi_{ij}^Q)$。那么，通过将 χ_i 代入式 (7-7) 可以获得源任务与目标任务间的似然度 X_k

$$X_k = P(S_k|\hat{T}) = \frac{1}{Z_X} \prod_{u=1}^{n_{\mathrm{T}}} \chi_u \cdot P(\mathrm{S}_k) \tag{7-14}$$

式中，$P(S_k)$ 为模型 S_k 的先验概率；Z_X 为似然度控制参数，与参数 Z_P 和 Z_Q 具有相同的功能。在通常数值不溢出的情形下，设定 $Z_P = Z_Q = Z_X = 1$。

通过归一化各源任务的似然率可以获得源任务 S_k 与 T 的任务相似度，同时还需要从 M 个源任务中迁移 $(n_{\mathrm{S}} - n_{\mathrm{T}})$ 个样本来补充到目标样本中。一般来说，

迁移样本的个数应与各源任务与目标任务的相似度成比例。因此，设定从每个源任务中迁移 $\bar{X}_k(n_\mathrm{S}-n_\mathrm{T})$ 个样本为一种合理的选择。下面将说明如何将 $\bar{X}_k(n_\mathrm{S}-n_\mathrm{T})$ 个样本从源任务迁移到目标任务。

同样地分析，应当首先获得第 j 个源样本 $\sigma_j^{\hat{S}_k}\in\hat{S}_k$ 属于目标任务集的概率：

$$P(\sigma_j^{\hat{S}_k}|\hat{T})=P_{\hat{T}}(s'_j|s_j,a_j)\cdot P_{\hat{T}}(Q_j|s_j,a_j)=\frac{1}{Z_P Z_Q}\left(\sum_{i=1}^{n_\mathrm{T}}\xi_{ji}^P\right)\cdot\left(\sum_{i=1}^{n_\mathrm{T}}\xi_{ji}^Q\right) \qquad (7\text{-}15)$$

式中，$P(\sigma_j^{\hat{S}_k}|\hat{T})$ 称为样本迁移权值；ξ_{ji}^P 与 ξ_{ji}^Q 分别表示 $\sigma_j^{\hat{S}_k}$ 与 $\sigma_i^{\hat{T}}$ 的状态相似度与回报相似度，其定义与式 (7-8) 及式 (7-9) 类似。然后，将样本匹配概率 $P(\sigma_j^{\hat{S}_k}|\hat{T})$ 按降序排列，并选择前 $\bar{X}_k(n_\mathrm{S}-n_\mathrm{T})$ 个样本将其迁移到目标样本集。

7.4 算法步骤与仿真分析

7.4.1 算法步骤

基于 ELM 的连续空间多源迁移 Q 学习算法步骤总结如下：

步骤 (1) 给定多源任务 $S_1,S_2,\cdots,S_M$ 以及目标任务 T；

步骤 (2) 对系列参数 η, γ, ε_0, L, δ_s, δ_{sa}, δ_q, Z_P, Z_Q, Z_X,n_S, n_T 与最大迭代次数 $N_{\max}$ 进行初始化；

步骤 (3) 检测当前状态 s_i 为 ELM 构建训练样本集 D；

步骤 (4) 执行动作 a_i，观察当前状态 s_i，下一状态 s'_i 与立即回报 r_i，采用式 (7-8) 与式 (7-9) 计算样本 $\sigma_i^{\hat{T}}$ 与 $\sigma_j^{\hat{S}_k}$ 间的状态相似度 ξ_{ij}^P 与回报相似度 ξ_{ij}^Q；

步骤 (5) 根据式 (7-15) 计算概率 $P(\sigma_j^{\hat{\mathrm{S}}_k}|\hat{T})$ 并依此对各源任务样本进行降序排列；

步骤 (6) 由式 (7-14) 获取任务相似度 $\bar{X}_k$，并从各源任务样本集中迁移前 $\bar{X}_k(n_\mathrm{S}-n_\mathrm{T})$ 个样本到目标样本集；

步骤 (7) 计算隐层输出矩阵 H 与 ELM 的输出权值矩阵并完场对 ELM 的训练更新；

步骤 (8) 由式 (7-1) 更新 Q 值并添加新数据 (S_i,a_i,S'_i,Q_i) 到目标样本集，向前滚动时间窗抛弃最旧样本；

步骤 (9) 如果总迭代次数到达 $N_{\max}$，则终止学习进程，否则返回至步骤 (3)。

7.4.2 仿真分析

1. Boat-problem 模型说明

如图 7-4 所示，采用小船过河模型进行仿真验证 [9]。小船从河流左侧出发驶向右岸。在水流的影响下，小船需要采取一系列合理的动作调整航向到达河流右侧中

央。该问题可以通过一个包含五元组 (S, A, p, r, Q) 的确定 MDP 模型进行描述。在 Q 学习系统中，状态集 $S = \{(x,y)|0 \leqslant x \leqslant 200, 0 \leqslant y \leqslant 200\}$ 表示船的位置，动作集 $A = \{-100°, -90°, -80°, -70°, -60°, -45°, -30°, -15°, 0°, 15°, 30°, 40°, 50°, 65°, 80°, 90°\}$ 表示小船的偏转角度，$p(s_1, a, s_2)$ 为状态迁移概率，且有 $s_1, s_2 \in S$，$a \in A$。回报函数 r 由下式给出：

$$r(x,y) = \begin{cases} +1, & (x,y) \in Z_{\mathrm{s}} \\ R(x,y) & (x,y) \in Z_{\mathrm{v}} \\ -1 & (x,y) \in Z_{\mathrm{f}} \\ 0 & \text{其他} \end{cases} \tag{7-16}$$

式 (7-16) 的回报函数涉及 3 个靠岸区域。设右岸全部区域为 $Z_{\mathrm{b}} = \{(x,y)|x = 200, y \in [0,200]\}$，那么这 3 个区域分别为合理靠岸区 $Z_{\mathrm{v}} = \{(x,y)|x = 200, 92.5 \leqslant y \leqslant 97.5$ 或 $102.5 \leqslant y \leqslant 107.5\}$，成功抵达区 $Z_{\mathrm{s}} = \{(x,y)|x = 200, 97.5 \leqslant y \leqslant 102.5\}$ 与失败区，失败区为右岸除去码头及其附近范围的区域，即 $Z_{\mathrm{f}} = Z_{\mathrm{b}} \backslash Z_{\mathrm{s}} \backslash Z_{\mathrm{v}}$。合理靠岸区的回报函数 $R(x,y)$ 根据靠岸位置与成功抵达区的距离远近由 -1 到 $+1$ 逐步递增，表达式如下：

$$R(x,y) = \begin{cases} (2y - 190)/5, & y \in (92.5, 97.5) \\ (210 - 2y)/5, & y \in (102.5, 107.5) \end{cases} \tag{7-17}$$

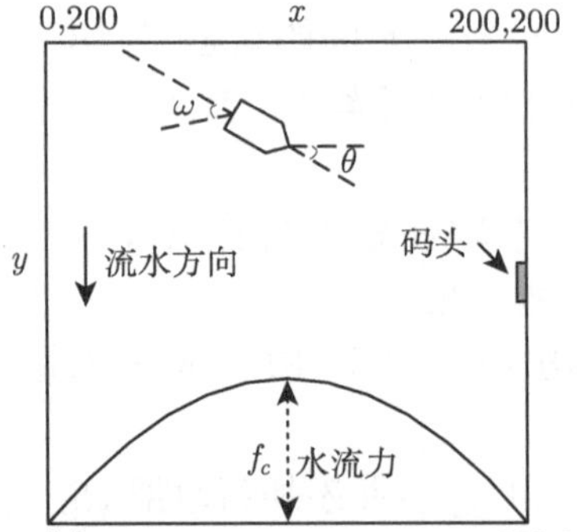

图 7-4　小船过河原理图

小船过河系统的动力学方程描述如下：

$$\begin{cases} x_{t+1} = x_t + v_{t+1} \cos \theta_{t+1} \\ y_{t+1} = y_t - v_{t+1} \sin \theta_{t+1} - E(x_{t+1}) \\ E(x_{t+1}) = f_c[x_{t+1}/50 - (x_{t+1}/100)^2] \end{cases} \tag{7-18}$$

式中，f_c 为水流力，$f_c = 1.25$；$E(x)$ 为水流影响函数；角度函数 θ_t 与速度函数 v_t 可以通过下式获得

$$\begin{cases} \theta_{t+1} = \theta_t + h\Omega_{t+1} \\ \Omega_{t+1} = \Omega_t + ((\omega_{t+1} - \Omega_t)(v_{t+1}/v_{\max})) \\ v_{t+1} = v_t + (v_d - v_t)h \\ \omega_{t+1} = p(U_{t+1} - \theta_{t+1}) \end{cases} \tag{7-19}$$

式中，$h = 0.1$ 为系统惯性；$v_{\max}$ 为小船最大允许速度，$v_{\max} = 2.5$；p 为比例系数，$p = 0.7$。

2. 仿真分析

首先，定义不同出发位置的小船作为 6 个源任务，初始位置分别为 $S_1 = \{(x,y)|x = 10, y = 25\}$，$S_2 = \{(x,y)|x = 10, y = 65\}$，$S_3 = \{(x,y)|x = 10, y = 90\}$，$S_4 = \{(x,y)|x = 10, y = 120\}$，$S_5 = \{(x,y)|x = 10, y = 145\}$ 与 $S_6 = \{(x,y)|x = 10, y = 180\}$，1 个目标任务，初始位置为 $T = \{(x,y)|x = 10, y = 40\}$。

基于不同初始位置的源任务，设计 6 个基于 ELM 的 Q 学习算法来处理相同的目标任务。而对于目标任务的解决方案来说，设计 4 种不同的 Q 学习算法，即基于 ELM 的多源迁移 Q 学习 (MST-ELMQ)、基于 ELM 的单源迁移 Q 学习 (SST-ELMQ)、基于 ELM 的无迁移 Q 学习 (ELMQ) 以及基于 BP 神经网络的 Q 学习 (BPQ)。BPQ 与 ELMQ 相比仅仅有一处差异，其采用的是单层 BP 神经网络，而不是 ELM 来逼近 Q 值函数的映射。在仿真验证中，ELMQ 与 BPQ 均采用 Sigmoid 函数作为神经元的激活函数。对于 MST-ELMQ 算法而言，上述 6 种源任务均为其迁移源。SST-ELMQ 算法的迁移源仅有 S_1。在所有的仿真过程中，为实现一个公平的对比，Q 学习部分采用了相同的参数设置。表 7-1 给出了相应的参数设定，式中 ΔT 为采样间隔，α_{BP} 表示 BP 神经网络连接权值的学习率。

表 7-1 仿真参数设定

参数	ΔT	η	γ	ε_0	L	α_{BP}	$\delta_{\mathrm{s,sa}}$	δ_q	$Z_{P,Q,X}$	N_m	n_{S}	n_{T}
BPQ	1	0.5	0.95	0.1	10^2	0.08	/	/	/	300	/	200
ELMQ	1	0.5	0.95	0.1	10^2	/	/	/	/	300	/	200
SST-ELMQ	1	0.5	0.95	0.1	10^2	/	10^3	10^{-8}	1	300	10^3	200
MST-ELMQ	1	0.5	0.95	0.1	10^2	/	10^3	10^{-8}	1	300	10^3	200

每类算法的学习进程均包含训练与测试两个阶段。设定前 100 次迭代为训练阶段，训练结束后即为测试阶段。也就是说，利用已经训练好的 Q 学习系统驱动小船从河流左侧驶向右侧码头。图 7-5 给出了各源任务一次成功靠岸的航线轨迹，图 7-6 则是对于同一个目标任务不同 Q 学习算法所得航行轨迹的对比。很明显，对于

样本迁移的算法，无论是 MST-ELMQ 或者 SST-ELMQ，其性能均优于无迁移的 BPQ 与 ELMQ。另外，与其他几类 Q 学习算法相比，M ST-ELMQ 能够获得更短的航行路线。

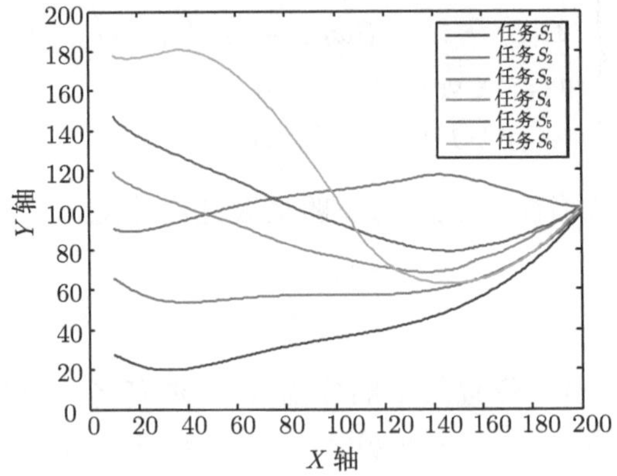

图 7-5　各源任务成功靠岸轨迹

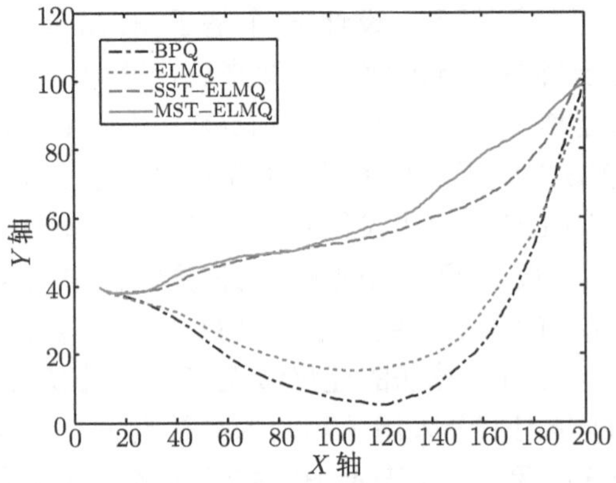

图 7-6　目标任务成功靠岸轨迹

为进一步分析验证所提 MST-ELMQ 算法的优越性，分别采用 4 类训练好的不同 Q 学习算法来多次解决目标任务。如果小船到达河流右侧指定区域 $Z_{\mathrm{nf}} = \{(x,y)|x=200, 92.5 \leqslant y \leqslant 107.5\}$，将其称为一次 “不失败” 的航行并记录相应的运行数据作为一次有效结果。收集 20 次不失败的运行结果，表 7-2 给出了这些结果包含时间步与距离度量在内的统计数据。在仿真研究中，时间步指完成一次航行所包含采样时间间隔的个数，距离测度定义为小船在右岸的靠岸点距离码头中央的位置，其表达式为

$$d(x,y) = |y-100| \tag{7-20}$$

时间步与距离测度分别用来估计 Q 学习算法的学习速度与精度。时间步与距

离测度越小，说明 Q 学习算法的性能越好，即小船能够以更高的精度更加快速地抵达右岸码头。

表 7-2 不同 Q 学习算法性能对比

算法	时间步			距离测度		
	最小值	最大值	平均值	最小值	最大值	平均值
BPQ	231	258	241	1.0157	3.1004	1.9902
ELMQ	217	250	230	1.3997	2.8864	2.0103
SST-ELMQ	179	204	199	1.2959	3.2431	2.0231
MST-ELMQ	166	190	181	1.3101	2.5874	2.0019

从表 7-2 试验数据可以得出以下结论：①4 类 Q 学习算法再距离测度上的差异性很小，其主要性能差异体现在时间步上；②与 BP 神经网络相比，ELM 能以更快的速度提供更好的泛化性能，因此，基于 ELM 的 Q 学习系统，如 ELMQ、SST-ELMQ 以及 MST-ELMQ 等，其运行效率要高于基于 BP 神经网络的 Q 学习系统，即 BPQ；③源任务到目标任务的样本迁移起到先验知识的作用，因而能够辅助 Agent 更快地完成目标任务。与无迁移的 BPQ 与 ELMQ 相比，无论是单源迁移 SST-ELMQ 还是多源迁移 MST-ELMQ 算法，其完成任务的过程均包含更少的时间步；④在 4 类 Q 学习算法中，MST-ELMQ 在不失去控制精度的前提下拥有更少的时间步，说明其学习速度最快。

图 7-7 显示了不同 Q 学习算法在 500 次迭代下成功靠岸次数指标的性能对比，式中，前 100 次与后 400 次迭代分别对应训练与测试阶段。由图 7-7 可以看出，相比于无迁移算法，迁移学习算法具有明显的优势。在 SST-ELMQ 与 MST-ELMQ 算法的训练阶段，迁移样本发挥先验知识的作用，使得相应的成功次数曲线拥有较

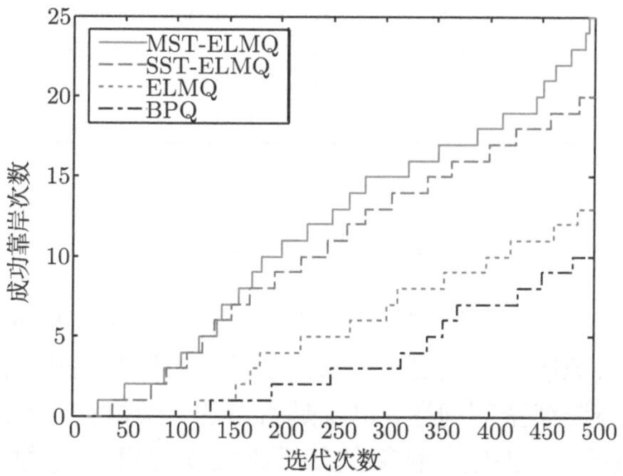

图 7-7 成功靠岸次数性能对比

高的斜率。在测试阶段，迁移样本仍然能够保证小船以较少的尝试次数完成靠岸任务。对于 ELMQ 与 BPQ 而言，在训练阶段需要收集充足的样本来训练神经网络权值。因此，在整个训练阶段成功靠岸的次数均为 0。另外，就训练的效果而言，ELM 也优于 BP，在 500 次迭代后，ELMQ 使得小船成功靠岸 13 次，而 BPQ 仅有 10 次。

为进一步对比单源迁移与多源迁移算法性能，基于不同的出发点设计 4 个目标任务，即 $T_1=\{(x,y)|x=10,y=20\}$，$T_2=\{(x,y)|x=10,y=60\}$，$T_3=\{(x,y)|x=10,y=100\}$ 与 $T_4=\{(x,y)|x=10,y=140\}$。首先，应用已经训练好的 MST-ELMQ 算法分别解决这 4 个目标任务。其次，设计 4 个不同 SST-ELMQ 算法来完成同样的 4 个任务。对于每类 SST-ELMQ 算法而言，仅从 6 个源任务中选择与目标任务关联度最大的 1 个作为其迁移源。例如对于目标任务 T_4，其初始纵坐标为 140。与其它源任务出发点相比，S_5 的出发点更接近 140。因而 S_5 被作为解决目标任务 T_4 的 SST-ELMQ 算法迁移源。表 7-3 给出了 SST-ELMQ 与 MST-ELMQ 算法在 20 次非失败运行下的统计数据。从表 7-3 可以得出如下结论：无论小船的初始位置如何，MST-ELMQ 算法均能保证小船以更少的时间步到岸河流右岸，这也与表 7-2 得出的结论一致。

表 7-3　SST-ELMQ 与 MST-ELMQ 算法的性能对比

算法	目标任务	时间步			距离测度		
		最小值	最大值	平均值	最小值	最大值	平均值
SST-ELMQ	T_1	196	228	210	1.6131	3.0751	2.7856
MST-ELMQ		191	215	199	1.5969	3.9297	2.9397
SST-ELMQ	T_2	179	217	196	1.1158	3.5473	3.0124
MST-ELMQ		175	207	191	2.0102	4.2587	3.2514
SST-ELMQ	T_3	168	201	181	1.6741	4.0743	3.1274
MST-ELMQ		159	185	163	0.5997	3.9912	2.1247
SST-ELMQ	T_4	160	191	173	0.8427	2.9542	1.9521
MST-ELMQ		151	175	159	1.1254	2.8507	1.8854

7.5　本章小结

强化学习具有利用从环境中反馈的评价来引导学习进程的能力，已被广泛应用于规划、控制与决策制定等问题中。强化学习在实际环境中应用面临着一个极大的难题，即大尺度与连续空间问题，也就是所谓的“维数灾”难题。因此，为将强化学习应用到复杂系统中，提出一种新的基于极限学习机的 Q 学习系统。利用 ELM 良好的泛化性能、简单的结构与极快的学习速度实现在线实时逼近状态–动作对的

Q 值。除了连续空间难题以外，对于强化学习领域而言新任务的学习效率是另一个需要关注的要点。需要指出的是，知识迁移技术在解决强化学习 Agent 处理新任务时能够发挥显著作用。对于仅依赖于单个迁移源的单源迁移强化学习算法，如果迁移源与目标任务领域有极强的关联性，可以取得更好的学习结果，否则由于负迁移的因素只会使得最终结果变得更差。因而在考虑多个源任务与目标任务相关性的基础上提出一种基于 ELM 的多源迁移 Q 学习算法。仿真研究采用小船过河模型，并对比分析了 4 类算法 MST-ELMQ、SST-ELMQ、ELMQ 与 BPQ 等。结果证明所提算法能够利用来自所有源任务的关联信息并能够去除非关联样本对目标任务的影响，因而具有更好的学习性能。

参考文献

[1] Pan J, Wang X S, Cheng Y H, et al. Multi-source transfer ELM-based Q learning. Neurocomputing, 2014, 137: 57-64.

[2] Fernandez F, Veloso M. Probabilistic policy reuse in a reinforcement learning agent. Proceedings of the 5th International Conference on Autonomous Agents and Multi-Agent Systems. Hakodate, Japan:ACM Press, 2006. 720-727.

[3] Fernandez F, Veloso M. Policy reuse for transfer learning across tasks with different state and action spaces. Proceedings of the Workshop on Structural Knowledge Transfer for Machine Learning. ACM Press, 2006.

[4] Pickett M, Barto A G. Policy blocks: an algorithm for creating useful macro-actions in reinforcement learning.Proceedings of the 9th International Conference on Machine Learning, ACM Press, 2002. 506-513.

[5] Dietterich T G.Hierarchical reinforcement learning with the MAXQ value function decomposition.Journal of Artificial Intelligence Research, 2000, 13(2): 227-303.

[6] Mahadevan S. Proto-value functions: developmental reinforcement learning. Proceedings of the 22nd International Conference on Machine Learning.Bonn, Germany:ACM Press, 2005. 553-560.

[7] Madden M G, Howley T. Transfer of experience between reinforcement learning environments with progressive difficulty. Artificial Intelligence Review, 2004, 21(3-4): 375-398.

[8] Driessens K,Ramon K J, Croonenborghs T. Transfer learning for reinforcement learning through goal and policy parameterization.Proceedings of the Workshop on Structural Knowledge Transfer for Machine Learning,Bonn, Germany:ACM Press, 2006. 1-4.

[9] Jouffe L. Fuzzy inference system learning by reinforcement methods. IEEE Transactions on Systems, Man, and Cybernetics, Part C (Applications and Reviews), 1998, 28(3): 338-355.

第 8 章 基于主动轮廓探索的多源色彩迁移

通常来说，知识迁移方法寄身于机器学习范畴之内，任务本身具有较强的机器学习背景，如第 2~5 章的分类迁移，第 6~7 章探讨的决策迁移等。考虑到终身学习 Agent 在其生命周期内面临任务的多样性，本章探索其在计算机视觉领域内的色彩风格迁移问题，对于目标图像的色彩分割与源图像色彩分布特征的提炼与转移，可以看作是一种特殊的色彩分布知识迁移方法[1]。

本章内容安排如下：8.1 节给出色彩迁移的概念与研究现状，8.2 节提出多源色彩迁移的系统结构并对 RGB、$l\alpha\beta$、LMS 与 Gray 等不同色彩空间的分工任务进行详细地阐释；8.3 节具体描述基于主动轮廓探索的多源色彩迁移算法原理和步骤；8.4 节给出色彩区域分割过程并通过色彩丰富度指标给出算法与经典的 Reinhard 色彩迁移效果对比；8.5 节对本章内容进行总结。

8.1 色 彩 迁 移

色彩迁移从本质上来说属于一种特殊的知识迁移，自从被 Reinhard 提出以来[2]，已在算法研究方面取得较大成果，成为数字图像处理的关键技术之一，在增强图片感染力、医学图像处理、褪色修复以及色差纠正等方面发挥着至关重要的作用。然而，常规的色彩迁移算法，仅仅着眼于对整幅图像的处理，迁移的色源也是单一的，当待处理图像包含复杂的色彩区域，全局的色彩迁移便无法对各区域进行识别并分别迁移合适的色彩源。近年来，随着图像处理技术的快速发展，色彩迁移算法也受到众多学者的关注，针对传统色彩迁移算法局限于全局的不足，不少多源的局部迁移算法被提出。

一般来说，该类算法主要分为两类：基于优化方法的多源色彩迁移与基于统计方法的多源色彩迁移。前者的典型代表为 Zeng 等[3]提出的局部约束线性嵌套算法 (constrained locally linear embedding，CLLE)。CLLE 将直观的色彩风格迁移问题转化为了可量化处理的优化问题，降低了问题的难度，然而其实现操作的 RGB 色彩空间不同色彩通道间天然的依赖性，使其在迁移过程中 R、G、B 色系存在不可避免的干扰，导致最终迁移图像出现一定程度上的色彩偏差。基于统计方法的多源色彩迁移则能够很好地解决上述问题，其用于实现迁移的 $l\alpha\beta$ 空间不同通道间良好的正交性，避免了迁移过程中出现的色差现象。Tai 等[4]将一种新型的期望最大化方法 (expectation-maximization，EM) 用于局部色彩迁移，提高了迁移像素间的空间平滑性与色彩平滑性，同时其充分考察了色彩的局部信息，使用软区域边界实现了对分割图像的无缝迁移。Xiang 等[5]在其基础上进一步发展了 EM 技术，并采用高斯混合模型 (Gaussian mixture model，GMM) 逼近区域色彩分布，使迁移源与目标图像匹配得更加合理。为解决迁移源的单一化问题，Guo 等[6]将目标图像定义为一个多标签集，并将每个源图像划分为多个子集作为决策树训练样本，同时采用 SCC_SP 技术构建多标签决策树，利用其预测结果实现多源色彩迁移。

为将色彩迁移推广到多源领域，上述局部迁移算法大多是利用欧氏色彩距离来分割目标图像，由于色彩序列的模糊性与不确定性，常常使得这种分割出现色彩扭曲现象。为克服这个问题，提出一种基于主动轮廓探索的多源色彩迁移方法，不同于色彩距离衡量机制，采用虚拟轮廓函数逐次迭代进化来逼近实际轮廓线，并合理利用各色彩空间实现色彩的转换与迁移操作。该方法的主要思想是：首先，将目标图像灰度化，在 Gray 空间完成虚拟轮廓线的进化操作；然后，将 RGB 空间的目标图像分割为部分子图像，通过 LMS 空间作为桥梁进一步转化为空间表示，并在该空间根据色彩分布的统计特征实现迁移；最后，将处理后的图像依次逆向操作，返回 RGB 空间合并显示。

8.2 系统结构

色彩迁移，即是在保持目标图像轮廓与外形的前提下，将源图像的色调特征转移到目标图像，使其具有与源图像相同或相近的色彩风格。从本质上来说，其迁移的并非像素点的色彩值，而仅仅是色彩分布的统计特征。多源色彩迁移进一步扩充和延伸了常规的色彩迁移算法，能够实现源图像集到目标图像各子区域的多对多映射。

对于 RGB 空间给定的图像 T^{RGB}，从数学角度可以看做描述位置的二维闭区间 $\bar{\Omega}$ 到描述色彩的实数域 R 的映射，即 $T^{\mathrm{RGB}}:\bar{\Omega}\to R$，其中 $\bar{\Omega}=\Omega\cup\partial\Omega$，$\Omega\subseteq R^2$，$\partial\Omega$ 表征 T^{RGB} 边界。多源色彩迁移的基础在于目标图像的合理分割，为实现这个目的，考虑将处于三维 RGB 空间的源图像，转化为 Gray 空间的一维灰度图像 T^{Gray}。转化过程中的降维将不可避免地导致图像本身信息的丢失，为保证图像分割的足够清晰，要求在维度的选择上应尽可能地保留源图像整体的数据分布特征，以及色彩的跨度。因此，对于具有不同方差 σ_{R}、σ_{G} 和 σ_{B} 的 RGB 三维色彩信息而言，选择 $\arg\max\{\sigma_{\mathrm{R}},\sigma_{\mathrm{G}},\sigma_{\mathrm{B}}\}$，即方差最大的维度作为灰度化的保留维度。

多源色彩迁移系统结构框图如图 8-1 所示，其流程经历一系列不同的色彩空间。RGB 作为 PC 设备最常用的显示媒介，设定为源图像与目标图像的初始存在空间，另外，经历一系列处理后的目标图像 T^* 也需回归该空间。在 RGB 空间完成的主要任务是在源图像集合 $\mathrm{Source}=\{\mathrm{Img}_1,\mathrm{Img}_2,\cdots,\mathrm{Img}_m\}$ 中挑选出适合迁移的源图像，记为 $S_{\mathrm{obj}}^{\mathrm{RGB}}$ 与 $S_{\mathrm{bak}}^{\mathrm{RGB}}$，分别作为 T^{RGB} 主体与背景的迁移源。通常情况下，迁移源可以人为选定也可基于以下两点实现自主匹配：①亮度相近原则；②色彩均值相近原则。对源图像采用人工筛选会降低算法本身的智能性，同时加大人力成本。但是考虑到色彩迁移效果的好坏更偏向于人为的主观因素，因此在不十分重视成本的情形下，采用人工筛选应是更好的选择。在目标图像的预处理过程中，最重要的是图像中主体与背景的分离，该步骤主要在 Gray 空间实现，对目标图像 T^{RGB} 灰度化得到 T^{Gray}，进而采用主动轮廓探索实现虚拟轮廓线的迭代进化，直至逼近实际轮廓线，得到的理想轮廓线 ϕ^* 将返回 RGB 空间将 T^{RGB} 划分为 $T_{\mathrm{obj}}^{\mathrm{RGB}}$ 与 $T_{\mathrm{bak}}^{\mathrm{RGB}}$。采用的分割方法是一种边界进化算法，有别于文献 [4] 基于像素的分割，属于基于轮廓线的分割算法。同时，迁移源不再局限于一幅图像，而是根据目标图像分割区域数采用多个迁移源，可以在一定程度上降低迁移源的选择难度，也能够进一步增强目标迁移图像色彩的丰富度并减少色彩扭曲的可能性。由于分割后的图像 $T_{\mathrm{obj}}^{\mathrm{RGB}}$ 与 $T_{\mathrm{bak}}^{\mathrm{RGB}}$ 不宜在 RGB 空间直接实现迁移，因此需采用 LMS 作为其过渡空间。一方面，LMS 空间作为桥梁，将 RGB 空间待迁移的源图像 $S_{\mathrm{obj}}^{\mathrm{RGB}}$，$S_{\mathrm{bak}}^{\mathrm{RGB}}$ 与目标图像 $T_{\mathrm{obj}}^{\mathrm{RGB}}$，$T_{\mathrm{bak}}^{\mathrm{RGB}}$ 转换到 $l\alpha\beta$ 空间；另一方面，迁移后的目标图像 $\hat{T}_{\mathrm{obj}}^{\mathrm{LMS}}$，$\hat{T}_{\mathrm{bak}}^{\mathrm{LMS}}$ 也需通过 LMS 空间返回 RGB 空间以用于显示。流程的核心与关键部分是 $l\alpha\beta$ 空间的色彩迁移，为保证迁移后的色彩信息分布均匀，迁移的基准点为色彩均值，并进行基于标准差的尺度变换。

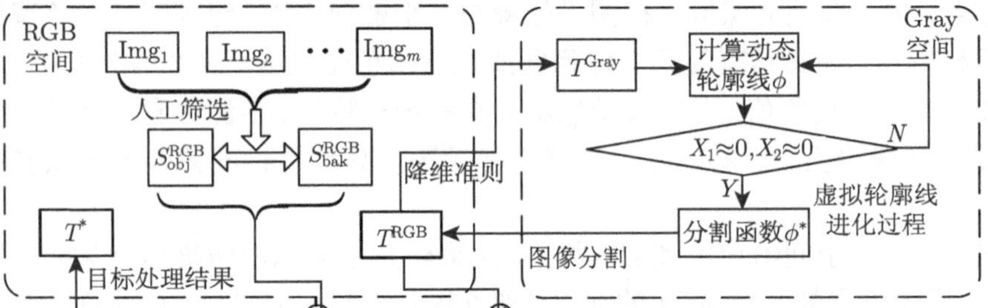

图 8-1　多源色彩迁移系统结构框图

8.3 基于主动轮廓探索的多源色彩迁移

主动轮廓探索主要用于处理目标图像在 Gray 空间的边界分割，此处采用动态轮廓线的方式搜索目标图像的边界，即首先生成虚拟轮廓，进而通过不断迭代进化，迫使虚拟轮廓逼近实际轮廓。逼近的原理在于最小化如下能量函数[7]：

$$\begin{aligned}E(c_1,c_2,\phi)=&\mu\int_{\Omega}\delta(\phi(x,y))|\nabla\phi(x,y)|\mathrm{d}x\mathrm{d}y+v\int_{\Omega}H(\phi(x,y))\mathrm{d}x\mathrm{d}y\\&+\lambda_1\int_{\Omega}|u_0(x,y)-c_1|^2H(\phi(x,y))\mathrm{d}x\mathrm{d}y\\&+\lambda_2\int_{\Omega}|u_0(x,y)-c_2|^2(1-H(\phi(x,y)))\mathrm{d}x\mathrm{d}y\end{aligned}\tag{8-1}$$

式中，$u_0(x,y)$ 表示 Gray 空间的目标图像函数，反映的是像素点位置 (x,y) 到其所表征灰度值的映射，以下简记为 u_0；c_1 和 c_2 为控制参变量，等号右侧第一项表征待进化轮廓的长度；$\delta(\cdot)$ 为一阶 Dirac 函数；$\phi(x,y)$ 为 Lipschitz 函数，用以描述虚拟轮廓线，以下简记为 ϕ；第二项表征目标轮廓包围的面积，$H(\cdot)$ 为 Heaviside 函数，表达式如下：

$$H(z)=\begin{cases}1, & z\geqslant 0\\0, & z<0\end{cases}\tag{8-2}$$

式 (8-1) 的第三项与第四项共同表征当前虚拟轮廓线与待分离目标实际轮廓线的关系。设 $X_1=\int_{\Omega}|u_0(x,y)-c_1|^2H(\phi(x,y))\mathrm{d}x\mathrm{d}y$，$X_2=\int_{\Omega}|u_0(x,y)-c_2|^2(1-H(\phi(x,y)))\mathrm{d}x\mathrm{d}y$，当虚拟轮廓线包含实际轮廓线时，有 $X_1>0$，$X_2\approx 0$；当实际轮廓线包含虚拟轮廓线时，有 $X_1\approx 0$，$X_2>0$；当两条曲线相交时，$X_1>0$，$X_2>0$；重合时则为 $X_1\approx 0$，$X_2\approx 0$。式 (8-1) 中的 μ，ν，λ_1 与 λ_2 分别为长度分量、面积分量以及关系分量对应的控制参数。由此，求解最佳轮廓线的问题被转化为 $E(c_1,c_2,\phi)$ 的优化问题，即寻求合适的 Lipschitz 函数使得 $E(c_1,c_2,\phi)$ 取值最小。

保持参变量 c_1 与 c_2 不变，令 $\dfrac{\partial\phi}{\partial t}=0$，即

$$\frac{\partial\phi}{\partial t}=\delta(\phi)\left[\mu\cdot\operatorname{div}\frac{\nabla\phi}{|\nabla\phi|}-\nu-\lambda_1(u_0-c_1)^2+\lambda_2(u_0-c_2)^2\right]=0\tag{8-3}$$

式中，初始化 $\phi(0,x,y)=\phi_0(x,y)$；边界 $\partial\Omega$ 上满足 $\dfrac{\delta(\phi)}{|\nabla\phi|}\dfrac{\partial\phi}{\partial\vec{n}}=0$；$\vec{n}$ 为 $\partial\Omega$ 外法线。

通常情况下，式 (8-3) 无法直接用于计算 ϕ，将其线性离散化后，可得[7]

$$\frac{\phi_{i,j}^{n+1}-\phi_{i,j}^{n}}{\Delta t}=\delta_h(\phi_{i,j}^{n})\left[\frac{\mu}{h^2}\Delta_-^x\cdot\frac{\Delta_+^x\phi_{i,j}^{n+1}}{\sqrt{(\Delta_+^x\phi_{i,j}^{n})^2/h^2+(\phi_{i,j+1}^{n}-\phi_{i,j-1}^{n})^2/(2h)^2}}\right.$$

$$+\frac{\mu}{h^2}\Delta_-^y\cdot\frac{\Delta_+^y\phi_{i,j}^{n+1}}{\sqrt{(\phi_{i+1,j}^{n+1}-\phi_{i-1,j}^n)^2/(2h)^2+(\Delta_+^y\phi_{i,j}^n)^2/h^2}}$$

$$\left.-\nu-\lambda_1(u_{0,i,j}-c_1(\phi^n))^2+\lambda_2(u_{0,i,j}-c_2(\phi^n))^2\right]=0 \tag{8-4}$$

式中，n 为虚拟轮廓线进化次数；Δt 表征时间步长；h 表征空间步长；$\phi(0,x,y)=\phi_0(x,y)$ 为初始虚拟轮廓线函数；$\Delta_-^x\phi_{i,j}$、$\Delta_+^x\phi_{i,j}$、$\Delta_-^y\phi_{i,j}$、$\Delta_+^y\phi_{i,j}$ 和 $\phi_{i,j}^n$ 展开式分别为 $\Delta_-^x\phi_{i,j}=\phi_{i,j}-\phi_{i-1,j}$，$\Delta_+^x\phi_{i,j}=\phi_{i+1,j}-\phi_{i,j}$，$\Delta_-^y\phi_{i,j}=\phi_{i,j}-\phi_{i,j-1}$，$\Delta_+^y\phi_{i,j}=\phi_{i,j+1}-\phi_{i,j}$，$\phi_{i,j}^n=\phi(n\Delta t,x_i,y_j)$。

Gray 空间得到的轮廓分割函数 ϕ 将 T^{RGB} 分解为目标图像 $T_{\text{obj}}^{\text{RGB}}$ 与背景图像 $T_{\text{bak}}^{\text{RGB}}$ 后，便可分别进行色彩风格的迁移。为此，利用 Reinhard 算法将 $T_{\text{obj}}^{\text{RGB}}$ 与 $T_{\text{bak}}^{\text{RGB}}$ 所处的 RGB 空间转化为易于迁移的 $l\alpha\beta$ 空间，首先利用 LMS 空间进行过渡，其公式为：

$$\begin{bmatrix} L \\ M \\ S \end{bmatrix}=\begin{bmatrix} 0.3811 & 0.5783 & 0.0402 \\ 0.1967 & 0.7244 & 0.0782 \\ 0.0241 & 0.1288 & 0.8444 \end{bmatrix}\begin{bmatrix} R \\ G \\ B \end{bmatrix} \tag{8-5}$$

为保证转化后空间尺度的合理性，进行对数级的尺度变换，即 $L_c=\lg L$，$M_c=\lg M$，$S_c=\lg S$，进而可由下式求得 $l\alpha\beta$ 空间的图像矩阵：

$$\begin{bmatrix} l \\ \alpha \\ \beta \end{bmatrix}=\begin{bmatrix} 1/\sqrt{3} & 0 & 0 \\ 0 & 1/\sqrt{6} & 0 \\ 0 & 0 & 1/\sqrt{2} \end{bmatrix}\begin{bmatrix} 1 & 1 & 1 \\ 1 & 1 & -2 \\ 1 & -1 & 0 \end{bmatrix}\begin{bmatrix} L_c \\ M_c \\ S_c \end{bmatrix} \tag{8-6}$$

$l\alpha\beta$ 空间内的色彩迁移规则为：选定源图像不同的维度 l_{s}、α_{s} 与 β_{s}，进行针对目标图像 l_{t}、α_{t} 与 β_{t} 方差分布的迁移，迁移公式为：

$$l_{\text{t}}=\frac{\sigma_{\text{t}}^l}{\sigma_{\text{s}}^l}(l_{\text{s}}-\bar{l}_{\text{s}})+\bar{l}_{\text{t}} \tag{8-7}$$

$$\alpha_{\text{t}}=\frac{\sigma_{\text{t}}^\alpha}{\sigma_{\text{s}}^\alpha}(\alpha_{\text{s}}-\bar{\alpha}_{\text{s}})+\bar{\alpha}_{\text{t}} \tag{8-8}$$

$$\beta_{\text{t}}=\frac{\sigma_{\text{t}}^\beta}{\sigma_{\text{s}}^\beta}(\beta_{\text{s}}-\bar{\beta}_{\text{s}})+\bar{\beta}_{\text{t}} \tag{8-9}$$

式中，l、α、β 分别表征 $l\alpha\beta$ 空间的亮度分量、YB 分量以及 RG 分量；$\bar{l}_{\text{s}}$、$\bar{\alpha}_{\text{s}}$、$\bar{\beta}_{\text{s}}$ 与 $\bar{l}_{\text{t}}$、$\bar{\alpha}_{\text{t}}$、$\bar{\beta}_{\text{t}}$ 分别为相应分量的均值，下标 s 代表源任务，t 为目标任务；σ_{s}^l、σ_{s}^α、σ_{s}^β 与 σ_{t}^l、σ_{t}^α、σ_{t}^β 则为 l、α、β 维度对应的标准差，同样地，下标 s 与 t 表征源任务与目标任务。

事实上，式 (8-7)~式 (8-9) 实现的色彩迁移，是对源图像的各维度数据的分布进行方差比例的缩放后，施加于目标图像。当然，为维持迁移后色彩的协调，其选取均值作为平衡点，即将源图像的 l、α、β 分量基于其相应均值的差值进行方差比例的尺度变换后迁移到目标图像，实现色彩风格的迁移。

8.4 试验结果与分析

8.4.1 试验设定

为验证所提算法的有效性，采用如图 8-2 所示的自然风景图像进行试验研究。其中，图 8-2(a)与图 8-2(b)为待迁移源图像，图 8-2(c) 为目标图像。为保证迁移效果显著，选择的源图像之间以及源图像与目标图像间均有较大的色彩风格差异。由于迁移的重点并非图像本身，而是其所呈现的色调特征，因而对待迁移源图像与目标图像的尺寸没有严格的要求。图 8-2 中，源图像 1：100×100 像素；源图像 2：397×375 像素；目标图像：100×100 像素。不同图像显示相同大小是由于进行不同比例的缩放。

(a) 源图像1　(b) 源图像2　(c) 目标图像

图 8-2 迁移源图像与目标图像

图 8-3 给出目标图像在主动轮廓探索下不同进化次数 $n = 50$、100 和 150 时的虚拟轮廓曲线变化趋势。其中参数设定为 $\lambda_1=\lambda_2=1$，$\nu=0$，$\Delta t=0.1$，$h=1$，$\mu=0.1\times 255^2$，初始轮廓曲线 $\phi_0(x,y)=-\sqrt{(x-50)^2+(y-50)^2}+12.5$。由于采用了 Chan 等[7]提出的优化 $H(z)$ 正则化公式 $H_{2,\varepsilon}(z)=0.5[1+(2/\pi)\arctan(z/\varepsilon)]$，因而保证式 (8-4) 呈现的进化进程在任意范围内均是有效的，即最优解的获取不依赖于初始 ϕ_0 的设定。但是由于 ϕ_0 的不同会影响虚拟轮廓线逼近实际轮廓线的方向与速度，合理选取 ϕ_0 能够在很大程度上缩短 CPU 时间，考虑到待处理目标图像的主体位于图像中心位置，将 ϕ_0 设定为以图像中心为圆心，1/4 图像宽度为半径的圆。由图 8-3 可以看出，由于 ϕ_0 设定较小，虚拟轮廓线从目标图像主体的内部逐渐逼近实际轮廓线。

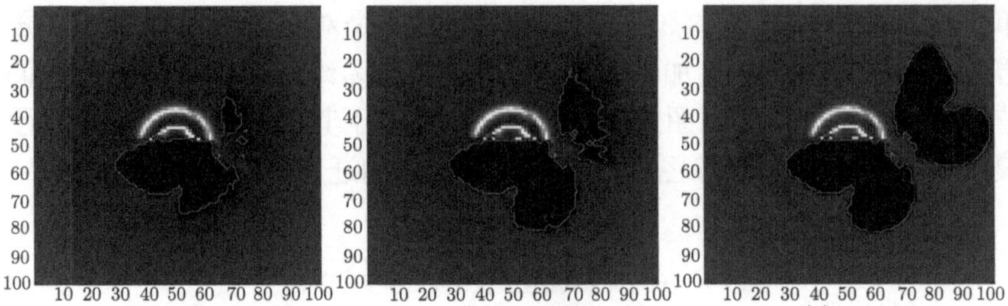

(a) n=50　(b) n=100　(c) n=150

图 8-3　不同进化次数下的目标图像分割结果

8.4.2　多源迁移效果影响因素分析

图 8-4 为单源与多源迁移效果对比，其中图 8-4(a) 与图 8-4(b) 分别为 Reinhard 算法 [2] 采用源图像 1 与源图像 2 为迁移源的单源迁移效果，图 8-4(c) 与图 8-4(d) 为采用不同迁移源的多源迁移效果。对于不同图像的色彩效果，可以采用色彩度指标进行衡量。色彩度 $\hat{M}$ 的定义[8]为：

(a) Reinhard算法(源图像1)　(b) Reinhard算法(源图像2)

(c) 多源迁移I(背景：源图像2)　(d) 多源迁移II(背景：源图像1)

图 8-4　不同源图像下的单源、多源迁移效果对比

$$\hat{M} = \sigma_{\text{rgyb}} + 0.3 \cdot \mu_{\text{rgyb}} \tag{8-10}$$

式中，σ_{rgyb} 与 μ_{rgyb} 分别对应色域 RG-YB 的标准差与均值，计算公式分别为$\sigma_{\text{rgyb}} = \sqrt{\sigma_{\text{rg}}^2 + \sigma_{\text{yb}}^2}$，$\mu_{\text{rgyb}} = \sqrt{\mu_{\text{rg}}^2 + \mu_{\text{yb}}^2}$，$\sigma_{\text{rg}}$ 与 μ_{rg} 为色域通道 RG 内像素值的标准差与均值，σ_{yb} 与 μ_{yb} 则为色域通道 YB 内像素值的标准差与均值。

表 8-1 给出了不同区间内的 $\hat{M}$ 值所代表的色彩度含义。RG 与 YB 通道色彩值与 RGB 空间色彩值转换关系如式 (8.11)~式 (8.12) 所示：

$$\text{rg} = R - G \tag{8-11}$$

$$\text{yb} = 0.5(R + G) - B \tag{8-12}$$

式中，R、G、B 分别为 RGB 空间对应色彩值，rg 与 yb 则为 RG 与 YB 通道内的色彩表示。

表 8-1 不同区间内的色彩度取值语义

色彩语义	无	轻微	少量	一般	相当	高度	及其
$\hat{M}$	0	(1, 15)	(16, 33)	(34, 45)	(46, 59)	(60, 82)	(83, 109)

通常来说，色彩的喜好在极大程度上依赖于人为的主观判定，然而一个良好的量化指标能够很好地辅助计算机实现对图像的识别与决策。Hasler[8] 指出色彩度取值范围及其含义，如表 8-1 所示。其中，根据 $\hat{M}$ 在区间 (0,109) 内的不同取值，对应划分了 7 个不同的色彩语义，“无”“轻微”“少量”“一般”“相当”“高度” 与 “极其”。表 8-2 则给出不同迁移算法下的图像色彩度。明显地，两个多源迁移图像的色彩度 $\hat{M}$ 分别为 52.8149 与 70.5950，达到了 “相当” 丰富与 “高度” 丰富的程度，均高于两类单源迁移的 $\hat{M}$ 值。尽管对于单源迁移 I 而言，色彩度也达到了 “相当” 丰富，但其对于迁移源选取的依赖性，使得无法保证各类单源迁移均能够达到较高的 $\hat{M}$ 值。

表 8-2 不同迁移算法处理图像的色彩度

算法	单源迁移 I	单源迁移 II	多源迁移 I	多源迁移 II
$\hat{M}$	51.5399	4.7943	52.8149	**70.5950**

图像分割的前提在于灰度化通道的选择，为具体考察采用不同色彩通道灰度化对于轮廓搜索的最终影响，表 8-3 与图 8-5 分别给出源图像与目标图像的像素值统计数据以及采用不同灰度化通道的目标边界搜索结果。

常规的统计数据为期望与方差，其分别从不同角度衡量了待研究数据的统计特征，下面将分析指出采用方差而不采用期望作为灰度化通道选择标准的合理性。

结合表 8-3 中的数据与图 8-2(a)~(c) 可以直观看出，期望反映了当前通道对整幅图像色彩基调的影响。

表 8-3　源图像与目标图像各通道统计值对比

色彩通道	R 通道		G 通道		B 通道	
	期望	方差	期望	方差	期望	方差
目标图像	68.0146	5909.1	114.1109	3563.0	142.4945	3370.8
源图像 1	226.5123	953.5200	165.4744	1090.1	30.1221	163.3209
源图像 2	168.8474	4300.1	186.8370	3445.0	178.6123	3984.0

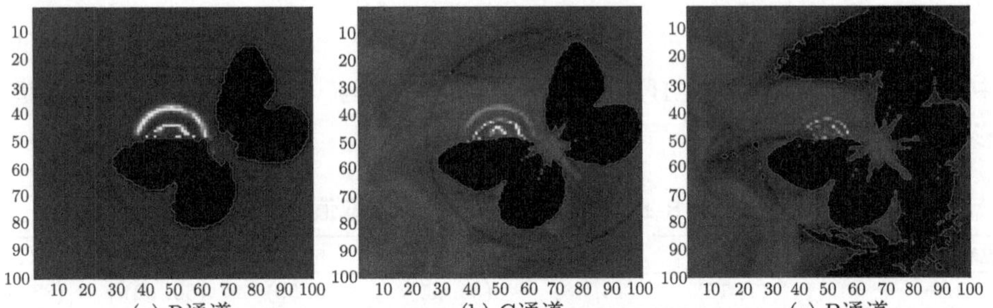

(a) R通道　(b) G通道　(c) B通道

图 8-5　不同灰度化通道的图像分割结果

源图像 1、源图像 2 与目标图像分别是 R 通道、G 通道与 B 通道拥有最大的期望值，相应地，红色、绿色与蓝色则分别是这几幅图像的主色调。但是对于目标图像而言，尽管 R 通道的期望值 (68.0146) 最小，即该通道对于整幅图像色彩的影响力与贡献度最低，但其拥有 3 通道中最高的方差值 5909.1，说明其在该分量下的色彩分布拥有最大的跨度和离散程度，灰度化后的图像会呈现较为明显的层次分布特征，在相同的条件下将使得虚拟轮廓线更容易逼近目标实际轮廓线。最大进化次数 n=150 下的边界分割结果，如图 8-5(a) 所示。可以看出，虚拟轮廓线清晰地将目标与背景分离。相反地，拥有最大期望值 (142.4945) 的 B 通道，尽管其对于目标图像的整体色调具有最大的影响力，但由于其方差值较小，色彩值较为集中，灰度化后导致边界区域过渡均匀，界限不清而产生不良的分割结果，如图 8-5(c) 所示。

由图 8-1 所示的系统框图可知，共涉及 4 种色彩表示空间，分别是 RGB、Gray、LMS 与 $l\alpha\beta$。除 Gray 为灰度表示外，其余三种均为彩色图像空间。下面将进行试验研究，分析选取 $l\alpha\beta$ 作为色彩迁移空间的合理性。

针对图 8-2(c) 所示的目标图像，随机选取 20%比例，即 2000 个像素点进行分析研究，图 8-6 给出了 RGB、LMS 与 $l\alpha\beta$ 三种色彩空间下各色彩维度相干结果。其中，不同点代表不同的对立色彩通道。

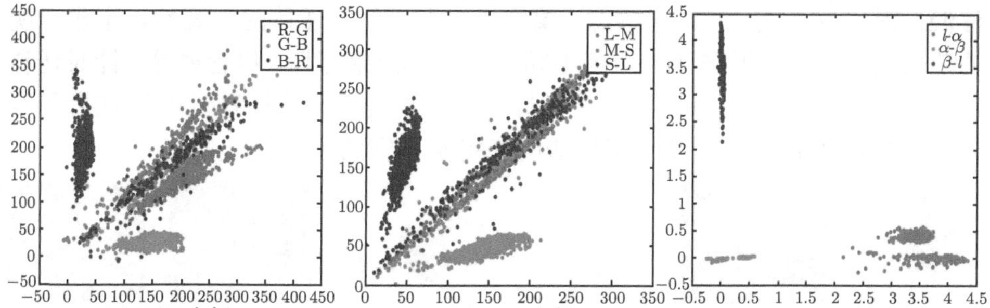

(a) RGB空间 (b) LMS空间 (c) $l\alpha\beta$空间

图 8-6 目标图像在不同色彩空间各维度相干情况

可以看出，RGB 与 LMS 空间均出现了不同程度的相异色彩通道互相干涉的情形，如图 8-6(a) 的深色样本点，全部集中或靠近主对角线位置，即对于目标图像而言，当某一像素的深色分量较大时，其浅色分量也较大，存在很强的线性依赖。除 R-G 通道间的干涉情形外，G-B 与 B-R 间，以及 LMS 空间下的 L-M、M-S 与 S-L 通道间均存在这种依赖关系。相比于 RGB 与 LMS，$l\alpha\beta$ 空间则呈现出良好的正交特性，由图 8-6(c) 可以看出，三种对立通道 l-α、α-β 与 β-l 的样本点均集中在与横轴或纵轴平行的直线上，体现出严谨的正交性和独立性。图 8-7 给出了不同色彩空间进行迁移的效果对比图。明显地，采用 RGB 与 LMS 空间进行色彩迁移的图像均在不同程度上出现了色调的变异，而采用 $l\alpha\beta$ 迁移的图像的目标与背景则分别优良地继承了图 8-2(a) 与图 8-2(b) 的色彩风格。

(a) RGB迁移 (b) LMS迁移 (c) $l\alpha\beta$迁移

图 8-7 不同迁移空间的色彩迁移结果

8.4.3 与局部迁移算法的对比

图 8-8 给出了多源迁移算法 (multi-source color transfer，MSCT) 与文献 [4] 的局部迁移算法 (local color transfer，LCT) 的色彩迁移效果对比，每一行为一组，共 4 组。MSCT 为多源迁移算法，而 LCT 为单源局部迁移，故两种算法依赖的迁移源个数有所不同。其中，图 8-8(b)~(c) 分别为 MSCT 目标主体与目标背景的色彩

迁移源；图 8-8(e) 为 LCT 迁移源。事实上，由于色彩迁移的主观性，除非出现明显的色彩扭曲，否则很难评判两种不同迁移算法效果好坏。尽管如此，针对迁移源的特点以及迁移结果的量化色彩度指标进行分析对比，从迁移进程的难易程度以及迁移结果的色彩丰富程度考察算法的优劣是可行的。

(a) 目标图像　(b) 迁移源1　(c) 迁移源2　(d) MSCT迁移　(e) 迁移源3　(f) LCT迁移

图 8-8　MSCT 与 LCT 迁移效果对比

将图 8-8(b)~图 8-8(c) 的 8 幅源图像与图 8-8(e) 的 4 幅源图像相比可以看出，多源迁移算法对迁移源的要求很低，即只关心源图像的色彩风格，而对源图像的内容以及布局结构没有任何限制。文献 [4] 算法则不同，由于其依赖区域映射函数实现源图像与目标图像的局部区域匹配，因而其常常要求源图像与目标图像具有相似的空间布局结构，即相应的高斯成分有最大的区域重叠，对于无法满足空间匹配原则的图像，也需要匹配区域拥有相似的亮度均值。这些约束在较大程度上限制了迁移源的筛选，增加了色彩迁移的难度。

观察前两组试验结果，LCT 很好地突显了目标图像的主体部分，但受限于迁移源，目标图像的背景部分未能够得到良好地渲染。而对于 MSCT 多源迁移的特点而言，目标背景的色彩渲染更加自由与开放。这种迁移源的开放性，使得第三组试验的目标图像容易地由冷色系转换为暖色系，同时将第四组试验图像的色彩感染得更加真实与炫丽。表 8-4 给出了 MSCT 与 LCT 迁移结果的色彩度对比，可以看出 4 组试验中 MSCT 的色彩度不仅优于迁移前的目标图像，也优于局部迁移的 LCT 算法。另外，从数据中也反映出 LCT 对迁移源的限制与依赖性，当选择较差的迁移源时，目标迁移图像的色彩度将会下降 (如第 1 组试验)。虽然第 4 组试验的迁移图像从色彩度的角度来说有所提升，却产生了一定程度上的色彩扭曲。

表 8-4　MSCT 与 LCT 迁移结果色彩度对比

算法	第 1 组	第 2 组	第 3 组	第 4 组
目标图像	51.5252	45.0276	26.0892	24.4236
MSCT	63.7121	47.6188	101.5448	54.8282
LCT	30.0630	46.2753	62.8108	39.7663

8.5 本章小结

针对色彩迁移中的多源迁移与局部迁移问题，提出一种基于主动轮廓探索的多源色彩迁移方法。该方法合理利用了多种色彩空间 RGB、Gray、LMS 以及 $l\alpha\beta$ 的不同特点，实现了迁移源与目标图像在不同空间下的表示、分割、转换与迁移。一方面解决了基于统计学原理色彩迁移方法在图像分割过程中易出现的边界模糊与不确定性问题；另一方面其迁移空间的合理选取也避免了常规色彩空间不同色彩通道间相互干涉的问题。试验部分单源全局迁移与多源局部迁移的对比体现了多源迁移在丰富图像色彩度方面的优势，而不同灰度化通道的图像分割结果则验证了灰度化准则的合理性与有效性。与文献 [4] 算法的对比试验表明，由于迁移源数量上的优势以及选取原则的开放性与自由性，使得 MSCT 可以更容易地获得较高色彩度的迁移图像，并能在很大程度上抑制色彩扭曲的发生。局部迁移工作更加强调于目标与背景易于分离的二源迁移问题，对于目标图像的多分割色彩迁移问题，将是今后工作中进一步研究的重点。

参 考 文 献

[1] 潘杰, 王雪松, 程玉虎. 基于主动轮廓探索的多源色彩迁移. 自动化学报, 2014, 40(4): 713-720.

[2] Reinhard E, Adhikhmin M, Gooch B, et al. Color transfer between images. IEEE Computer Graphics and Applications, 2001, 21(5): 34-41.

[3] Zeng K, Zhang R M, Lan X D, et al. Color style transfer by constraint locally linear embedding. Proceedings of the 18th IEEE International Conference on Image Processing. Brussels, Belgium: IEEE Press, 2011. 1121-1124.

[4] Tai Y W, Jia J, Tang C K. Local color transfer via probabilistic segmentation by expectation-maximization. Proceedings of the IEEE Computer Society Conference on Computer Vision and Pattern Recognition. San Diego, USA: IEEE Press, 2005. 747-754.

[5] Xiang Y, Zou B J, Wang H, et al. Multi-source color transfer for natural images. Proceedings of the IEEE International Conference on Image Processing. San Diego, USA: IEEE Press, 2008. 469-472.

[6] Guo Y J, Li H, Zhang W, et al. Multi-source color transfer based on multi-labeled decision tree. Proceedings of the 9th International Conference for Young Computer Scientists. Hunan, China: IEEE Press, 2008. 820-825.

[7] Chan T F, Vese L A. Active contours without edges. IEEE Transactions on Image Processing, 2001, 10(2): 266-277.

[8] Hasler D, Süsstrunk S. Measuring colourfulness in natural images. Proceedings of the International Society for Optical Engineering. Santa Clara, USA: SPIE, 2003. 87-95.

第 9 章　基于纹理相似性的多源局部色彩迁移算法

第 8 章将色彩分布规律作为一种可共享的知识进行迁移，使目标图像与源图像具有相似的色彩风格特征。通常来说，对于这种色彩迁移，迁移性能依赖于目标区域所迁移的色彩选择，但迁移色彩的选择至今没有完善的理论依据，尤其是采用图像色彩整体迁移无法准确的在目标图像上显示出色彩图像的色彩风格。本章针对整体色彩迁移不能有效地处理具有多景象区域的图像间的色彩迁移问题，提出一种基于灰度共生矩阵的多源局部色彩迁移算法，有效的将多幅源图像的色彩迁移至目标图像。首先使用图像分割算法将图像分为多个区域，利用灰度共生矩阵计算各区域的纹理特征，根据纹理特征向量间的距离计算区域间相关性，为目标区域选择相关性最大的源区域作为色彩区域；然后通过色彩空间转换并对色彩值线性变换完成图像迁移。单源局部迁移试验、多源局部迁移试验和灰度图像迁移试验分别从这三个不同的方面验证了算法的有效性。

本章内容结构如下：9.1 节介绍图像色彩迁移算法研究现状和存在的问题，分析了本章研究内容的必要性；9.2 节详细介绍了基于纹理相似性的多源局部色彩迁移算法涉及的相关内容，包括图像分割算法和灰度共生矩阵的知识，以及算法的结构和步骤；9.3 节通过在单源图像迁移、多源图像迁移以及灰度图色彩迁移上的实验，验证本章算法的有效性；最后，9.4 节给出本章小结。

9.1　局部色彩迁移

图像色彩迁移是将源图像的色彩基调转移到目标图像中，使迁移后的目标图像形状不发生变化，并具有与源图像相似的色彩风格，因而源图像也称为色彩图像，而目标图像称为形状图像。图像色彩迁移可以应用于图像风格转换、色彩加强、文物色彩复现以及黑白图像上色等领域，不仅提高了图像的可观赏性，更具有科研意义及社会价值。

Reinhard 算法对图像整体色彩迁移有很好的效果，但使用图像单一，并缺乏对图像细节部分处理，对包含多层次、多景象复杂图像的色彩迁移存在问题[1]。因此，国内外学者提出了多种局部图像色彩迁移的算法。Wen 等提出一种基于实例选择的局部多源图像迁移，通过人工选择需要迁移的对应区域，这种方法可以很好地实现用户主观想要达到的效果，但是需要人机交互，系统无法自动选择迁移的区域[2]；Xiao 等提出一种梯度保持迁移算法，即保持形状图像的梯度变化基础上进行色彩迁移，可以解决图像色彩迁移失真问题，不过时间复杂度和计算复杂度很高[3]；Ha 等提出一种改进的基于色彩类别的色彩映射算法降低色彩分割造成的图像失真问题[4]。局部图像色彩迁移存在两个关键问题：①图像区域划分问题；②目标图像与源图像区域匹配问题。以上算法主要围绕图像区域划分问题，可以很好地解决由于划分误差造成的图像失真，而对目标图像与源图像区域智能匹配问题研究很少，本章提出一种多源局部色彩迁移算法，利用灰度共生矩阵计算目标图像与源图像各区域的纹理相似性，根据相似性大小选择合适的匹配区域，进而实现多区域图像的色彩迁移。

9.2　多源局部色彩迁移算法

整体色彩迁移不考虑图像细节部分处理，也不考虑图像不同区域之间迁移的影响，局部图像色彩迁移可以有效地解决对复杂图像的色彩迁移问题，但是如果图像局部划分和图像局部匹配存在误差，则对迁移结果有很大影响，造成图像失真，甚至迁移失败。国内外学着对图像局部划分已提出多种有效算法，本章重点解决图像局部匹配问题。图像迁移的一种有效评价标准是迁移后的图像色彩基调与色彩图像一致，即包含相似内容的图像的色彩也应相似，因此可以通过寻找包含相似内容的区域解决图像局部匹配问题，而内容相似的图像的纹理特征亦相似，据此提出基于灰度共生特征的多源局部色彩迁移算法。

多源局部色彩迁移主要思想为：首先利用爬山分割算法[5]对图像分割，得到不同景象区域；然后利用灰度共生矩阵计算各区域纹理特征，得到描述区域图像纹理分布的特征向量，计算各景象区域间相似性，为目标区域选择适当的源区域；最后对选择好的图像区域进行局部色彩迁移，将各迁移结果合并得到最终迁移图像。算法结构图如图 9-1 所示。

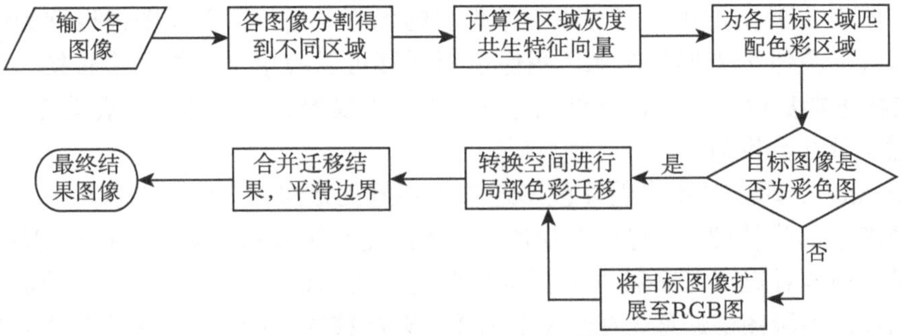

图 9-1　多源局部色彩迁移算法流程图

9.2.1 爬山分割算法

近年来国内外许多的学者针对自动图像分割做出了许多努力，其中有一种重要的研究方法为聚类方法，根据某种距离度量 (例如欧氏距离) 确定图像中的像素的类别。围绕图像聚类分割方法学者们又提出了各种不同的算法，其中有一种算法为爬山分割算法。

爬山分割算法是一种局部寻优的算法。首先将图像转换至 HSV 空间，计算三维 HSV 空间的颜色直方图，选择其中一个节点，从当前节点开始，与周围的邻节点值进行对比，邻节点数为 (3^d-1)，其中 d 为色彩空间的维数，此处为三维 HSV 空间，因此邻节点数为 26 个，如果当前节点值最大，则返回当前节点为山峰，反之，则用最大邻节点替换当前节点为山峰，完成当前节点的爬山动作，如此循环，直至邻节点值都小于当前节点值，到达最高点；然后选择另外一个没有参与爬山动作的节点重复进行爬山动作，直至所有节点都完成爬山动作；最后得到的所有山峰即为图像的类，属于同一山峰的像素即为同一类。

9.2.2 灰度共生矩阵

灰度共生矩阵是 Haralick 于 1973 年提出的一种描述图像纹理分布及特征的概率统计方法[6]，不仅能够反映图像整体分布特征，也能够反映图像相同或相近像素值局部分布特征。灰度共生矩阵是对图像中保持某种距离的两个像素点分别具有灰度值的统计结果。两个像素点的差分值一般根据图像纹理特征选取，常用的差分值有 (1，0)，(1，1)，(0，1)，$(-1,1)$，分别表示像素对是呈 0°、45° 、90° 和 135° 分布。设图像 I 为二维数字图像，大小为 $M\times N$，图像灰度级为 N_g，则图像的灰度共生矩阵为

$$\begin{aligned}&H(i,j)=\#\{x\}=\#\{(x_1,y_1)\},\quad (x_2,y_2)\in M\times N\\&|g(x,y)=i,\ g(x,y)=j,\quad i,j\in[0,N_g-1]\}\end{aligned}\tag{9-1}$$

式中，$\#(x)$ 表示集合 x 中元素的个数；$g(x_1,y_1)$ 表示图像第 (x_1,y_1) 个像素的灰度值；因此 H 为 $N_g\times N_g$ 的矩阵；$H(i,j)$ 表示图像 I 中灰度值分别为 i 和 j 并保持特定距离的像素对的个数。

图 9-2 是差分值为 (1,1) 时图像的灰度共生矩阵生成示意图。

将灰度共生矩阵 H 归一化得到灰度共生密度矩阵 $P=H/A$，A 为 H 中所有元素之和，灰度共生矩阵可以描述图像的纹理特征，常用的特征有能量 f_1、相关性 f_2、熵 f_3、对比度 f_4 和逆差矩 f_5 等。

1) 能量 f_1

$$f_1=\sum_{i=1}^{N_g}\sum_{j=1}^{N_g}P(i,j)^2\tag{9-2}$$

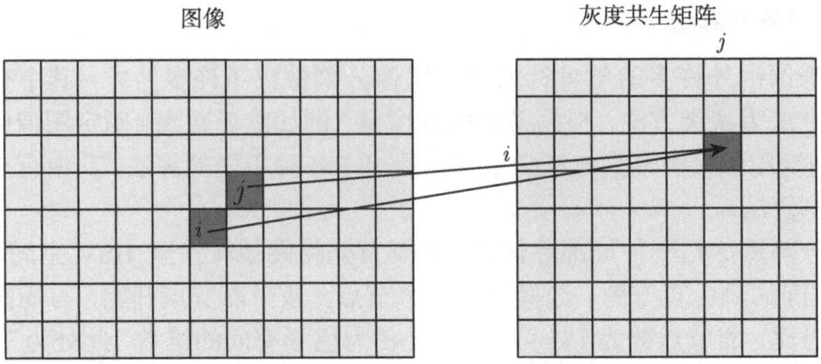

(a) 相邻两点像素的灰度值分别为i，j　　(b) 灰度共生矩阵中第(i，j)个元素加1

图 9-2 差分值为 (1,1) 的图像灰度共生矩阵生成示意图

式 (9-2) 反映了图像灰度分布均匀程度和纹理粗细程度，f_1 越大表示灰度共生矩阵值处于主对角线上越多，灰度值变化小，灰度分布集中，纹理较粗。

2) 相关性 f_2

$$f_2 = \frac{1}{\sigma_1\sigma_2}\sum_{i=1}^{N_g}\sum_{j=1}^{N_g}(i-\mu_1)(j-\mu_2)P(i,j) \tag{9-3}$$

式中，$\mu_1 = \sum_{i=1}^{N_g} i\left[\sum_{j=1}^{N_g}P(i,j)\right]$ 表示行方向上灰度均值；$\mu_2 = \sum_{j=1}^{N_g} j\left[\sum_{i=1}^{N_g}P(i,j)\right]$ 表示列方向上灰度均值；$\sigma_1 = \left\{\sum_{i=1}^{N_g}(i-\mu_1)^2\left[\sum_{j=1}^{N_g}P(i,j)\right]\right\}^{1/2}$ 表示行方向上灰度方差；$\sigma_2 = \left\{\sum_{j=1}^{N_g}(j-\mu_2)^2\left[\sum_{i=1}^{N_g}P(i,j)\right]\right\}^{1/2}$ 表示列方向上灰度方差，相关性反映了图像在行和列方向上的相似程度，即局部相似性，灰度值分布相等或相近，其相关性大，分布相差大，则相关性小。

3) 熵 f_3

$$f_3 = -\sum_{i=1}^{N_g}\sum_{j=1}^{N_g}P(i,j)\log P(i,j) \tag{9-4}$$

反映了图像纹理的随机性和复杂程度，图像纹理分布均匀，灰度分布随机性大，则图像复杂，熵大，反之，图像灰度分布单一，熵小。

4) 对比度 f_4

$$f_4 = -\sum_{i=1}^{N_g}\sum_{j=1}^{N_g}(i-j)^2\log P(i,j) \tag{9-5}$$

反映了图像清晰度和纹理沟纹深浅程度，灰度值相差越大，纹理沟纹越深，图像越清晰，其对比度也越大。

5) 逆差矩 f_5

$$f_5=\sum_{i=1}^{N_g}\sum_{j=1}^{N_g}\frac{1}{1+(i-j)^2}P(i,j) \tag{9-6}$$

反映图像纹理局部变化情况，图像纹理分布局部均匀，变化小，则逆差矩大。

图像的灰度共生特征向量 $F=(f_1,f_2,f_3,f_4,f_5)$。

9.2.3 多源局部色彩迁移算法

Reinhard 提出通过色彩空间转换进行色彩迁移的方法，将 RGB 空间转换到 $l\alpha\beta$ 空间，对 $l\alpha\beta$ 空间图像色彩值的均值、标准差进行线型变换实现色彩迁移。$l\alpha\beta$ 是 LMS 色彩空间的一种变形，其 l、α、β 通道互相独立，其中一个改变，不影响另外两个通道，分别代表图像亮度分量、黄 - 蓝 (Y-B) 分量和红 - 绿 (R-G) 分量。在 Reinhard 算法基础上，将图像单源整体色彩迁移扩展至多源局部多源色彩迁移，不仅适用于彩色图色彩迁移，而且可以用于灰度图色彩迁移。

首先将目标图像及源图像使用图像分割算法分割成多个区域，计算各区域在 0°、45°、90° 和 135° 方向的灰度共生矩阵，得到 4 个方向上纹理特征向量 $(F_0,F_{45},F_{90},F_{135})$，取 4 个方向上特征向量均值为图像灰度共生特征向量 $\bar{F}=(F_0+F_{45}+F_{90}+F_{135})/4$，然后根据式 (9-7) 计算目标区域特征向量与源区域特征向量间欧式距离衡量目标区域与不同源区域间的相似性。

$$d=||\bar{F}_{T_m}-\bar{F}_{S_{kn}}||_2 \tag{9-7}$$

式中，$\bar{F}_{T_m}$ 表示目标图像中第 m 个区域的特征向量；$\bar{F}_{S_{kn}}$ 表示第 k 个源图像中第 n 个区域的特征向量，选择与目标图像第 m 个区域距离最小的源区域作为此目标区域的色彩区域。区域匹配完成后即进行局部色彩迁移，先将图像由 RGB 空间转换到 $l\alpha\beta$ 空间，计算公式为

$$\begin{aligned}\begin{bmatrix} l\\ \alpha\\ \beta\end{bmatrix}&=\begin{bmatrix}\frac{1}{\sqrt{3}} & 0 & 0\\ 0 & \frac{1}{\sqrt{6}} & 0\\ 0 & 0 & \frac{1}{\sqrt{2}}\end{bmatrix}\begin{bmatrix}1 & 1 & 1\\ 1 & 1 & -2\\ 1 & -1 & 0\end{bmatrix}\\ &\cdot\ln\left\{\begin{bmatrix}0.3811 & 0.5783 & 0.0402\\ 0.1967 & 0.7244 & 0.0782\\ 0.0241 & 0.1288 & 0.8444\end{bmatrix}\begin{bmatrix}R\\ G\\ B\end{bmatrix}\right\}\end{aligned} \tag{9-8}$$

式中，R、G、B 分别为图像的红、绿、蓝色彩分量的像素值。在 $l\alpha\beta$ 空间对目标区域及色彩区域色彩值进行线性变换，计算公式为：

$$\begin{cases} l^* = \dfrac{\sigma_{\mathrm{S}}^{l}}{\sigma_{\mathrm{T}}^{l}}(l_{\mathrm{T}} - \bar{l}_{\mathrm{T}}) + \bar{l}_{\mathrm{S}} \\ \alpha^* = \dfrac{\sigma_{\mathrm{S}}^{\alpha}}{\sigma_{\mathrm{T}}^{\alpha}}(\alpha_{\mathrm{T}} - \bar{\alpha}_{\mathrm{T}}) + \bar{\alpha}_{\mathrm{S}} \\ \beta^* = \dfrac{\sigma_{\mathrm{S}}^{\beta}}{\sigma_{\mathrm{T}}^{\beta}}(\beta_{\mathrm{T}} - \bar{\beta}_{\mathrm{T}}) + \bar{\beta}_{\mathrm{S}} \end{cases} \tag{9-9}$$

式中，$(l_{\mathrm{T}}, \alpha_{\mathrm{T}}, \beta_{\mathrm{T}}, \bar{l}_{\mathrm{T}}, \bar{\alpha}_{\mathrm{T}}, \bar{\beta}_{\mathrm{T}}, \sigma_{\mathrm{T}}^{l}, \sigma_{\mathrm{T}}^{\alpha}, \sigma_{\mathrm{T}}^{\beta})$ 分别为目标区域图像 $l\alpha\beta$ 空间三通道值、均值和标准差；$(\bar{l}_{\mathrm{S}}, \bar{\alpha}_{\mathrm{S}}, \bar{\beta}_{\mathrm{S}}, \sigma_{\mathrm{S}}^{l}, \sigma_{\mathrm{S}}^{\alpha}, \sigma_{\mathrm{S}}^{\beta})$ 分别为源区域图像 $l\alpha\beta$ 空间三通道的均值和标准差。

将迁移后的目标区域 $l\alpha\beta$ 空间色彩值 (l^*, α^*, β^*) 转换至 RGB 空间，转换公式为

$$\begin{bmatrix} R^* \\ G^* \\ B^* \end{bmatrix} = \begin{bmatrix} 4.4679 & -3.5873 & 0.1193 \\ -1.2186 & 2.3809 & -0.1624 \\ 0.0497 & -0.2439 & 1.2045 \end{bmatrix} \times \exp\left\{ \begin{bmatrix} 1 & 1 & 1 \\ 1 & 1 & -2 \\ 1 & -1 & 0 \end{bmatrix} \begin{bmatrix} \dfrac{1}{\sqrt{3}} & 0 & 0 \\ 0 & \dfrac{1}{\sqrt{6}} & 0 \\ 0 & 0 & \dfrac{1}{\sqrt{2}} \end{bmatrix} \begin{bmatrix} l^* \\ \alpha^* \\ \beta^* \end{bmatrix} \right\} \tag{9-10}$$

式中，(R^*, G^*, B^*) 即为迁移后的目标区域的像素值。

对目标图像所有区域进行如上操作，得到所有目标区域迁移后的图像，将迁移结果合并，并对图像分割边界利用中值滤波算法去噪，平滑边界。

如果目标图像 I 为灰度图，则在进行局部色彩迁移之前先将一维的灰度图像扩展至三维的 RGB 空间得到 I'。

$$I'_R = I; \quad I'_G = I; \quad I'_B = I \tag{9-11}$$

9.2.4　算法流程

输入：目标图像 I_D，N 个源图像 $I_{\mathrm{S}_1}, I_{\mathrm{S}_2}, \cdots, I_{\mathrm{S}_N}$。

输出：迁移后的目标图像 I^*。

步骤 (1)　使用滤波算法对图像去噪处理，使用爬山分割算法对图像分割得到各不同区域。

步骤 (2)　计算各区域的灰度共生矩阵 H，将灰度共生矩阵归一化，得到灰度共生密度矩阵 P，计算不同区域的纹理特征值，得到图像纹理特征向量 F。

步骤 (3)　计算目标图像各区域与源图像各区域间距离，选择距离最小的区域作为色彩区域。

步骤 (4)　判断目标图像 I 是否为彩色图，如果不是，根据式 (9-11) 将 I 扩展到 RGB 空间。

步骤 (5)　对目标区域和对应的色彩区域进行局部色彩迁移。

步骤 (6)　将迁移后的各区域合并得到迁移后的结果，对图像分割边界点使用中值滤波算法平滑边界，得到最终结果 I^*。

9.3　试验结果与对比

共做 3 组试验，分别通过单源局部迁移、多源局部迁移以及灰度图像迁移验证算法的有效性。

9.3.1　单源局部迁移

试验选用水墨画做色彩复现试验，将褪色的水墨画根据没有褪色的水墨画风格重新着色，图 9-3(a) 为目标图像，图 9-3(b) 为源图像。首先将目标图像分割为两部分：树木和天空，分别如图 9-3(c)~(d)，源图像也分割为两部分：树木和天空，分别如图 9-3(e)~(f)。计算各区域灰度共生特征向量，结果如图 9-3(g) 所示，计算目标景象区域与源景象区域特征向量间距离，距离小则相似性大，图 9-3(c) 与图 9-3(e) 特征向量距离最小，而图 9-3(d) 与图 9-3(f) 特征向量间距离最小，因此，图 9-3(c) 需要迁移的色彩区域为图 9-3(e)，图 9-3(d) 需要迁移的色彩区域为图 9-3(f)，根据局部色彩迁移算法分别得到如图 9-3(h)~(i) 所示的迁移结果，合并迁移结果并对分割边界平滑处理后得到最终结果如图 9-3(j) 所示。图 9-3(k) 为使用 Haralick 整体色彩迁移算法得到的迁移结果。

由图 9-3 可见，整体迁移结果色彩单一，不能很好的分开树木与天空的色彩，整体色彩偏浅，对比度小，不够明亮。与图 9-3(k) 对比，图 9-3(j) 色彩更加鲜艳，对比度明显且图像更自然，与源图像色彩分布更为一致，主观感受迁移效果优于整体迁移。对于客观指标衡量，首先使用文献 [7] 中提出的色彩度衡量方法。色彩度 $\hat{M}$ 定义：

$$\hat{M} = \sigma_{\mathrm{rgyb}} + 0.3\mu_{\mathrm{rgyb}} \tag{9-12}$$

式中，$\sigma_{\mathrm{rgyb}} = \sqrt{\sigma_{\mathrm{rg}}^2 + \sigma_{\mathrm{yb}}^2}$和 $\mu_{\mathrm{rgyb}} = \sqrt{\mu_{\mathrm{rg}}^2 + \mu_{\mathrm{yb}}^2}$ 分别表示 rg-yb 空间的标准差和均值；σ_{rg} 和 μ_{rg} 分别为 rg 通道色彩值的标准差和均值；σ_{yb} 和 μ_{yb} 分别为 yb 通道色彩值的标准差和均值。

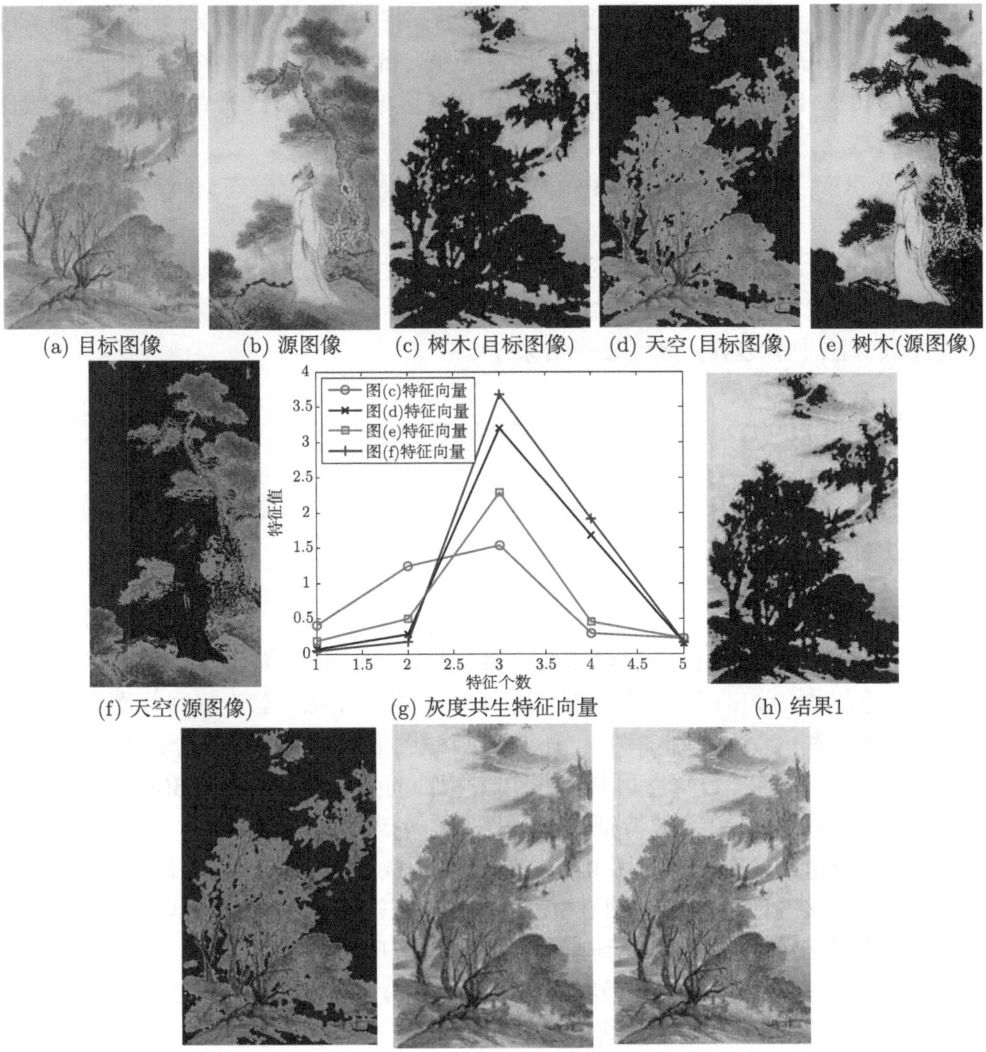

(a) 目标图像　(b) 源图像　(c) 树木(目标图像)　(d) 天空(目标图像)　(e) 树木(源图像)

(f) 天空(源图像)　(g) 灰度共生特征向量　(h) 结果1

(i) 结果2　(j) 结果3　(k) 结果4

图 9-3　单源局部迁移过程

表 9-1 给出色彩度在不同区间内的含义。rg-yb 空间色彩值与 RGB 空间像素值转换公式为

$$\begin{cases} \mathrm{rg} = R - G \\ \mathrm{yb} = \dfrac{1}{2}(R + G) - B \end{cases} \tag{9-13}$$

表 9-1　不同区间内的色彩度取值含义

色彩度含义	无	轻微	少量	一般	非常	高度	极其
色彩度 $\hat{M}$	0	0~15	16~33	34~45	46~59	60~82	83~109

多源局部色彩迁移算法及 Reinhard 算法所得结果色彩度 $\hat{M}$ 如表 9-2 所示，目标图像及源图像色彩度分别处于“轻微”和“少量”的区间，Reinhard 算法及多源局部色彩迁移算法均可提高目标图像的色彩度，达到“少量”程度，而 Reinhard 算法仅考虑整体色彩基调，使得色彩分布均匀集中，纹理变浅，对比度小，得到的色彩度也小，多源局部色彩迁移算法分别考虑不同区域间的色彩迁移，所得图像色彩鲜明，得到了更好的迁移结果。

表 9-2 单源迁移结果的色彩度分析

	目标图像	源图像	Reinhard 算法	多源局部色彩迁移算法
色彩度 $\hat{M}$	12.3225	27.7891	19.3465	22.9387

另外，根据灰度共生矩阵的纹理特征的含义，图像的能量大，相关性大，逆差矩大，而熵和对比度小，表示图像的灰度分布均匀相似，局部变化小，图像纹理浅，分布简单不清晰。表 9-3 给出 Reinhard 算法和多源局部色彩迁移算法迁移结果的纹理特征向量，由表 9-3 可知，多源局部色彩迁移算法所得结果纹理更清晰，对比度更大，与主观感受是一致的。

表 9-3 单源迁移结果的纹理特征分析

算法	能量	相关性	熵	对比度	逆差矩
Reinhard 算法结果	0.1123	0.2072	3.0231	1.0650	0.1803
多源局部色彩迁移算法结果	0.0517	0.0767	3.8635	1.9255	0.1541

9.3.2 多源局部迁移

第一组试验使用单幅图像作为源图像，验证算法在单源图像迁移中的有效性，此部分试验使用的目标图像更复杂，单幅图像已不能为目标图像所有区域提供合适的色彩区域，此时需要多幅图像作为源图像完成图像迁移。

试验使用目标图像的环境背景为傍晚，如图 9-4(a) 所示，源图像有两幅图，环境背景为中午，分别如图 9-4(b)~(c) 所示。试验步骤与第一部分试验类似，首先使用爬山分割算法将各图像分割，分别得到如图 9-4(d)~(f) 所示的分割结果。计算各区域图像的特征向量，结果如图 9-4(g) 所示，计算目标区域与各源区域间距离，选择距离最小的源区域作为目标区域的色彩区域。经计算，目标图像天空部分 (图 9-4(h)) 与源图像 1 的天空部分 (图 9-4(i)) 距离最小，目标图像山体部分 (图 9-4(j)) 与源图像 2 的山体部分 (图 9-4(k)) 距离最小，目标图像树林部分 (图 9-4(l)) 与源图像 2 的树林部分 (图 9-4(m)) 距离最小，分别进行局部色彩迁移，得到结果如图 9.4(n)~(p) 所示。将各区域迁移结果合并并平滑分割边界得到最终迁移结果如图 9-4(q) 所示。

(a) 目标图像(傍晚)

(b) 源图像2(中午)

(c) 源图像1(中午)

(d) 目标图像分割结果

(e) 源图像2分割结果

(f) 源图像1分割结果

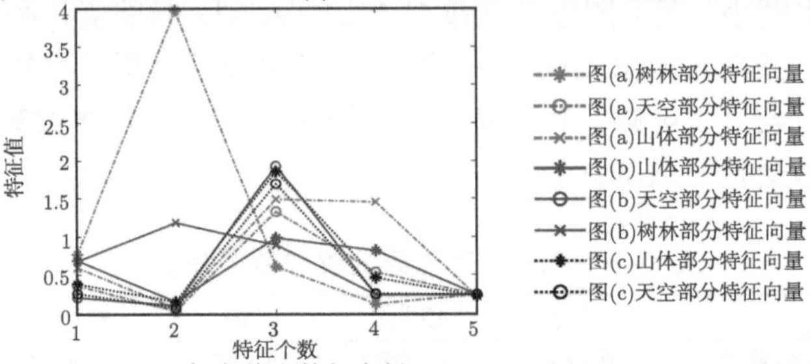

(g) 灰度共生特征向量

(h) 目标图像(天空)

(i) 源图像1(天空)

(j) 目标图像(山体)

(k) 源图像2(山体)

(l) 目标图像(树林)

(m) 源图像2(树林)

(n) 结果1

(o) 结果2

(p) 结果3

(q) 多源局部迁移　(r) 单源迁移(源图像1)　(s) 单源迁移(源图像2)

图 9-4 多源局部色彩迁移过程

图 9-4(r)~(s) 分别为单独使用源图像 1 与源图像 2 进行整体色彩迁移的结果。对比图 9-4(q)~(s) 可知，单源整体迁移不能有效处理不同区域间的迁移，并且迁移结果色彩单一，图像细节处理不好，天空部分对比度小，图 9-4(r)~(s) 中白云的纹理已不可见，而树林部分色彩与色彩图像差异大，左下角部分色彩信息丢失，严重失真，整体迁移效果不理想，而多源局部迁移分别对不同区域做单独迁移，所得结果对比度大，蓝天白云清晰可分，整体色彩风格与源图像更相近，使的目标图像由傍晚的环境背景成功迁移至中午的环境背景。

表 9-4 给出了目标图像、源图像及不同迁移结果的色彩度 $\hat{M}$，与单源迁移类似，本章算法和 Reinhard 算法都可得到比目标图像更高的色彩度，说明这两种算法都能有效的增强目标图像的色彩。而图 9-4(r)~(s) 的色彩度大于图 9-4(q)，得到了更大的色彩度，但是整体迁移的局限性，使图像的在达到更大色彩度的同时，丢失了纹理信息，而且色彩与色彩图像差异大，图像失真严重。表 9-5 给出了本章算法和 Reinhard 算法所得结果的纹理特征向量，分析可知，本章算法所得结果能量、相关性、逆差矩小，而熵、对比度大，图像的纹理更深，色彩分布复杂而清晰。

表 9-4 多源迁移结果的色彩度分析

	目标图像	源图像1	源图像2	Reinhard 算法结果1	Reinhard 算法结果2	本章算法
色彩度 $\hat{M}$	57.9580	83.3428	80.1140	76.5062	82.0156	67.1573

表 9-5 多源迁移结果的纹理特征分析

算法结果	能量	相关性	熵	对比度	逆差矩
Reinhard 算法结果1	0.3506	0.2206	1.8922	0.2362	0.2230
Reinhard 算法结果2	0.3607	0.2528	1.8906	0.2329	0.2226
本章算法结果	0.1361	0.1229	2.6853	0.4365	0.2130

9.3.3 灰度图色彩迁移

灰度图上色是色彩迁移的重要用途之一，根据已有色彩分布相似的彩色图，对没有任何色彩信息的灰度图着色。本组试验目标图像为灰度图像，源图像为彩色图，分别如图 9-5(a)～(b) 所示。与前两组试验步骤类似，首先将图像分割，分割结果如图 9-5(c)～(d) 所示。计算各区域灰度共生特征向量，结果如图 9-5(i) 所示，然后计算目标区域与源区域间距离，选择距离最小的源区域作为对应的色彩区域。经计算，目标图像花朵部分与源图像花朵部分相似性最大，而目标图像绿叶部分与源图像绿叶部分相似性最大，分别进行局部色彩迁移所得结果分别为图 9-5(e)～(f)，将结果合并并对分割边界平滑处理后的最终结果如图 9-5(g) 所示，图 9-5(h) 为使用 Reinhard 算法进行整体迁移的结果。

由图可以看出，Reinhard 算法所得结果没有很好的分离出花朵和绿叶的色彩，与源图像色彩基调差异很大，而本章可以较好的处理不同区域间的色彩迁移，目标图像与源图像中包含的相似内容部分的色彩一致，色彩明亮，色彩鲜艳，迁移效果明显优于 Reinhard 算法结果。

(a) 目标图像　(b) 源图像　(c) 分割结果(目标图像)

(d) 分割结果(源图像)　(e) 局部迁移(花朵)　(f) 局部迁移(绿叶)

(g) 多源局部迁移　(h) 整体迁移(Reinhard算法)　(i) 灰度共生特征向量

图 9-5　灰度图像迁移过程

表 9-6 给出两种不同算法所得结果的色彩度分析，Reinhard 算法结果色彩度 $\hat{M}$ 达到了“非常”的程度，而本章算法结果达到了“极其”的程度，色彩度更高，更好的实现了灰度上色处理。

表 9-6　灰度图迁移结果的色彩度分析

	Reinhard 算法	本章算法
色彩度 $\hat{M}$	57.0633	107.1426

另外对所得结果的纹理特征分析可知，本章算法所得结果的能量、相关性、逆差矩小于 Reinhard 算法结果，熵大于 Reinhard 算法结果，由纹理特征值含义可知，本章算法所得结果纹理变化大，色彩分布差异大，图像色彩更鲜艳，视觉效果更好。表 9-7 为两种迁移结果的纹理特征值分析。

表 9-7　迁移结果的纹理特征分析

算法结果	能量	相关性	熵	对比度	逆差矩
Reinhard 算法结果	0.3115	0.0456	2.0533	1.1047	0.2184
本章算法结果	0.1804	0.0389	2.6297	1.0384	0.2109

9.4 本 章 小 结

图像色彩迁移旨在将源图像的色彩基调转移至目标图像而不改变目标图像的形状，迁移效果的好坏取决于目标图像的色彩源是否合理。提出一种基于灰度共生矩阵的多源局部色彩迁移算法，根据图像灰度共生特征计算目标区域与源区域的相关性，为目标区域选择合适的色彩区域，进而完成局部色彩迁移。本章算法可以有效地解决分布相似的图像间的色彩迁移，而对分布差异比较大的图像可能存在较大误差，下一步工作即解决分布差异较大的图像间色彩迁移问题。

参 考 文 献

[1] Reinhard E, Adhikhmin M, Gooch B, et al. Color transfer between images. IEEE Computer Graphics and Applications, 2001, 21(5): 34-41.

[2] Wen C L, Hsieh C H, Chen B Y, et al. Example-based multiple local color transfer by strokes. Computer Graphics Forum, 2008, 27(7): 1765-1772.

[3] Xiao X Z, Ma L Z. Gradient-preserving color transfer. Computer Graphics Forum, 2009, 28(7): 1879-1886.

[4] Ha H G, Jang I S, Kim D C, et al. Local color transfer using modified color influence map with color category. Proceedings of the 1st IEEE International Conference on Consumer Electronics. Berlin, Germany: IEEE Press, 2011. 194-197.

[5] Achanta R, Estrada F, Wils P, et al. Salient region detection and segmentation. Proceedings of the 6th International Conference on Computer Vision Systems. Santorini, Greece: Springer Press, 2008. 66-75.

[6] Haralick R M, Shanmugam K. Textural features for image classification. IEEE Transactions on Systems, Man and Cybernetics, 1973 (6): 610-621.

[7] Hasler D, Süsstrunk S. Measuring colourfulness in natural images. Proceedings of the International Society for Optical Engineering. Santa Clara, United States: SPIE, 2003. 87-95.

第 10 章　基于图构建的多源参数迁移

智能优化领域内有两个主要难题[1]：一是多变量耦合参数的合理设定; 二是随问题规模指数级增长的优化复杂度。通常情况下，前者依赖于人为经验设定，参数选取好坏是专家经验与一定偶然性共同作用的结果，而后者则会导致优化时间的大为延长。

本章针对智能优化领域内的以上两个主要问题，以蚁群算法为基础，提出一种多源参数迁移算法。不同于第 2~5 章涉及的分类迁移、第 6~7 章的决策迁移与第 8~9 章的色彩迁移，本章采用一种图构建的方式逼近关联源任务参数流形空间，并扩展使其包含目标任务，从而实现目标任务参数的图迁移。

本章内容安排如下：10.1 节给出参数迁移的概念与研究现状；10.2 节给出由源任务参数流形空间逼近图形成的邻接迁移矩阵；10.3 节将其扩展包含目标任务并形成扩展的邻接迁移图；10.4 节介绍多源参数的图迁移原理；10.5 节对不同环境下的参数迁移问题进行仿真研究与算法对比；最后，10.6 节为本章小结。

10.1　参数迁移

从蚂蚁群体寻找最短路径觅食行为受到启发，Dorigo 等于 20 世纪 90 年代提出一种模拟自然界蚁群行为的模拟进化算法–人工蚁群算法[2]。蚁群算法不仅能够智能搜索、全局优化，而且具有高度的本质并行性、正反馈性、鲁棒性及协同性等优点，在解决复杂优化问题上显示出良好的适应性，已成功应用于解决旅行商、车间调度和机器人路径规划等问题。但是，同其他许多启发式智能优化算法一样，蚁群算法的优化结果对参数的选择比较敏感，算法运行参数的选取对算法性能有着至关重要的影响。对于不同的优化问题，算法的参数选取不同。即使对于同一类型优化问题，由于问题规模不一样，算法的参数选取也不尽相同。

传统蚁群算法的参数选取方法主要有：经验选择法、实验试凑法、正交试验设计法等。经验选择法要求对所研究问题拥有很好的经验和足够的知识，否则，并不容易获得合适的参数。实验试凑法是通过大量的数字仿真实验来获得较优的参数，比较费时，而且获得的参数也不一定是最优的。正交试验设计法的缺点是计算量大，并且没有全面考虑参数之间存在的耦合性。由于蚁群算法的参数选取可以视为优化问题，因此近年来，陆续有学者采用遗传算法 (genetic algorithm，GA)[3] 或粒子群优化 (particle swarm optimization，PSO)[4] 等智能优化算法对蚁群算法的运行参数进行迭代求解。但是，这种方法在进行蚁群算法参数优化选择的同时，又引入了诸如 GA 中选择、交叉、变异概率，PSO 中惯性权值、学习因子、最大速度等众多参数的选择问题，而 GA 和 PSO 的优化性能在很大程度上也取决于其自身运行参数的合理选择。

蚁群算法参数空间的庞大性和各参数之间的耦合性，使得如何确定最优参数组合使蚁群算法的求解性能达到最佳一直是一个极其复杂的问题。为解决这个问题，此处考虑采用一种图知识迁移 (graph knowledge transfer，GKT) 方法来对蚁群算法的参数进行优化选择。主要思路为：利用图论知识，通过对各任务 (包括源任务和目标任务) 构造一个模型迁移图，来实现知识的迁移。此处用来迁移的知识，是各个源任务的经验参数，即蚁群算法的运行参数。具体实现步骤为：首先，将源任务映射到一个高维的迁移空间，并通过迁移权值连接不同的源任务，以衡量它们之间的迁移性能。这样，迁移空间中的任务点以及迁移权值就构成了一个模型迁移图。由于实际问题中源任务的个数总是有限的，因而模型迁移图实际上是拥有无数任务点的理想迁移流形的离散化形式，而有限的源任务点，则可看作是 Agent 学习迁移流形的训练样本。其次，将模型迁移图进行扩展使其包含目标任务，并通过 Agent 对迁移函数的学习，最终为目标任务分配一个优化的迁移参数，以实现蚁群算法参数的合理选择。

尽管基于图知识迁移的蚁群算法参数选择同样依赖于以往的经验，但与上述传统的经验选择法相比，它降低了对执行操作人员的要求。换句话说，是 Agent 自主地利用过去习得的知识来解决当前问题，在这个过程中，不需要人对其进行指导或者干预。同时，相比于依靠大量数字仿真的实验试凑法，充分利用以往已掌握的知识显然会降低新任务的学习难度，使得基于图知识迁移的参数选择算法花费的时间代价更小。

10.2　ACO 参数邻接迁移矩阵

10.2.1　ACO 参数分析

一般来说，蚁群算法主要有 5 个运行参数，即 α、β、ρ、Q 和 M，其控制作用体现在以下 3 个式子中

$$p_{ij}^k(t) = \begin{cases} \dfrac{[\tau_{ij}(t)]^\alpha \cdot [\eta_{ij}]^\beta}{\sum\limits_{k\in\text{allowed}} [\tau_{ik}(t)]^\alpha \cdot [\eta_{ik}]^\beta}, & j \in \text{allowed} \\ 0, & \text{其他} \end{cases} \tag{10-1}$$

$$\tau_{ij}(t+1) = \rho \cdot \tau_{ij}(t) + \Delta\tau_{ij} \tag{10-2}$$

$$\Delta\tau_{ij} = \begin{cases} \dfrac{Q}{L_k}, & \text{第}k\text{只蚂蚁经过路段}ij \\ 0, & \text{其他} \end{cases} \tag{10-3}$$

式 (10-1) 表示第 k 只蚂蚁从结点 i 出发选择结点 j 的概率，allowed 为蚂蚁处于结点 i 时的下一步可行点集，由环境地图决定。式 (10-1) 中起到控制作用的参数仅有 α 与 β，其中参数 α 表示路段 ij 上残留信息素 $\tau_{ij}(t)$ 的相对重要程度，反映了上一代蚂蚁在路径中生成的信息素对当前蚂蚁选择路径的影响，其值越大，当前蚂蚁越倾向于选择之前蚂蚁走过的路径；参数 β 表示结点 j 处启发式因子 η_{ij} 的相对重要程度，反映了当前蚂蚁对于目标结点的可见度。

式 (10-2) 给出了信息素浓度的更新规则，其中 $\Delta\tau_{ij}$ 为时刻 t 到时刻 $t(+1)$ 的新增信息素，由式 (10-3) 求得。参数 ρ 表示信息素的持久性，$(1-\rho)$ 为信息素轨迹的衰减度，即信息素的消逝程度。若 ρ 太大，算法的全局搜索能力就会降低；若减小 ρ，算法的全局搜索能力会随之提高，但收敛速度会变慢。

式 (10-3) 中，L_k 为第 k 只蚂蚁所寻路径的长度。参数 Q 表示新增信息素 $\Delta\tau_{ij}$ 的强度，反映了路径上信息素增加速度的快慢。较大的 Q 值会使信息素浓度过于集中，令算法陷入局部最优；而 Q 值太小又会使算法寻路的速度变慢。

蚁群算法中的参数 M 表示蚂蚁的总数，它的大小在一定程度上影响 Q 值的选取。另外，与参数 ρ 类似，参数 M 的合理选择同样陷入算法全局搜索能力与收敛速度的矛盾之中。

10.2.2 邻接迁移矩阵

给定源任务集合 $T=\{t_i\}_{i=1}^n$，对于每个指定的源任务 t_i，采用蚁群算法模型 m_i 进行优化，以选择最优路径 L_{best}。每个模型 m_i 有其相应的运行参数组合 $p_i=(\alpha_i,\beta_i,\rho_i,Q_i,M_i)^{\text{T}}\in R^5$，该参数组合 p_i 可以在不同任务 t_i 之间进行迁移。现将源任务集合 $T=\{t_i\}_{i=1}^n$ 映射到一个特殊的高维空间 R^θ，R^θ 称为源任务的迁移空间。该空间用以描述不同任务间的迁移性能，空间的维数 θ 等于迁移参数 p_i 的维数，即 $\theta=5$。迁移空间的每个点 p_i 均代表一个不同的任务 t_i，各任务 t_i 的坐标用其相应的运行参数 p_i 来表示。不同任务 t_i 与 t_j 间用迁移权值 $\omega_{i,j}$ 进行连接。迁移权值 $\omega_{i,j}$ 的定义如下：

定义 1 设任务 t_i 与 t_j 分别有相应蚁群模型 m_i 与 m_j，及运行参数 p_i 与 p_j，则迁移权值 $\omega_{i,j}$ 为

$$\omega_{i,j} = (\text{length}_j - \text{length}_{i,j})/\text{length}_j \tag{10-4}$$

式中，$\text{length}_{i,j}$ 表示蚁群模型 m_j 在参数 p_i 控制下的路径长度；length_i 表示 m_j 在自身参数 p_j 控制下的路径长度。

由定义 1 可知，迁移权值 $\omega_{i,j}$ 实际上表示任务 t_i 对任务 t_j 的参数迁移性能。需要说明的是 $\omega_{i,j} \neq \omega_{j,i}$，即不同任务 t_i 与 t_j 间的相互迁移不具有对称性。由于 $\text{length}_{i,j} \in (0,+\infty)$ 且 $\text{length}_j \in (0,+\infty)$，因此，迁移权值 $\omega_{i,j}$ 的取值范围为 $(-\infty,1)$。当 $\omega_{i,j} > 0$ 时表示正迁移，即迁移参数的性能优于原参数的性能，其值越接近于 1，迁移效果越好；当 $\omega_{i,j} < 0$ 时为负迁移，即参数迁移后算法性能变差，其值越小，迁移效果越差；$\omega_{i,j} = 0$ 时性能不变，即参数迁移前后对算法没有影响。

迁移权值的总合构成了邻接迁移矩阵 A_n，定义如下：

定义 2 设高维迁移空间 R^θ 中具有 n 个不同的源任务 $\{t_i\}_{i=1}^n$，且任务 t_i 对 t_j 的迁移权值为 $\omega_{i,j}$，则有邻接迁移矩阵 $A_n = \{a_{i,j}\}$，其中：

$$a_{i,j} = \begin{cases} 0, & i = j \\ \min(\omega_{i,j}, \omega_{j,i}), & \text{其他} \end{cases} \tag{10-5}$$

对于迁移空间 R^θ，采用模型迁移图 G 对其进行建模 [5]。该模型迁移图包括两方面的内容：一是由空间中的任务点 t_i 构成的任务点集 $P = \{P_i\}_{i=1}^n$；二是由迁移权值 $\omega_{i,j}$ 构成的邻接迁移矩阵 A_n，即 $G = (P, A_n)$。

10.3 基于扩展模型图的多源参数迁移

根据 10.2 节的内容，在已知路径规划的源任务集合 $T = \{t_i\}_{i=1}^n$ 以及相应的蚁群算法模型参数 $p_i = (\alpha_i, \beta_i, \rho_i, Q_i, M_i)^{\mathrm{T}}$ 的基础上，能够采用模型迁移图 $G = (P, A_n)$ 来描述源任务及其相互间的迁移关系。本节将说明如何扩展模型迁移图 G，使其包含目标任务 t_{n+1}，并通过扩展的模型迁移图 $\hat{G} = (\hat{P}, \hat{A}_{n+1})$ 来优化目标任务 t_{n+1} 的相应参数 $p_{n+1} = (\alpha_{n+1}, \beta_{n+1}, \rho_{n+1}, Q_{n+1}, M_{n+1})^{\mathrm{T}}$。

先对模型迁移图 G 进行扩展。利用式 (10-4) 计算各源任务 $\{t_i\}_{i=1}^n$ 对目标任务 t_{n+1} 的扩展迁移权值 $\hat{\omega}_1, \hat{\omega}_2, \cdots, \hat{\omega}_n$。扩展的模型迁移图 $\hat{G}$ 定义如下：

定义 3 设 p_{n+1} 为目标任务 t_{n+1} 对应的随机运行参数，$\hat{\omega} = (\hat{\omega}_1, \hat{\omega}_2, \cdots, \hat{\omega}_n)$ 为源任务对目标任务的迁移权值，则扩展模型迁移图 $\hat{G} = (\hat{P}, \hat{A}_{n+1})$，其中 $\hat{P} = P \cup \{P_{n+1}\}$，$p_{n+1}$ 为迁移空间中对应于目标任务的点，$\hat{A}_{n+1}$ [5] 为

$$\hat{A}_{n+1} = \begin{bmatrix} A_n & \hat{\omega}^{\mathrm{T}} \\ \hat{\omega} & 0 \end{bmatrix} \tag{10-6}$$

将模型迁移图 G 扩展为包含目标任务 t_{n+1} 的 $\hat{G} = (\hat{P}, \hat{A}_{n+1})$ 后，接下来要学习基于图 $\hat{G}$ 的迁移函数。所谓迁移函数 $\hat{f}$，是包括目标任务 t_{n+1} 在内的任务集合 $\hat{T} = \{t_i\}_{i=1}^{n+1}$ 到参数集合的映射，即 $\hat{f}: \hat{T} \to R^\theta$，它给每一个任务 t_i 分配一个针对其蚁群模型 m_i 的运行参数 $p_i = (\alpha_i, \beta_i, \rho_i, Q_i, M_i)^{\mathrm{T}}$。由于源任务 T 的所有参数

信息 $\{p_i\}_{i=1}^n$ 均是已知的，因而其可以作为学习迁移函数的样本。根据这些训练数据 $\{p_i\}_{i=1}^n$，可以生成一个合适的迁移函数，它将源任务的参数知识迁移给目标任务 t_{n+1}，从而给目标任务分配一个优化的运行参数 $\hat{p}_{n+1}$。

为了使迁移函数 $\hat{f}$ 符合任务间的迁移关系，需要在模型迁移图 $\hat{G}=(\hat{P},\hat{A}_{n+1})$ 的基础上建立迁移函数。为此，引入图论的知识进行分析求解。

10.4 目标任务的参数优化

设 $G=(P,A_n)$ 为任务集合 T 对应的模型迁移图，它是包括 n 个顶点与 $n\times n$ 个迁移权值的 θ 维无向连通图。图上各个顶点 P_i 的度为 $d_i=\sum_{j=1}^{n}a_{i,j}$，则度对角矩阵 $D=\mathrm{diag}(d_1,d_2,\cdots,d_n)$。由于模型迁移图 G 与图拉普拉斯矩阵 $L=D-A_n$ 之间存在一一对应的关系，将 L 进行特征分解，有 $L=Q\Lambda Q^{\mathrm{T}}$，其中 Q 是 L 的特征向量矩阵，$\Lambda=\mathrm{diag}(\lambda_1,\lambda_2,\cdots,\lambda_n)$ 为 L 的特征值对角矩阵，且有 $0=\lambda_1\leqslant\lambda_2\leqslant\cdots\leqslant\lambda_n$。这样，就可得到基于图 G 的一组正交基向量矩阵 Q。

以上分析过程均是针对源任务的模型迁移图 G 进行的。相应地，针对扩展迁移图 $\hat{G}$，有图拉普拉斯算子 $\hat{L}$，特征值对角矩阵 $\hat{\Lambda}$ 以及作为基的特征向量矩阵 $\hat{Q}$。

设迁移函数矩阵 $\hat{f}=(p_1,p_2,\cdots,p_{n+1})^{\mathrm{T}}$，在求得 $\hat{Q}$ 后，可以得知，必然存在一个 $(n+1)\times\theta$ 维的权值矩阵 W，使得 $\hat{f}=\hat{Q}W$。取 $\hat{Q}$ 的前 n 行作为源任务的一组基，即 $Q=\hat{Q}_{1,2,\cdots,n^*}$，则采用最小二乘法，可以得到权值矩阵 W[5]：

$$W_{*,i}=\arg\min_{\omega}(||f_{*,i}-Q\omega||^2+||\sqrt{\hat{\Lambda}}\omega||^2) \tag{10-7}$$

式中，$f=(p_1,p_2,\cdots,p_n)^{\mathrm{T}}$，$||\sqrt{\hat{\Lambda}}\omega||^2$ 为基于 f 的二阶导数惩罚项。

为防止过拟合现象的出现，惩罚项可以很好地抑制 f 中的高频成分，其推导过程如下 [5]：

$$\begin{aligned}\left\langle\nabla\hat{f},\nabla\hat{f}\right\rangle&=\left\langle\hat{f},\hat{L}\hat{f}\right\rangle=(\hat{Q}\omega)^{\mathrm{T}}(\hat{L}\hat{Q}\omega)\\&=\omega^{\mathrm{T}}\hat{Q}^{\mathrm{T}}(\hat{Q}\hat{\Lambda}\hat{Q}^{\mathrm{T}}\hat{Q}\omega)\\&=\omega^{\mathrm{T}}I\hat{\Lambda}I\omega=\omega^{\mathrm{T}}\Lambda\omega\\&=||\sqrt{\hat{\Lambda}}\omega||^2\end{aligned} \tag{10-8}$$

对式 (10-7) 进行求解，得

$$W=(Q^{\mathrm{T}}Q+\hat{\Lambda})^{-1}Q^{\mathrm{T}}f \tag{10-9}$$

求出权值矩阵 W 后，再利用迁移函数 $\hat{f}=\hat{Q}W$ 求得 $\hat{f}$，那么，该矩阵的第 $(n+1)$ 行转置后即为目标任务的优化迁移参数 $\hat{p}_{n+1}$。

10.5　仿真研究与分析

10.5.1　环境设定

为了对本文所提蚁群算法的参数选择方法进行深入的分析研究，考虑采用机器人路径规划的任务进行仿真。图 10-1 给出了仿真的 6 幅地形图，地图中无色格子代表可通行区域，有色格子代表障碍物。地图尺寸大小及障碍物覆盖率分别为：map 1，20×20、28.5%；map 2，20×20、34.5%；map 3，20×20、29.3%；map 4，20×20、29.0%；map 5，16×16、34.8%；map 6，40×40、39.4%。其中，图 10.1(a)~图 10-1(e) 对应源任务 t_i，$i=1,2,\cdots,5$，图 10-1(f) 对应目标任务 t_6。各任务的目的相同，均要求机器人能够快速找到一条从出发点到目的地的最短路径，出发点设为地图左上角，目的地设为右下角。机器人在地图中有 8 个移动方向，即前、后、左、右、左前、右前、左后和右后，每次只能移动一个单元格，在碰到边沿或障碍物时停在原地。仿真的目标是合理地将 5 个源任务已具有的参数知识迁移到目标任务中，为其分配一个优化参数，以期快速规划出一条最短路径。

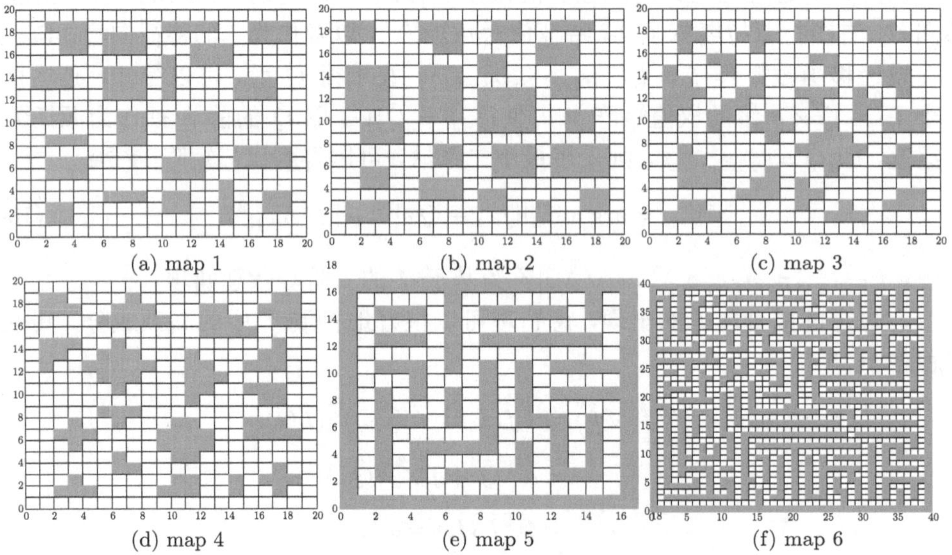

(a) map 1　(b) map 2　(c) map 3

(d) map 4　(e) map 5　(f) map 6

图 10-1　源任务与目标任务地图

10.5.2　迁移性能分析

已知各源任务的经验参数为：map 1，$\alpha=5$、$\beta=10$、$\rho=0.3$、$Q=1$、$M=5$；map 2，$\alpha=10$、$\beta=8$、$\rho=0.2$、$Q=0.08$、$M=10$；map 3，$\alpha=6$、$\beta=10$、$\rho=0.1$、$Q=0.1$、$M=30$；map 4，$\alpha=6$、$\beta=4$、$\rho=0.5$、$Q=1$、$M=40$；map

5，$\alpha = 2$、$\beta = 10$、$\rho = 0.2$、$Q = 1$、$M = 5$。不同源任务间的相互迁移性能如表 10-1 所示。

表 10-1 源任务间的迁移性能

目标任务	map 1	map 2	map 3	map 4	map 5
map 1	—	−0.1082	−0.0103	−0.0285	−0.1060
map 2	0.1304	—	−0.0223	−0.0780	0.0170
map 3	0.0660	0.0109	—	0.0468	−0.0580
map 4	0.1655	−0.1082	−0.1969	—	0.0427
map 5	0.1157	−0.0448	−0.0350	0.0624	—

表 10-1 中，行对应源任务，列对应被迁移的任务，迁移性能由迁移权值 $\omega_{i,j}$ 来衡量，其值由式 (10-4) 计算得出。为消除蚁群算法的随机性对衡量参数性能时的不良影响，取 10 次仿真时的平均值。从表中可以直观地看出，不同任务间的相互迁移不具有对称性。另外，尽管各个任务采用的均是令人满意的经验参数，但是仍然有优劣之分。对比第一列与第三列的数据可以发现，各任务对 t_1 均有正的迁移效果，而 t_3 在接受其他任务的参数迁移时则显示出负的迁移特性，说明任务 t_1 的经验参数略差，而 t_3 的经验参数则较优。观察第三行数据，除了任务 t_3 对任务 t_5 的迁移效果为 −0.0580 外，其余均为正迁移，也说明任务 t_3 的经验参数在几个源任务中，具有一定的普适性。

表 10-2 给出了各源任务对目标任务 t_6 的迁移性能，为衡量这种性能的优劣，对任务 t_6 分配随机运行参数，同样取 10 次仿真的平均值作为表中的数据。可以看出，在源任务中，t_3 对目标任务具有最佳迁移性能，因此，该任务点将作为下面进行最佳手动迁移时的依据。另外，尽管从地形图来看，map 5 与 map 6 具有一定的相似性，但这并不能说明任务 t_5 对目标任务 t_6 拥有最好的迁移效果。

表 10-2 源任务对目标任务的迁移性能

目标任务	map 1	map 2	map 3	map 4	map 5
map 6	0.2277	0.0578	0.3337	0.0055	0.1938

为考察基于图知识迁移算法的性能优劣，将其与其他类型的知识迁移算法进行对比，仿真效果如图 10-2 所示。这里，仅取路径长度作为评价标准，因为此处衡量迁移性能的唯一依据就是路径长度。若要考虑其他因素，如路径规划总耗时及算法迭代次数等，须对定义 1 及式 (10-4) 进行修正。图 10-2(a) 为基于图的知识迁移算法 GKT，其规划路径长度为 80.2843，为各类迁移算法中最优。图 10-2(b) 为最佳手动迁移 (best manual knowledge transfer，BMKT) 算法得到的优化路径，长度为 89.3553。所谓最佳手动迁移，即是将源任务中对目标任务迁移性能最好的参数

迁移到目标任务，其参考依据为表 10.2 中数据，本试验取任务 t_3 的经验参数进行迁移。平均迁移 (average knowledge transfer，AKT) 是简单地将源任务中各经验参数取平均值后迁移到目标任务中，图 10-2(c) 给出其优化蚁群参数后的规划路径，长度为 107.4558。图 10-2(d) 为无迁移 (no knowledge transfer，NKT) 的规划效果，即在没有任何经验知识的前提下，为目标任务分配一组随机运行参数得到的结果，尽管其有极小的概率随机找到较优的参数组合，但是很显然，在大多数情况下，该方法无法得到理想的规划路径。

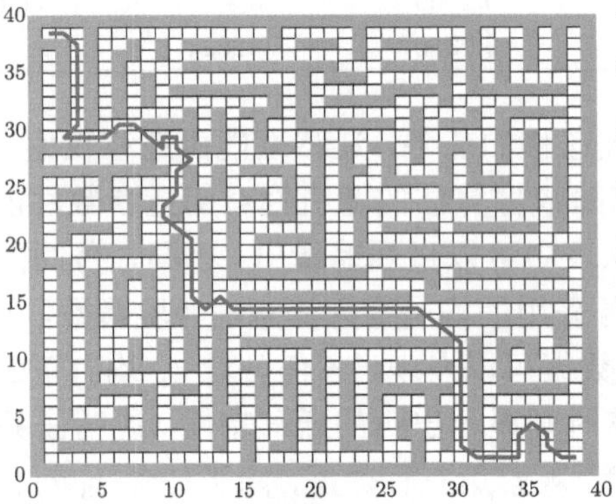

(a) 图迁移(路径长度80.2843)
(α=5.4043, β=7.4717, ρ=0.3567, Q=2.1249, M=25)

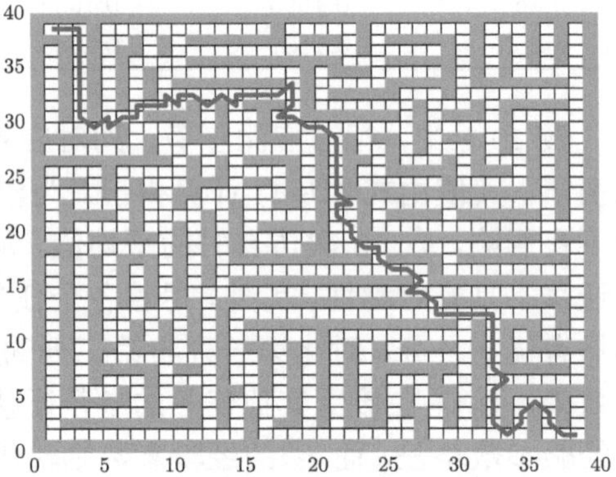

(b) 最佳手动迁移(路径长度89.3553)
(α=6, β=10, ρ=0.1, Q=0.1, M=30)

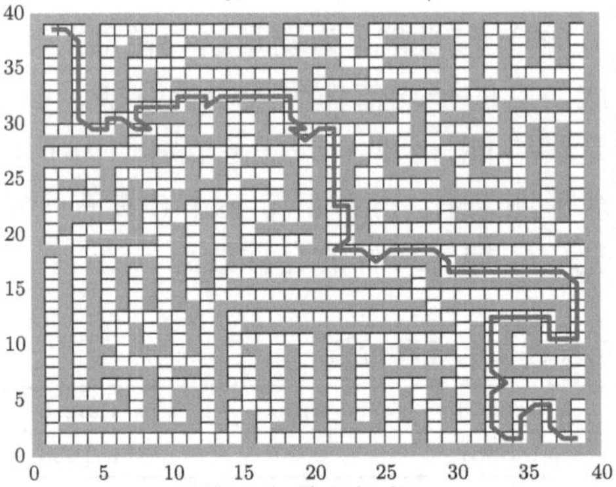

(c) 平均迁移(路径长度107.4558)
(α=5.8, β=8.4, ρ=0.26, Q=0.6360, M=18)

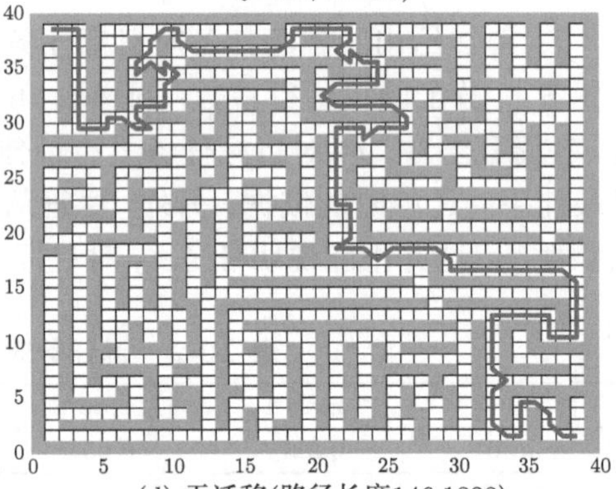

(d) 无迁移(路径长度146.1838)
(α=9.4083, β=7.5914, ρ=0.6257, Q=8.6985, M=38)

图 10-2　各类迁移算法规划路径效果对比

图 10-2 仅给出了上述各类迁移算法某一次仿真的路径规划结果。事实上，对于蚁群算法而言，即使是同一组运行参数，在多次试验中，仿真结果仍会在小范围中浮动。为消除算法随机性的影响，取 10 次仿真，图 10-3 为各算法性能对比曲线。从图中可以看出，算法 GKT 与 BMKT 的规划路径最短，性能最佳，而两者相

比，GKT 算法略优。至于 AKT 算法，由于迁移参数仅是对源任务各参数的简单平均，因而对目标任务并不具有针对性，规划路径效果较差。但其与 NKT 算法相比，毕竟拥有先验知识，其迁移参数就路径规划问题本身来说，具有一定合理性。而性能最差的 NKT 算法则是完全盲目地随机分配运行参数，需要说明的是，尽管如此，NKT 算法仍有两次随机找到较优参数。

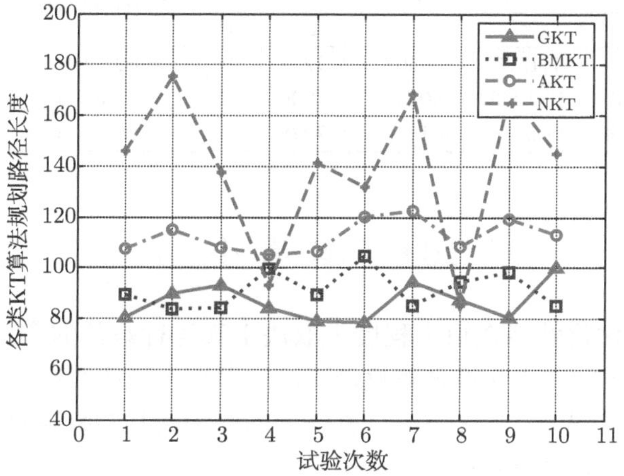

图 10-3　各类迁移算法 10 次仿真性能对比

以上分析的是 GKT 算法与其他类型迁移算法的性能对比，从已有知识合理迁移与利用的角度说明了算法的有效性。作为一种智能参数选择方法，将 GKT 算法与基于 GA 和基于 PSO 的蚁群参数选择算法进行对比，表 10-3 给出各算法得到的优化参数组合，以及得到该参数组合所需的优化时间。然后针对得到的各组优化参数，分别做 10 次路径规划试验，统计平均路径长度。

PSO 算法的参数设定为，即学习因子 $c_1=c_2=2.05$；惯性权值 $w=0.5(T_{\max}-t)/T_{\max}+0.4$，其中 $T_{\max}$ 为算法最大迭代次数，取为 100，t 为算法当前运行代数；粒子个数 Num $=10$。GA 算法的参数设定为：染色体长度 $L=20$；编码精度 $p=4$，即采用 4 个二进制位分别对各蚁群参数进行编码；种群个体数 $N=10$；最大进化代数 $K=100$；代沟 PG $=0.9$；单点交叉概率 PC $=0.7$；变异概率 PN $=0.7/L$。

观察表 10-3 中数据可以知道，蚁群算法的优化参数并不唯一，GKT 与 GA、PSO 得到的优化组合不同，但同样有令人满意的规划效果。从获得参数的时间来看，GA 与 PSO 分别为 6.1028×10^3s 与 1.1670×10^4s，远远高于 GKT 算法的优化时间 58.5940s。事实上，虽然 GA 与 PSO 是两类不同的进化算法，但是在优化参数的过程中，均需要反复调用蚁群任务对其个体进行评价，以使其相应的种群向着更好的方向发展，该过程将花费大量时间。而 GKT 算法已具有经验知识，只需合理迁移即可，因而能快速获得优化参数。当然，作为其快速获得参数的代价，其所得参数的规划精度略低于另外两种智能算法。这是由于 GA 与 PSO 算法对参数的优化，不依赖于任务本身，自身具有独立性，而 GKT 算法性能的好坏则在一定程度上依赖于源任务与目标任务间的迁移关系。

表 10-3　GKT、GA 与 PSO 算法对蚁群参数的优化性能

优化算法	优化参数组合					参数优化时间/s	规划路径平均长度
	α	β	ρ	Q	M		
GKT 算法	5.4043	7.4717	0.3567	2.1249	25	58.5940	86.7127
GA 算法	2.8667	13.1333	0.0753	5.3800	31	6.1028×10^3	82.5044
PSO 算法	6.0728	11.5516	0.1542	0.7228	48	1.1670×10^4	82.5323

10.6　本章小结

蚁群算法的优化性能在很大程度上取决于其运行参数的合理设置，而参数空间的庞大性和参数间的耦合性使得蚁群算法的参数选择成为一个既有实际价值，又有理论意义的研究课题。本文提出一种基于图知识迁移的蚁群算法参数选择方法，概括来说，有以下 3 个特点：

(1) 智能性。图知识迁移方法能够将源任务的参数知识自动地迁移到目标任务，得到针对目标任务的最优参数组合。由图 10-2 和图 10-3 可以看出，GKT 算法所得运行参数甚至比人为选取源任务中对目标任务迁移最好的参数性能要略优。这种将原有知识提炼并迁移的能力，是算法智能性的明显体现。

(2) 快速性。与其他智能优化算法相比，拥有经验知识使 GKT 算法能够快速得到优化参数。尽管仅考虑离线的情形，但适当改进即可用于在线的路径规划任务，同时这也是后续研究工作。而对于 GA 与 PSO 算法而言，数个小时的优化时间，成为其应用于在线任务的巨大障碍。

(3) 合理性。不同于现有的绝大多数参数选择方法，GKT 算法同时考虑蚁群算法的所有运行参数，知识迁移的过程中蕴含了各参数相互间的复杂耦合关系，而非是对其中一个或某几个参数进行剥离式的单独研究。GKT 算法充分考虑了各参数的整体配合性。

参考文献

[1] 王雪松, 潘杰, 程玉虎. 基于图知识迁移的蚁群算法参数选择. 控制与决策, 2011, 26(12): 1855-1860.

[2] Dorigo M, Maniezzo V, Colorni A. Ant system: optimization by a colony of cooperating agents. IEEE Transactions on Systems, Man and Cybernetics, 1996, 26(1): 29-41.

[3] Zaitar R A, Hiyassat H. Optimizing the ant colony optimization using standard genetic algorithm. Proceedings of the 23rd International Conference on Artificial Intelligence and Applications, 2005: 130-134.

[4] Zhou Z G. An improved ant colony optimization supervised by PSO. Advanced Materials Research, 2010, 108-111(1): 1354-1359.

[5] Eric E, Marie D J, Terran L. Modeling transfer relationships between learning tasks for improved inductive transfer. Lectures Notes in Artificial Intelligence, 2008, 5211: 317-332.

第 11 章 基于样本空间筛选的优化迁移

近年来，针对 Ant-Q 算法在处理大规模问题时收敛速度较慢的缺陷，许多研究人员对其进行了改进。典型的有 Ant(λ) 算法[1]与多蚁群交互式强化算法[2]。前者将资格迹机制引入到信息素的局部更新中，并融合时间差分与蒙特卡罗方法，使算法能够及时获得反向传播的延时回报。同样地，为解决时间信用分配问题，多蚁群交互式强化算法在每个学习步均能预测当前及下一时刻的状态，并根据预测结果实时更新 Q 值函数逼近器，同时在不同群体间应用精英策略，通过正负作用机制来实现算法在探索与利用方面的平衡。两种方法均能够在不同程度上提高 Ant-Q 的收敛速度，但是它们仅关注单一任务本身，使得最终结果均不具有再利用性，即无法将其应用到相似的任务中以降低学习难度[3]。

本章提出一种基于样本空间筛选的多源优化迁移方法，具有模拟人类迁移思维能力的显著特点。与行为迁移中单纯的迁移策略或最优动作不同，多源迁移旨在发现任务间的内在联系，即更重视相似性规律的总结，并将其提炼为知识的形式予以迁移。以 Ant-Q 作为基学习器，通过源任务与目标任务间的相似性衡量，确定最有价值的迁移样本，以指导 Agent 做出高效的决策。采用路径优化数据集 TSPLIB 中的 att532 旅行商问题进行仿真研究，能够验证算法的合理性和有效性。

11.1 Ant-Q 优化迁移

Ant-Q 算法是利用仿生学技术的蚁群算法与基于值迭代的 Q 学习相融合的一类优化算法，由 Gambardella 与 Dorigo 提出[4]。该算法不但继承了蚁群算法分布式计算、信息正反馈以及启发式搜索等优点，还兼具强化学习的试错法与延时回报等行为心理学机制，在处理旅行商问题[5]、移动机器人路径规划[6]、核燃料重载[7]、配水灌溉网络[8]以及流程规划[9]等方面有着极其重要的应用。然而，当待处理问题规模较大时，Ant-Q 算法的时间复杂度将随问题规模呈现出阶乘级的增长，极大地抑制了算法的收敛速度。另外，Ant-Q 算法在本质上属于蚂蚁系统的延伸，因而蚁群算法难以解决的局部最优问题，也同时制约着 Ant-Q 算法的进一步发展。

知识迁移方法能够通过以往所学任务的知识来提高当前相关任务的学习性能[10]，具有模拟人类迁移思维能力的显著特点。与行为迁移中单纯的迁移策略或最优动作不同，知识迁移旨在发现任务间的内在联系，即更重视相似性规律的总结，并将其提炼为知识的形式予以迁移。其本身不具有独立性，通常与其他机器学习方法相结合，以改善相应的算法性能。本章将知识迁移方法应用于解决 Ant-Q 学习问题，通过源任务与目标任务间的相似性衡量，确定最有价值的迁移样本，以指导任务做出高效决策。

11.2 多源迁移 Ant-Q 算法

Ant-Q 算法的基本思想是用 AQ 值来代替原蚁群算法中的信息素，用 ΔAQ 表示立即回报，从而可以采用 Q 学习中值迭代的方法来更新 AQ 值，以找到最优策略 π^*，其迭代公式为 [4]

$$\mathrm{AQ}(s,s')=(1-\alpha)AQ(s,s')+\alpha[r_{ss'}+\gamma\max_{z\in J_l(s')}\mathrm{AQ}(s',z)] \tag{11-1}$$

式中，α 为学习因子，$0<\alpha<1$，表征学习速度，其值越大，学习速度越快，然而过大的 α 值会产生振荡，导致系统的不稳定；γ 为折扣因子，$0<\gamma<1$ 表征 Agent 在学习过程中的远视程度，其值越小，越重视眼前利益；s 和 s' 分别表示当前状态与下一状态，对于 TSP 问题而言，专指节点城市；$J_l(s')$ 为第 l 只蚂蚁位于状态 s' 时的下一步可选状态集合；$r_{ss'}$ 为立即回报，定义为 [11]

$$r_{ss'}=\Delta\mathrm{AQ}(s,s')=\begin{cases}R/L_l, & \text{第}l\text{只蚂蚁经过状态}(s,s')\\0, & \text{其他}\end{cases} \tag{11-2}$$

式中，L_l 为第 l 只蚂蚁爬行路线的总长度；R 为回报强度系数。

由式 (11-2) 可以知道，$r_{ss'}$ 虽称为立即回报，事实上并非立即获得，只有在进行一次完整的寻径后方可更新，且同一条路径上的不同状态组 (s,s') 具有相同的立即回报值。

设任务空间 $\Gamma=(S_1,S_2,\cdots,S_n,T)$，包含 n 个已学习的源任务 $S_k(k=1,2,\cdots,n)$ 与 1 个待求的相关目标任务 T，S_k 与 T 中分别含有 m 与 t 个样本。通常情况下，对 T 采集样本的代价较高，因而有 $t\ll m$，且 t 的数目常不足以训练 T 使其快速收敛。另一方面，对于 T 而言，能够利用已学习的 n 个 S_k，并从中提取所需样本，比起从当前环境中重新采样将付出更少的代价。因而，考虑采用知识迁移方法，辅助 Ant-Q 算法进行学习，以求提高目标任务 T 的学习速度。KT 的映射关系描述为：

$$\hat{S}\times\hat{T}\to H \tag{11-3}$$

式中，$\hat{S}$ 与 $\hat{T}$ 分别对应源任务与目标任务样本集；H 为最优迁移样本集。

知识迁移的要点是避免负迁移的发生。事实上，并非任意形式的迁移都是有效的，亦并非所提炼出作为知识的数据或规则越多越好，无价值或无关联的知识只会使目标任务的性能变得更差，即产生负迁移。如何避免负迁移的发生是一项关键技术。针对这个问题，本文将基于知识迁移的 Ant-Q 算法分为 3 个阶段：迁移阶段 I 、迁移阶段 II 与 Ant-Q 学习阶段。算法的结构框图如图 11-1 所示。

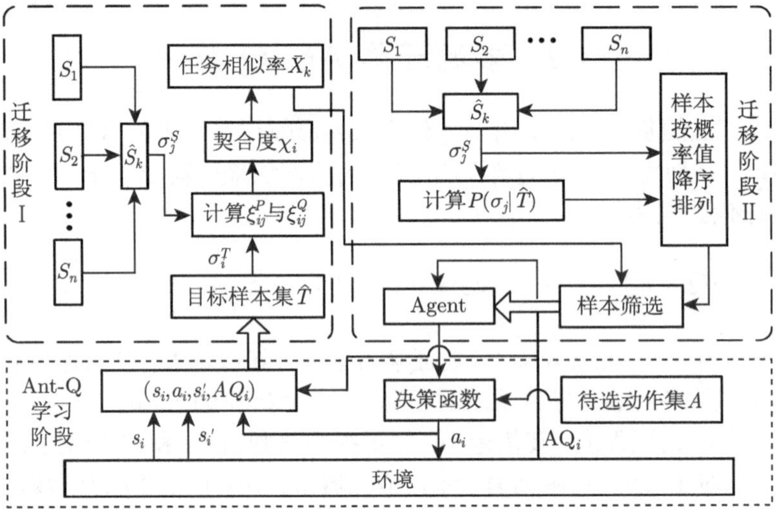

图 11-1　多源迁移 Ant-Q 算法

迁移阶段 I 用以实现对源任务的任务空间筛选，对各源任务与目标任务间的相似率 $\bar{X}_k$ 进行评价。在该阶段，首先给出相似度评价指标 ξ_{ij}^P 与 ξ_{ij}^Q，以衡量 $\hat{S}$ 与 $\hat{T}$ 中样本间一对一的相似程度；其次，根据贝叶斯概率分析理论求出样本 $\sigma_i^T \in \hat{T}$ 相对于 S 的契合度 χ_i 以及 $\hat{S}_k$ 相对于 $\hat{T}$ 的似然度 X_k；最后，将 X_k 归一化后即得相似率 $\bar{X}_k$，并按比例从中迁移出所需的样本。

迁移阶段 II 的工作是对源任务的样本空间进行筛选。与阶段 I 相同，应首先给出样本迁移价值评价依据。通过条件概率 $P(\sigma_j^S|\hat{T})$ 来衡量 $\sigma_j^S \in \hat{S}_k$ 对 $\hat{T}$ 的匹配程度，并将结果按降序排列，前 $\bar{X}_k(m-t)$ 个样本即为最有价值的迁移样本。Ant-Q 学习阶段的核心部分是决策函数，其目标是从待选动作集 $A=\{a_v \in R^2|v=1,2,\cdots,q\}$ 中选择针对当前状态的合适动作，其中 $a_v=s'-s$ 表示待选动作，q 为待选动作的个数。由于 Agent 已从迁移阶段 II 获得了充足的样本，如何利用这些样本使其发挥出最大的效用，即选择何种学习策略，便显得尤为重要。

一般来说，Q 学习的策略均可用于 Ant-Q 算法，而 ε-greedy 策略由于引入了随机因素使得算法在探索与利用间可以有效地进行调节，因而本文更倾向于采用该种策略。ε-greedy 策略与 Ant-Q 算法相结合的动作选择表达式为

$$s'=\begin{cases}\arg\max\limits_{z\in J_l(s)}\{[\mathrm{AQ}(s,z)]^{\theta}\cdot[\mathrm{HE}(s,z)]^{\beta}\}, & \varepsilon\leqslant\varepsilon_0\\ \mathrm{rand}, & \text{其他}\end{cases}\tag{11-4}$$

式中，ε_0 为随机动作控制常数，$0 \leqslant \varepsilon_0 \leqslant 1$，$\varepsilon$ 是随机变量，$0 \leqslant \varepsilon \leqslant 1$，$\mathrm{HE}(s,z)$ 表征启发式信息，一般取为城市 s,z 间距离的倒数；θ 与 β 分别为相应的权重因子。

可以看出，Agent 将以 ε_0 的概率选择使 $[\mathrm{AQ}(s,z)]^\theta \cdot [\mathrm{HE}(s,z)]^\beta$ 最大的动作，而以 $(1-\varepsilon_0)$ 的概率随机选择动作，从而保证了探索与利用的平衡。

11.3 基于先验概率的样本空间筛选

为提高迁移效率，首先需从任务空间 Γ 中选择出最适合迁移的源任务。这可以看作是已知含有少量样本 $\sigma_i^{\mathrm{T}}(i=1,2,\cdots,t)$ 的目标样本集 $\hat{T}$，求各源任务样本集 $\hat{S}_k$ 的似然度问题。根据贝叶斯理论，有：

$$P(S_k|\hat{T}) = \frac{P(S_k)P(\hat{T}|S_k)}{\sum_{v=1}^{n} P(S_v)P(\hat{T}|S_v)} \propto P(S_k)P(\hat{T}|S_k) \tag{11-5}$$

考虑到 Ant-Q 算法样本的具体表达形式，有

$$P(\hat{T}|S_k) = \prod_{u=1}^{t} P(s_u, a_u, s'_u, \mathrm{AQ}_u|S_k) = \prod_{u=1}^{t} P(s'_u|s_u, a_u)P(\mathrm{AQ}_u|s_u, a_u)P(S_k) \tag{11-6}$$

综合式 (11-5) 与式 (11-6)，得

$$P(S_k|\hat{T}) \propto \prod_{u=1}^{t} P(s'_u|s_u, a_u)P(\mathrm{AQ}_u|s_u, a_u)P(S_k) \tag{11-7}$$

由式 (11-7) 可知，要求得各源任务 S_k 对目标样本集 $\hat{T}$ 的似然度，仅需已知状态转移模型 $P(s'_u|s_u,a_u)$ 与回报模型 $P(r_u|s_u,a_u)$ 即可。下面引入参数 ξ 与 χ 来描述这两个模型。

定义 1 设 $\hat{S}$ 与 $\hat{T}$ 分别为源任务与目标任务的样本集，且有 $\sigma_j^S = (s_j, a_j, s'_j, \mathrm{AQ}_j) \in \hat{S}$，$\sigma_i^{\mathrm{T}} = (s_i, a_i, s'_i, \mathrm{AQ}_i) \in \hat{T}$，则样本 σ_i^{T} 与 σ_j^{S} 具有状态相似度 ξ_{ij}^P 与回报相似度 ξ_{ij}^Q：

$$\xi_{ij}^P = w_{ij} \cdot \exp\left(-\left(\frac{s'_i, s_i + a_j}{\delta_s}\right)^2\right) \tag{11-8}$$

$$\xi_{ij}^Q = w_{ij} \cdot \exp\left(-\left(\frac{\mathrm{AQ}_i - \mathrm{AQ}_j}{\delta_q}\right)^2\right) \tag{11-9}$$

式中，w_{ij} 为相似权值，$w_{ij} = \dfrac{\exp[-||(s_j,a_j),(s_i,a_i)||^2/\delta_{sa}^2]}{\sum_{k=1}^{m}\exp[-||(s_k,a_k),(s_i,a_i)||^2/\delta_{sa}^2]}$。

分析式 (11-8) 可以得知，等号右侧第一项表征 σ_i^{T} 与 σ_j^{S} 的状态相似度，第二项表征输出相似度，衡量的是 σ_i^{T} 与 σ_j^{S} 中动作的作用效果。显然，两样本的相似度越高，ξ_{ij}^P 的值越大。同样地，式 (11-9) 中两样本 AQ 值愈接近，ξ_{ij}^Q 值愈大。

接下来，求出 $\hat{S}$ 中所有样本 $\sigma_j^{\rm S}(j=1,2,\cdots,m)$ 对 $\sigma_i^{\rm S}\in\hat{T}$ 的状态相似度 ξ_{ij}^P 与回报相似度 ξ_{ij}^Q。容易得知，$\sum\xi_{ij}^P$ 与 $\sum\xi_{ij}^Q$ 的值越大，说明 $\hat{S}$ 中与 $\sigma_i^{\rm T}$ 相似的样本越多，亦即对于模型 S 而言，样本 $\sigma_i^{\rm T}$ 具有较大的触发概率，因而有

$$P_{\hat{S}}(s_i'|s_i,a_i)\propto\sum_{j=1}^{m}\xi_{ij}^P \tag{11-10}$$

$$P_{\hat{S}}(\mathrm{AQ}_i|s_i,a_i)\propto\sum_{j=1}^{m}\xi_{ij}^Q \tag{11-11}$$

基于以上原理，有如下定义：

定义 2　设 $\hat{S}$ 与 $\hat{T}$ 分别为源任务与目标任务的样本集，且 $\sigma_i^{\rm T}\in\hat{T}$，$\hat{S}$ 中各样本 $\sigma_j^{\rm S}$ 与 $\sigma_i^{\rm T}$ 的状态相似度与回报相似度分别为 ξ_{ij}^P 与 ξ_{ij}^Q，则 $\sigma_i^{\rm T}$ 与模型 S 的状态契合度 χ_i^P 以及回报契合度 χ_i^Q 为

$$\chi_i^P=P_{\hat{S}}(s_i'|s_i,a_i)=\frac{1}{Z_P}\sum_{j=1}^{m}\xi_{ij}^P \tag{11-12}$$

$$\chi_i^Q=P_{\hat{S}}(\mathrm{AQ}_i|s_i,a_i)=\frac{1}{Z_Q}\sum_{j=1}^{m}\xi_{ij}^Q \tag{11-13}$$

式中，Z_P 与 Z_Q 为概率修正参数。

易知，将式 (11-12) 与式 (11-13) 相乘，即得样本 $\sigma_i^{\rm T}=(s_i,a_i,s_i',\mathrm{AQ}_i)$ 与模型 S 的总契合度 $\chi_i=P(s_i,a_i,s_i',\mathrm{AQ}_i|S)=P_{\hat{S}}(s_i'|s_i,a_i)\cdot P_{\hat{S}}(\mathrm{AQ}_i|s_i,a_i)=\dfrac{1}{Z_PZ_Q}\left(\sum\limits_{j=1}^{m}\xi_{ij}^P\right)\cdot\left(\sum\limits_{j=1}^{m}\xi_{ij}^Q\right)$。这样，只需将 χ_i 的表达式代入式 (11-7)，即求得各源任务对目标任务的似然度 X_k [11]

$$X_k=P(S_k|\hat{T}_\sigma)=\frac{1}{Z_X}\prod_{u=1}^{t}\chi_u\cdot P(S_k) \tag{11-14}$$

式中，$P(S_k)$ 为模型 S_k 的先验概率；Z_X 为似然度修正项。

将各源任务的似然度 X_k 归一化后，得到 S_k 与 T 的相似率 $\bar{X}_k$。由于 $t<<m$，因而需从各源任务样本集中迁移出共 $(m-t)$ 个样本补足目标任务的样本数。容易想到，迁移的样本数应与各源任务的相似率成正比，这样，从各 $\hat{S}_k$ 中分别迁移 $\bar{X}_k(m-t)$ 个样本是一种合理的选择。下面将说明如何从 $\hat{S}_k$ 的 m 个样本中筛选出 $\bar{X}_k(m-t)$ 个进行迁移。

与之前的分析类似，首先应求出样本 $\sigma_i^S \in \hat{S}_k$ 属于目标任务 T 的概率 [11]

$$P(\sigma_j|\hat{T}) = P_{\hat{T}}(s'_j|s_j,a_j) \cdot P_{\hat{T}}(\mathrm{AQ}_j|s_j,a_j) = \frac{1}{Z_P Z_Q}\left(\sum_{i=1}^{t}\xi_{ji}^P\right)\left(\sum_{j=1}^{t}\xi_{ji}^Q\right) \tag{11-15}$$

式中，ξ_{ji}^P 与 ξ_{ji}^Q 分别表示 σ_j^S 与 σ_i^S 的相似度，其定义可参考式 (11-8) 与式 (11-9) 推出。然后，将求出的 $P(\sigma_j|\hat{T})$ 按照降序排列，选出其中前 $\bar{X}_k(m-t)$ 个即为从源任务集 $\hat{S}_k$ 中迁移的样本。

11.4 TSP 仿真研究

为探讨所提算法的有效性，针对 TSP 问题进行仿真研究。所谓 TSP 问题，即对于给定数量 p 的城市，为旅行商规划出一条最短的路径，要求该路径能访问到所有城市，并且对于每个城市仅访问一次，如图 11-2 所示。该问题属于 NP- 难问题，其计算复杂度为 $O((p-1)!)$，当 p 较大时，无法用传统算法予以求解，一般的 Ant-Q 算法虽能用于解决该问题，然而学习时间较长。本文所提算法旨在通过知识迁移的方法提高其学习速度，下面对其进行仿真验证。

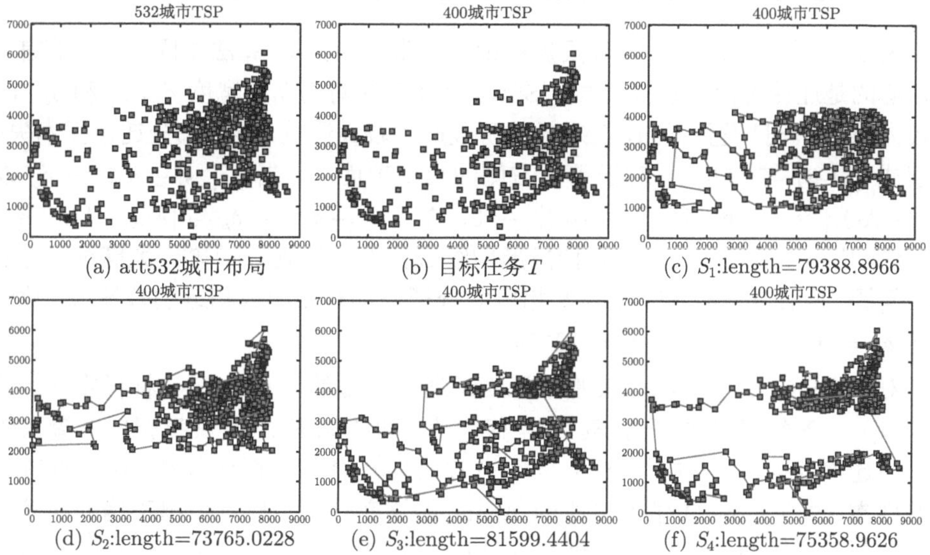

图 11-2 源任务与目标任务城市布局

11.4.1 单源迁移 TSP 问题

采用国际通用测试集 TSPLIB 中的 att532 问题进行研究，该问题为美国 532 个主要城市的布局。为保证任务间的相似性，源任务与目标任务均随机选择其中的

400 个城市，如图 11-2 所示，其中图 11-2(a) 为 att532 问题的城市布局，图 11-2(b) 为目标任务 T，图 11-2(c)-(f) 为已经学习完的源任务 $S_k(k=1,2,3,4)$，图中所示路径为其学习结果。首先考察单源迁移的效果，即选出与目标任务匹配程度最高的源任务，并仅从该任务中选取样本进行迁移。

基于单源迁移的 Ant-Q 算法 (single source knowledge transfer-based Ant-Q, SSKT-AQ)，其参数设定分为 Ant-Q 学习阶段与迁移阶段两个部分。其中学习阶段待设定的参数有 AQ 值权重因子 θ、启发式信息权重因子 β、学习因子 α、最大迭代次数 $N_{\max}$、折扣因子 η、随机动作控制常数 ε_0 以及蚂蚁个数 d；迁移阶段需要设定的参数为高斯核宽度 δ_s、δ_q、δ_{sa}，契合度概率修正项 Z_P、Z_Q 以及似然度修正项 Z_X。无迁移的 Ant-Q 算法 (no transfer Ant-Q, NTAQ) 仅须设定学习阶段的参数。表 11-1 给出了算法的参数设置情况。

表 11-1 参数设置

Ant-Q 算法类型	Ant-Q 学习阶段							迁移阶段					
	θ	β	α	γ	ε_0	d	$N_{\max}$	δ_s	δ_{sa}	δ_q	Z_P	Z_Q	Z_X
SSKT-AQ 算法	1	2	0.5	0.95	0.1	4	100	10^3	10^3	10^{-8}	1	1	1
NTAQ 算法	1	2	0.5	0.95	0.1	4	100	—	—	—	—	—	—

表 11-1 中，Ant-Q 学习阶段参数设置与常规 Ant-Q 算法相同，不再赘言，需要说明的是迁移阶段的设置。由于 SSKT-AQ 算法对高斯核宽度 δ_s、δ_q 和 δ_{sa} 的取值较为敏感，一旦设置不当，会对迁移阶段产生较大影响，导致部分迁移样本失效。考察式 (11-8) 与 (11-9)，对于等号右侧的第二项而言，当 $||s_i', s_i+a_j|| \gg \delta_s$ 以及 $|\mathrm{AQ}_i-\mathrm{AQ}_j| \gg \delta_{sa}$ 时，有 $\xi_{ij}^P \to 0$，$\xi_{ij}^Q \to 0$；当 $||s_i', s_i+a_j|| \ll \delta_s$ 与 $|\mathrm{AQ}_i-\mathrm{AQ}_j| \ll \delta_{sa}$ 时，有 $\xi_{ij}^P \to 1$，$\xi_{ij}^Q \to 1$。这两种情形均给数据的后续处理带来极大麻烦，为避免这个问题，应使 δ_s、δ_q 和 δ_{sa} 与其相应的分子项拥有相同或相近的数量级，故此处设置 $\delta_s=10^3$，$\delta_{sa}=10^3$，$\delta_q=10^{-8}$。

对于 SSKT-AQ 算法，其基本思路是通过已知的 t 个少量目标样本 (此处设 $t=0.2p^2$)，来衡量各源任务 S_k 的迁移价值，即相似率 $\bar{X}_k$，仅将相似率最大的任务作为迁移任务，并从中筛选出 $(m-t)$ 个样本迁移给目标任务 T。由于具有了充足的样本，处于 Ant-Q 学习阶段的 Agent 能够充分利用样本做出正确的决策，以实现高效学习的目的。NTAQ 算法则是从 t 个样本出发，在 Agent 与环境的交互中不断探索学习，以期寻到最优路径。图 11-3 给出了 NTAQ 算法以及从各 S_k 迁移的 SSKT-AQ 算法所寻最优路径的收敛曲线，表 11-2 与图 11-4 给出了从不同源任务迁移的 SSKT-AQ 算法迁移指标对比。事实上，仅须找出相似率 $\bar{X}_k$ 最大的源任务即可，本试验考察所有源任务的迁移性能，旨在分析各迁移指标的有效性。

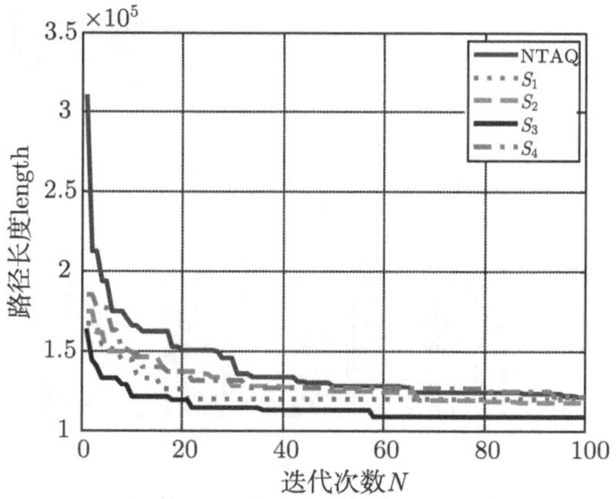

图 11-3 最短路径收敛曲线

由图 11-3 的路径收敛曲线可以看出，NTAQ 算法由于缺乏知识，不得不在与环境的交互中不断积累样本，致使其无论是在算法的起始阶段还是迭代收敛阶段，性能均劣于其余 4 种不同类型的 SSKT-AQ 算法。另一方面也可知道，知识迁移的意义不仅在于提高了算法的初始性能，在新路径的选择与决策方面也起到至关重要的指导作用，从而能够加快算法迭代收敛的速度。虽然在图中能较为直观地看到各源任务的迁移性能，仍然有必要对迁移的效果给出定量的指标予以衡量。定义任务迁移率

$$\Psi_k = 1 - \frac{A_k - A_0}{A_{\mathrm{NT}} - A_0} \tag{11-16}$$

式中，A_k 为从源任务 S_k 迁移的 SSKT-AQ 算法收敛曲线与 x 轴所围图形的面积，A_{NT} 为 NTAQ 算法收敛曲线与 x 轴所围面积，A_0 为 $y = \mathrm{length}_b$ 与 x 轴所夹面积，length_b 是目标任务 T 在各类算法运行下的最优路径。易知，Ψ_k 的取值范围是 $(-\infty, 1]$。当 $\Psi_k > 0$ 时表示正迁移，其值越接近 1，迁移效果越好；当 $\Psi_k < 0$ 时为负迁移，其值越小，迁移效果越差；当 $\Psi_k = 0$ 时，有 $A_k = A_{\mathrm{NT}}$，即迁移前后算法性能基本不变。各任务迁移率 Ψ_k 的计算结果见表 11.2，与该指标同列的还有城市重叠率 Ω 与任务相似率 $\bar{X}$。城市重叠率的计算公式为 $\Omega = p_k/p$，其中 p_k 为源任务 S_k 与目标任务 T 重叠城市的数目，p 为城市总数。

图 11-4 是与表 11-2 相对应的迁移指标柱形图，其较为直观地呈现了各任务各迁移指标间的区别与联系。观察图 11-4 与表 11-2 可以知道，由于各源任务与目标任务拥有较高的城市重叠率，少则 66%，多则 75%，使得从各 S_k 迁移的 SSKT-AQ 算法均呈现出良好的正迁移特性，分别为 $\Psi_1 = 0.5016$，$\Psi_2 = 0.3463$，$\Psi_3 = 0.8163$，$\Psi_4 = 0.2415$。然而要说明的是，城市重叠率 Ω 这个指标仅表明了可供迁移的可能性，即较大的 Ω 有可能产生较好的 Ψ，而非必然产生。

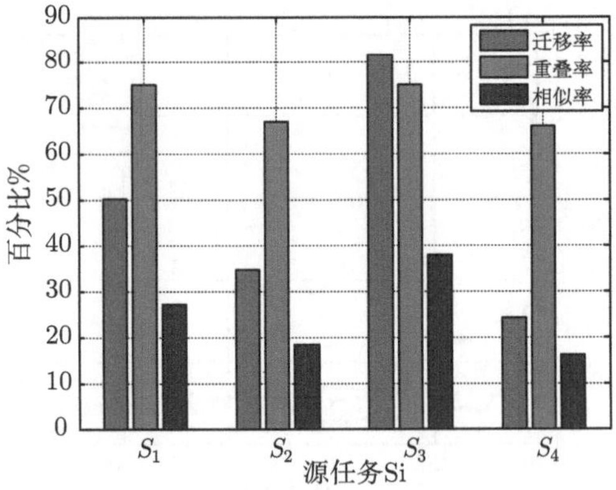

图 11-4 源任务迁移指标柱形图

表 11-2 源任务迁移指标对比

源任务	S_1	S_2	S_3	S_4
任务迁移率 Ψ	0.5016	0.3463	0.8163	0.2415
城市重叠率 Ω	0.7500	0.6700	0.7500	0.6600
任务相似率 $\bar{X}$	0.2713	0.1854	0.3809	0.1624

观察图 11-4 可知，源任务 S_1 与 S_3 的城市重叠率高于 S_2 与 S_4，同样地，其迁移率也高于 S_2 与 S_4，而 $\Omega_2 > \Omega_4$，亦有 $\Psi_2 > \Psi_4$；但是要看到，尽管 $\Omega_1 = \Omega_3 = 75\%$，$S_3$ 的迁移率 $\Psi_3 = 0.8163$ 却高出 $\Psi_1 = 0.5016$ 许多。这也说明了城市重叠率与最终的迁移效果并不具有密切相关性，仅可作为一项指标予以参考，只有通过样本匹配程度计算得出的任务相似率 $\bar{X}$，才是衡量迁移效果优劣的根本依据，这一点从图表中亦可以得到印证。

为消除随机性因素对算法的影响，共进行 10 次独立实验，表 11-3 给出了从各 S_k 迁移的 SSKT-AQ 算法与 NTAQ 算法的对比统计数据，其中 SSKT-AQ(S_1) 表示基于源任务 S_1 迁移的 SSKT-AQ 算法。

表 11-3 单源迁移目标 TSP 任务学习结果统计

Ant-Q 算法类型	任务相似率 $\bar{X}_k$	最优路径长度 $L_b/\times10^5$			收敛迭代次数 N		
		最小值	最大值	平均值	最小值	最大值	平均值
NTAQ	—	1.1652	1.2112	1.1801	63	97	71.3
SSKT-AQ(S_1)	0.2713	1.1478	1.1987	1.1670	18	41	34.8
SSKT-AQ(S_2)	0.1854	1.1245	1.1789	1.1466	49	77	65.2
SSKT-AQ(S_3)	0.3809	1.0324	1.0973	1.0603	31	62	49.3
SSKT-AQ(S_4)	0.1624	1.1542	1.2016	1.1745	47	84	64.5

观察表 11-3 中数据可以知道，除了给出任务相似率 $\bar{X}_k$ 之外，表中信息还包括最优路径长度 L_b 与收敛迭代次数 N，这两项指标分别从精度与速度方面衡量了算法的优劣程度。源任务 S_3 拥有与目标任务最高的相似率 $\bar{X}_3 = 0.3809$，相应地，其获得的最优路径，无论是最小值 1.0324×10^5，最大值 1.0973×10^5 还是平均值 1.0603×10^5 均优于从其他 S_k 迁移的 SSKT-AQ 算法。另外，在收敛迭代次数方面，从 S_3 迁移的 SSKT-AQ 算法亦呈现出良好的性能，仅次于源自 S_1 的迭代效果。同时综合两方面指标来看，源自 S_1 的 SSKT-AQ 算法其最优路径平均值高达 1.1670×10^5，尽管收敛速度很快，但事实上，其过早地陷局部最优。

11.4.2 多源迁移 TSP 问题

所谓多源迁移 Ant-Q 算法 (multi-source knowledge transfer Ant-Q，MSKT-AQ)，其基本思想是在求得各源任务对于目标任务的似然度 X_k 并将其归一化后，按相似程度的比例从各个源任务迁移样本，即从每个 S_k 迁移 $\bar{X}_k(m-t)$ 个样本，以补足目标任务 T 的训练样本数。为方便与 SSKT-AQ 算法进行对比，MSKT-AQ 算法的仿真仍采用图 11-2 所示地图，目标任务与源任务均不变，参数设定也与 SSKT-AQ 算法相同，具体可参见 11.4.1 节。

图 11-5 给出了 NTAQ、SSKT-AQ 与 MSKT-AQ 三类算法的仿真效果对比。可以看出，从算法寻路的精度来说，MSKT-AQ 算法所得路径长度 length为8.7976×10^4，远优于 NTAQ 算法的 1.1713×10^5 以及 SSKT-AQ 算法的 1.0579×10^5。事实上这是可以预见的，由于 MSKT-AQ 算法扩大了待迁移的任务空间与样本空间，使得从源任务筛选出的样本具有更高的迁移价值，因而能够更有效地指导 Agent 在 Ant-Q 学习阶段进行决策。表 11-4 是 NTAQ、SSKT-AQ 与 MSKT-AQ 三类算法 10 次试验下的统计数据。由表可知，MSKT-AQ 算法在寻找最优路径的速度方面亦具有优良的性能。

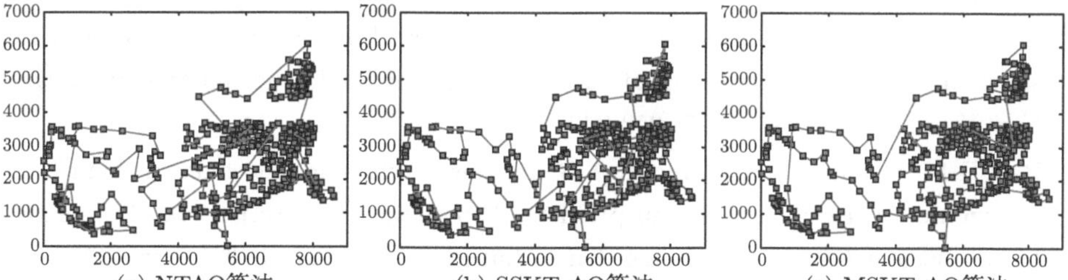

(a) NTAO算法 length为1.1713×10^5　(b) SSKT-AQ算法 length为1.0579×10^5　(c) MSKT-AQ算法 length为8.7976×10^4

图 11-5 目标 TSP 任务的寻径结果

表 11-4　多源迁移目标 TSP 任务的学习结果统计

Ant-Q 算法类型	最优路径长度 $L_b/\times 10^5$			收敛迭代次数 N		
	最小值	最大值	平均值	最小值	最大值	平均值
NTAQ 算法	1.1652	1.2112	1.1801	63	97	71.3
SSKT-AQ 算法	1.0324	1.0882	1.0603	31	62	49.3
MSKT-AQ 算法	0.8534	0.9174	0.8847	15	33	26.7

11.5　本章小结

结合仿生学技术与行为心理学机制的 Ant-Q 算法，在处理路径规划、流程设计、路由管理等领域具有先天性优势，然而其随问题规模阶乘级递增的时间复杂度极大地降低了算法收敛速度，限制了其发展与应用，其解的不可重用性使算法在处理相关联任务时效率较低。为此，将知识迁移技术引入到 Ant-Q 算法，从源任务空间中筛选出较高相似率的源任务，通过贝叶斯概率分析理论，将样本按照迁移价值的高低降序排列，从而挑选出最适合迁移的样本补充给目标任务学习器，使 Agent 能够快速做出合理地决策，减少了学习时间，提高了算法收敛速度。

参考文献

[1] Wang X R, Wu T J. The Ant(λ) ant colony optimization algorithm based on eligibility trace. Proceedings of the IEEE International Conference on Systems, Man and Cybernetics. Washington, United States: IEEE Press, 2003. 4065-4070.

[2] Lee S G, Chung T C. A reinforcement learning algorithm using temporal difference error in ant model. Lecture Notes in Computer Science, 2005, 3512: 217-224.

[3] 王雪松, 潘杰, 程玉虎. 基于知识迁移的 Ant-Q 算法. 电子学报, 2011, 39(10): 2359-2365.

[4] Gambardella L M, Dorigo M. Ant-Q: a reinforcement learning approach to the traveling salesman problem. Proceedings of 12th International Conference on Machine Learning. New York: ACM Press, 1995: 252-260.

[5] Rais H M, Othman Z A, Hamdan A R. Improved dynamic ant colony system (DACS) on symmetric traveling salesman problem. Proceedings of International Conference on Intelligent and Advanced Systems. Kuala Lumpur, Malaysia : IEEE Press, 2008. 43-48.

[6] Vien N A, Viet N H, Lee S G, et al. Obstacle avoidance path planning for mobile robot based on Ant-Q reinforcement learning algorithm. Lectures Notes in Computer Science, 2007, 4491: 704-713.

[7] Machado L, Schirru R. The Ant-Q algorithm applied to the nuclear reload problem. International Journal of Annals of Nuclear Energy, 2002, 29(12): 1455-1470.

[8] Mariano C E, Morelos E. A multiple objective Ant-Q algorithm for the design of water distribution irrigation. Proceedings of the Genetic and Evolutionary Computation Conference. San Fransisco: Morgan Kaufmann, 1999: 894-901.

[9] Liu X J, Ni Z H. Ant-Q algorithm based optimization approach for process planning. Proceedings of the 8th IEEE International Conference on Control and Automation. Xiamen, China: IEEE Press, 2010. 620-623.

[10] Pan S J, Yang Q. A survey on transfer learning. IEEE Transactions on Knowledge and Data Engineering, 2010, 22(10): 1345-1359.

[11] Lazaric A, Restelli M, Bonarini A. Transfer of samples in batch reinforcement learning. Proceedings of the 25th International Conference on Machine Learning. New York: ACM Press, 2008: 544-551.

附录　部分知识迁移学习算法 MATLAB 源程序

程序 1　第 2 章基于局部保持投影的特征迁移MATLAB 源程序

```
%============== 清空内存 ==============

clear all;                    % 清空命令窗口
close all;                    % 关闭所有窗口

%============== 人脸数据库加载 ==============

load FERET_80_80_col          % 加载人脸库
% 储存人脸库 6400×1400，每1列为一张人脸，顺序排列的7列为一类人脸，
共200人
PictureSet = FERET_80_80_col;
clear FERET_80_80_col;        % 卸载人脸库

%================ 设定特征提取方法 ================

KK=1;

%================= 参数初始化 =================

N=100;                      % 训练集（迁移源）样本类别数（1～200）
M=100;                      % 主成分个数（特征子空间维度）（1～6400）
people=103;                   % 目标任务样本编号（1～200）
q1=2;                         % 训练特征编号（1～7）
q2=6;                         % 测试特征编号（1～7）
Train_source = zeros(6400,N); % 源特征训练样本集 6400×100(N)
Train_target = zeros(6400,N); % 目标特征训练样本集 6400×100(N)

%================ 主程序开始 ================

tic;                          % 计时开始

%=========== 提取源样本训练特征与测试特征集 ==========
```

```
 for i=1:N
  Train_source(:,i) = PictureSet(:,(i-1)*7+q1);
  % 源样本训练特征集 6400×100  (q1)
  Train_target(:,i) = PictureSet(:,(i-1)*7+q2);
  % 源样本测试特征集 6400×100  (q2)
end
%============提取目标样本训练特征与测试特征 =========
single_source = double(PictureSet(:,(people-1)*7+q1));
% 目标样本训练特征 6400×1
single_target = double(PictureSet(:,(people-1)*7+q2));
% 目标样本测试特征 6400×1

if KK ==1                                  % 基于PCA的特征提取
    clear PictureSet;                      % 释放内存
%===========源样本集源特征（训练特征）提取 ===========
    [Eigen_source, single_source_eig, Eigen_mat_s, Eigen_mean_s] =
eig_extn(Train_source,single_source,M,N);
    Eigen_source:  200(M)×100(N), 主成分个数（子空间维度）×样本
                     类别数（N），子空间源样本训练特征（源特征）集
 single_source_eig: 200(M)×1 目标样本训练特征（源特征）
 Eigen_mat_s:  6400×200(M), 特征向量矩阵, 源样本集训练特征协方
                 差矩阵的前200（M）个特征向量
 Eigen_mean_s:     6400×1, 特征q1源样本平均脸
%==========源样本集目标特征(测试特征)提取 ================
    [Eigen_target, single_target_eig, Eigen_mat_t, Eigen_mean_t] =
eig_extn(Train_target,single_target,M,N);
  Eigen_target: 200(M)×100(N), 同上, 子空间源样本（目标特征）测试特征集
  single_target: 200(M)×1 目标样本测试特征（目标特征）
  Eigen_mat_t: 6400×200(M),特征向量矩阵, 源样本集测试特征协方差矩阵的
                           前200（M）个特征向量
  Eigen_mean_t: 6400×1, 特征q2源样本平均脸
```

```
    elseif KK==2
%=========== 源样本集源特征（训练特征）提取 ===========
   [Eigen_source, single_source_eig, Eigen_mat_s, Eigen_mean_s] =
fisher_eig_extn(PictureSet,single_source,M,N,q1);
  Eigen_source: 200(M)×100(N), 主成分个数（子空间维度）×样本类别数
                              (N) , 子空间源样本训练特征（源特征）集
  single_source_eig: 200(M)×1 目标样本训练特征（源特征）
  Eigen_mat_s: 6400×200(M), 特征向量矩阵, 源样本集训练特征协方差矩阵
                           的前200 (M) 个特征向量
  Eigen_mean_s: 6400×1, 特征q1源样本平均脸
%========== 源样本集目标特征（测试特征）提取
   [Eigen_target, single_target_eig, Eigen_mat_t, Eigen_mean_t] =
fisher_eig_extn(PictureSet,single_target,M,N,q2);
  Eigen_target: 200(M)×100(N), 同上, 子空间源样本（目标特征）测试特
                                征集
  single_target: 200(M)×1 目标样本测试特征（目标特征）
  Eigen_mat_t: 6400×200(M),特征向量矩阵, 源样本集测试特征协方差矩阵
                           的前200 (M) 个特征向量
 Eigen_mean_t: 6400×1, 特征q2源样本平均脸
   clear PictureSet;    % 释放人脸库内存
end
%============= 求解特征迁移矩阵（子空间）=============
Trans_eigen = (pinv(Eigen_source'))*(Eigen_target');
% Trans_eigen:200(M)*200(M)
%================ 子空间内的特征迁移 ================
single_source_eig = Eigen_source(:,people); % 200(M)×1
single_target_eig = (single_source_eig'*Trans_eigen)';
% 200(M)×1 将目标样本由源特征（训练特征）迁移至目标特征（测试特征）
子空间
%================ 完整特征重建 ==================
recons_target = Recons_eig(single_target_eig,Eigen_mat_t,
```

```
Eigen_mean_t);      % 返回宏观表征空间
single_target_eig: 200 (M) ×1,子空间目标样本迁移特征
Eigen_mat_t:  6400×200(M),特征向量矩阵, 源样本集测试特征协方差矩
                              阵的前200 (M) 个特征向量
Eigen_mean_t:  6400×1, 特征q2源样本平均脸
recons_target:  6400×1, 重建特征q2宏观特征
%================= 主程序结束 ==================
ttt=toc;                 %返回程序耗时
%================= 输出图像 ================
img_source = zeros(80,80);   % 目标样本训练特征 (源特征)    80×80
img_target = zeros(80,80);   % 目标样本测试特征 (目标特征)  80×80
img_transfer = zeros(80,80); % 目标样本迁移特征 (计算特征)  80×80
for i =1:80
    for j=1:80
        img_source(j,i) = single_source((i-1)*80+j);
        img_target(j,i) = single_target((i-1)*80+j);
        img_transfer(j,i) = recons_target((i-1)*80+j);
    end
end
%================= 显示人脸图像 ==================
figure; imshow(uint8(img_source));   %目标样本训练特征
figure;imshow(uint8(img_target));    %目标样本测试特征
figure;imshow(uint8(img_transfer));  %目标样本迁移特征
%========== 平均脸输出程序 ==========
clear all; close all;
%=========== 加载人脸数据 ===========
load FERET_80_80_col
PictureSet = FERET_80_80_col; clear
FERET_80_80_col;
%=========== 读入平均脸类别 ===========
```

```
n = 29;                 %%表示平均脸类别
face_class = PictureSet(:,((n-1)*7+1):((n-1)*7+7));
mean_face_class =mean(face_class, 2);
img_mean_face_class = zeros(80,80);
img_1_face_class = zeros(80,80);
img_2_face_class = zeros(80,80);
img_3_face_class = zeros(80,80);
img_4_face_class = zeros(80,80);
img_5_face_class = zeros(80,80);
img_6_face_class = zeros(80,80);
img_7_face_class = zeros(80,80);

for i =1:80
    for j=1:80
        img_mean_face_class(j,i) = mean_face_class((i-1)*80+j);
        temp1 = PictureSet(:,(n-1)*7+1);
        img_1_face_class(j,i) = temp1((i-1)*80+j);
        temp2 = PictureSet(:,(n-1)*7+2);
        img_2_face_class(j,i) = temp2((i-1)*80+j);
        temp3 = PictureSet(:,(n-1)*7+3);
        img_3_face_class(j,i) = temp3((i-1)*80+j);
        temp4 = PictureSet(:,(n-1)*7+4);
        img_4_face_class(j,i) = temp4((i-1)*80+j);
        temp5 = PictureSet(:,(n-1)*7+5);
        img_5_face_class(j,i) = temp5((i-1)*80+j);
        temp6 = PictureSet(:,(n-1)*7+6);
        img_6_face_class(j,i) = temp6((i-1)*80+j);
        temp7 = PictureSet(:,(n-1)*7+7);
        img_7_face_class(j,i) = temp7((i-1)*80+j);
    end
end
figure;imshow(uint8(img_1_face_class));
figure;imshow(uint8(img_2_face_class));
figure;imshow(uint8(img_3_face_class));
figure;imshow(uint8(img_4_face_class));
```

```
figure;imshow(uint8(img_5_face_class));
figure;imshow(uint8(img_6_face_class));

%特征提取函数---Eigenface(PCA) function [Eigen_data,
single_data_eig, Eigen_mat, mean_eig] =
eig_extn(Train_data,single_data,M,N)
%=========== 输入变量 ============
Train_data:  6400×100 (N) %某一特征训练样本集，每一列表示一类人的
             某一特征
single_data:  6400×1 %目标样本某一（训练或测试）特征
N=100;           %训练集（迁移源）样本类别数（1～200）
M=200;           %主成分个数（子空间维度）（1～6400）
%=========== 输出变量 ===========
Eigen_data:         200(M)×100(N)  %主成分个数（子空间维度）×样本
                    类别数（N）
single_data_eig:    200(M)×1  %子空间内目标样本（源或目标）特征
Eigen_mat:          6400×200(M)  %特征向量矩阵
Eigen_mean:         6400×1  %特征（q1或q2）源样本平均脸
%=========== 计算均值 ============
mean_eig = mean(Train_data,2);
% 6400×1，基于（源或目标）特征的平均脸
%========== 计算协方差矩阵 ============
temp2 = zeros(6400,6400);      % 6400×6400 开辟协方差矩阵内存
for i = 1:N
    i
    temp1 = (Train_data(:,i)-mean_eig)*(Train_data(:,i)-mean_eig)';
    temp2 = temp2+temp1;
end
cov_eig = temp2/N;             % 6400×6400 类内协方差矩阵
clear temp1 temp2;             % 清空临时内存
%========== 计算特征值与特征向量 ==========
```

```
[Eigen_mat,eval] = eigs(cov_eig,M);
Eigen_matrix:                % 6400×200(M), 对应最大200 (M) 个特征值
                               的特征向量
eval:                        % 200(M)×200(M), 特征值对角矩阵

mean_mat = zeros(6400,N);    % 特征均值矩阵 6400×N
for i = 1:N
    mean_mat(:,i) = mean_eig;
end
Eigen_data = ((Train_data - mean_mat)'*Eigen_mat)';
single_data_eig =((single_data - mean_eig)'*Eigen_mat)';

figure;imshow(uint8(img_7_face_class));
figure;imshow(uint8(img_mean_face_class));
```

程序 2　第 6 章基于相似度衡量的决策树迁移部分MATLAB 源程序

```
%C4.5决策树迁移函数
%====== 清除内存，关闭窗口 ======
 clear all;close all;
%===== 设定待迁移源任务个数 =======
Ns=100;
S=cell(1,Ns);
source_patterns=cell(1,Ns);source_labels=cell(1,Ns);
source_tree=cell(1,Ns);revise_tree=cell(1,Ns);
%========= 打开目标任务集 =========
emp=textread('d:/UCI/CarEvaluation.txt');
temp=textread('D:/UCI/BloodTSC.txt');
[M2,f]=size(temp);
%========= 生成 Ns 个源任务 =========
```

```
 tic;
 for ii=1:Ns
    temp1=temp;
    alpha=0.3;      %改变样本标签比率
    label=temp1(:,end);Ulabel=unique(label);Nl=length(Ulabel);
    for I =1:M2
        if rand<=alpha
            for j=1:Nl
                if temp1(i,end)~=Ulabel(j)
                   temp1(i,end)=Ulabel(j);
                   break;
                end
            end
        end
    end
    S{1,ii}=temp1;temp2=temp1';[Ni,M]=size(temp2);
    Ni=Ni-1;source_patterns{ii}=temp2(1:Ni,:);
    source_labels{ii}=temp2(end,:);
end
```

%========= 生成目标训练任务与目标测试任务 =========

```
Beta=0.001;
T_train=zeros(ceil(beta*M2),f);
T_test=zeros((M2-ceil(beta*M2)),f);
Cs=1;          %目标训练样本抽样计数器
Ct=1;          %目标测试样本抽样计数器
for i =1:M2
    if (rand<=beta) && (Cs<=size(T_train,1))
        T_train(Cs,:)=temp(i,:);Cs=Cs+1;
    elseif Ct<=size(T_test,1)
        T_test(Ct,:)=temp(i,:); Ct=Ct+1;
    else
        T_train(Cs,:)=temp(i,:);Cs=Cs+1;
    end
end
```

```
temp2=T_train';train_patterns=temp2(1:Ni,:);train_labels=temp2(end,:);
temp2=T_test';test_patterns=temp2(1:Ni,:);test_labels=temp2(end,:);
%========= 过拟合参数 =========
Fra_inc_node=0.05; inc_node = Fra_inc_node*M;
%====== 判定各属性是离散 or 连续 ======
Nu = 10;discrete_dim = zeros(1,Ni);
for i = 1:Ni
    Ub = unique(source_patterns{1}(i,:));
    Nb = length(Ub);
    if (Nb <= Nu)
This is a discrete pattern
        discrete_dim(i) = Nb;
    end
end
%===================== 决策树构建 ===================
disp('Building a tree...')
for i =1:Ns
    source_tree{i} = C4_5TrainFun(source_patterns{i},
    source_labels{i}, inc_node, discrete_dim);
end
t_com = toc;  %记录直接迁移、修正迁移、加权集成迁移公共耗时
tic;
%===================== 决策树修正 ===================
disp('Revise the tree...')
for i=1:Ns
    [revise_tree{i},targets{i}] = C4_5ReviseFun(train_patterns,
    source_tree{i}, train_labels, discrete_dim);
end
t_xiuzheng = toc;
%============ 预测目标样本 ============
disp('Classify test samples using the tree...')
```

```
test_targets1 = cell(1,Ns);test_targets2 = cell(1,Ns);
Err1 = zeros(1,Ns);Err2 = zeros(1,Ns);
Acc1 = zeros(1,Ns);Acc2= zeros(1,Ns);
```

%================ 计算直接迁移分类正确率 ===============

```
tic;
for i=1:Ns
    test_targets1{i}=C4_5TestFun(test_patterns,
    source_tree{i}, discrete_dim);

    Err1(i)=length(find((test_targets1{i}-test_labels)~=0));

    Tn=length(test_labels);
    Acc1(i)=1-Err1(i)/Tn;

end
t_zhijie = toc;
t_zhijie = (t_com + t_zhijie)/Ns;
```

%=============== 计算修正迁移分类正确率 ================

```
tic;
for i =1:Ns
    test_targets2{i} = C4_5TestFun(test_patterns,
    revise_tree{i}, discrete_dim);
    Err2(i)=length(find((test_targets2{i}-test_labels)~=0));
    Tn=length(test_labels);
    Acc2(i)=1-Err2(i)/Tn;
end
t_xiuzheng2 = toc;
t_xiuzheng  = (t_com + t_xiuzheng + t_xiuzheng2)/Ns;
```

%================= 计算集成迁移 ================

```
tic;
bagging_labels=zeros(1,Tn);
temp3=zeros(Ns,Tn);
```

```
for i =1:Ns
    temp3(i,:)=test_targets2{i};
end
for i =1:Tn
    temp4=unique(temp3(:,i));
    tempvec4=zeros(1,length(temp4));
    for j=1:length(temp4)
        tempvec4=length(find(test_targets2{j}==temp4(j)));
    end
    [m, largest]      =  max(tempvec4);
    bagging_labels(i) =  temp4(largest);
end
Err=length(find((bagging_labels-test_labels)~=0));
Acc=1-Err/Tn;
t_jicheng = toc;
t_jicheng = t_jicheng + t_com;
%================ 无迁移分类 ===================

tic;
tree_nt         = C4_5TrainFun(train_patterns, train_labels,
inc_node, discrete_dim);
test_labels_nt = C4_5TestFun(test_patterns, tree_nt, discrete_dim);
Err_nt = length(find((test_labels_nt-test_labels)~=0));
Acc_nt=1-Err_nt/Tn;
t_nkt=toc;
%=================== 决策树训练 ===================

function tree = C4_5TrainFun(patterns, targets, inc_node,
discrete_dim)
% 输入:
%   training_patterns   - 训练样本 (特征数×样本数)
%   training_targets    - 训练标签 (1×样本数)
%   test_patterns       - 测试样本 (特征数×样本数)
% 输出:
%   test_targets        - 预测标签 (1×样本数)
```

```
[Ni,M] = size(patterns);          %Ni为特征数, L为训练样本数
Uc = unique(targets);             %返回不重复的类标签, 行向量
tree.dim = 0;                     %记录结点序号, 0表示叶节点
tree.split_loc = inf;

if isempty(patterns)
    return;
end

tempvec1=zeros(1,length(Uc));  %临时向量存储各类样本数目, 行向量
for i =1:length(Uc)
    tempvec1(i)=length(find(targets==Uc(i)));
end

if ((M<inc_node) ||(M == 1) || (length(Uc) == 1))
    [m, largest] = max(tempvec1);
    %m返回最大类标签值, largest返回最大类标签位置
    tree.child    = Uc(largest);
    return
end
%========== 计算节点熵值 ===========

Pnode=tempvec1/M;                         %样本属于每一类的概率, 行向量
Inode = -sum(Pnode.*log(Pnode)/log(2));     %未划分前的信息总量 (信息
                                             熵) ,正数

%针对每一维度, 计算信息熵增益
%对于离散属性与连续属性须分别计算
delta_Ib = zeros(1, Ni);                        %选择各属性划分得到
的信息量增益
split_loc    = ones(1, Ni)*inf;                 %初始阈值设为无穷大

for i = 1:Ni,
    data     = patterns(i,:);
```

```
Ud = unique(data);
Nbins = length(Ud);                          %第i属性取值个数
if (discrete_dim(i))
 % 离散属性的情形
    P = zeros(length(Uc), Nbins);
    for j = 1:length(Uc),
        for k = 1:Nbins,
            indices= find((targets == Uc(j)) & (patterns(i,:)
            == Ud(k)));
            P(j,k) = length(indices);
        end
    end
    Pk = sum(P); %对P的列求和，返回行向量，各属性值总数目
    P = P./(eps+repmat(Pk,size(P,1),1));
    Pk= Pk/sum(Pk);
    info = sum(-P.*log(eps+P)/log(2));
    delta_Ib(i) = (Inode-sum(Pk.*info))/
    -sum(Pk.*log(eps+Pk)/log(2));%信息熵增益
else
%=========== 连续属性的情形 ===========
    P= zeros(length(Uc), 2);
%=========== 对结果排序 =============
    [sorted_data, indices] = sort(Ud);
    sorted_targets = targets(indices);

    I = zeros(1, length(Ud)-1);
    for j = 1:(length(Ud)-1)
        for k =1:length(Uc),
            P(k,1)=length(find(sorted_targets(1:j)== Uc(k)));
            P(k,2)=length(find(sorted_targets(j+1:end)== Uc(k)));
        end
        Pk    = sum(P);
        P     = P./(eps+repmat(Pk,size(P,1),1));
```

```
            Pk   = Pk/sum(Pk);
            info = sum(-P.*log(eps+P)/log(2));
            I(j) = (Inode-sum(Pk.*info))/-sum(Pk.*log(eps+Pk)/log(2));
        end
        [delta_Ib(i), s] = max(I);
        split_loc(i) = sorted_data(s);
        %记录阈值，左分支小于等于阈值，右分支大于阈值
    end
end
%=========== 找到最大维度 ===========
[m, dim]     = max(delta_Ib);
dims         = 1:Ni;
tree.dim     = dim;

dims(dim)=[]; %删除已用属性
%========== 对维度继续分割 ==========
if(discrete_dim(dim))
Nf = unique(patterns(dim,:));
    Nbins = length(Nf);
   for i = 1:Nbins
        indices = find(patterns(dim, :) == Nf(i));
        if isempty(dims)
        %已无备用属性可分，该分支强制终止，贴上叶标签
           for ii=1:length(Uc)
               tempvec1(ii)=length(find(targets(indices)==Uc(ii)));
           end
           [m, largest] = max(tempvec1);
           tree.child(i) = Uc(largest);
        else
           tree.child(i) = C4_5TrainFun(patterns(dims, indices),
           targets(indices), inc_node, discrete_dim(dims));
        end
    end
```

```
else
    %Continuous pattern
    tree.split_loc  = split_loc(dim);%连续属性赋阈值, 离散属性为无穷大
    indices1 = find(patterns(dim,:) <= split_loc(dim));
    indices2 = find(patterns(dim,:) > split_loc(dim));
    if isempty(dims)
        %若可划分属性已用完, 该分支强制终止, 为其贴上叶标签
        for i=1:length(Uc)
            tempvec1(i)=length(find(targets(indices1)==Uc(i)));
        end
        [m, largest]     = max(tempvec1);
        tree.child(1)    = Uc(largest);
        for i=1:length(Uc)
            tempvec1(i)=length(find(targets(indices2)==Uc(i)));
        end
        [m, largest]     = max(tempvec1);
        tree.child(2)    = Uc(largest);
    else
        tree.child(1)    = C4_5TrainFun(patterns(dims, indices1),
        targets(indices1), inc_node, discrete_dim(dims));
        tree.child(2)    = C4_5TrainFun(patterns(dims, indices2),
        targets(indices2), inc_node, discrete_dim(dims));
    end
end
```

程序 3　第 8 章基于主动轮廓探索的色彩迁移部分MATLAB 源程序

```
%main.m              主函数RGB色彩迁移
%=================== 清空内存 ====================
clear all;close all;
%============== 读入源图像与目标图像 ==============
```

```
imgSource1 = imread('s1.jpg');                    %源图像1
imgSource2 = imread('s2.jpg');                    %源图像2
imgTarget  = imread('Image.jpg');                 %目标图像
%================ 开始对目标图像进行分割 ===============
U=imgTarget(:,:,1);                           %设定灰度化色彩通道
[nrow,ncol]=size(U);
ic=nrow/2;jc=ncol/2;
%================= 主动轮廓探索参数设定 =============
r =min(ic,jc)/4;                              %设定辐射半径
phi_0=circle2(nrow,ncol,ic,jc,r);
delta_t=0.1;lambda_1=1;lambda_2=1;
nu=0;h=1;epsilon=1;mu=0.01*255*255;
yueshu=0.04;I=double(U);phi=phi_0;
figure;
imagesc(uint8(I));colormap(gray)
hold on;plotLevelSet(phi,0,'r');
Iter=1;
%============== 生成虚拟轮廓线逼近真实轮廓线 ===========
for k=1:200,
    phi=Evolution(I,phi,mu,nu,lambda_1,lambda_2,delta_t,
    epsilon,Iter,yueshu);
    if mod(k,10)==0
        pause(0.5);imagesc(uint8(phi));colormap(gray)
        hold on;    plotLevelSet(phi,0,'r');
end
    if k==1
        imagesc(uint8(phi)); colormap(gray)
        hold on; plotLevelSet(phi,0,'r');
        phi50=phi;elseif k==5
        imagesc(uint8(phi)); colormap(gray)
        hold on;plotLevelSet(phi,0,'r');
        phi100=phi;
```

```
    elseif k==20
        imagesc(uint8(phi)); colormap(gray)
        hold on;plotLevelSet(phi,0,'r');
        phi150=phi;
    end
end
phi=uint8(phi);                  %分割结果
%============ 开始色彩风格迁移 ============

figure;
subplot(2,3,1);imshow(imgSource1);title('Source1');
subplot(2,3,2);imshow(imgSource2);title('Source2');
subplot(2,3,3);imshow(imgTarget);title('Target');
%=========== 记录源图像与目标图像各通道色彩值 =========

Rs1 = double(imgSource1(:,:,1)); Rs2 = double(imgSource2(:,:,1));
Gs1 = double(imgSource1(:,:,2)); Gs2 = double(imgSource2(:,:,2));
Bs1 = double(imgSource1(:,:,3)); Bs2 = double(imgSource2(:,:,3));
Rt = double(imgTarget(:,:,1));
Gt = double(imgTarget(:,:,2));Bt = double(imgTarget(:,:,3));
%============== 实现局部色彩迁移 ==============

[Rp_1,Rp_2] = impose_local(Rt,Rs1,Rs2,phi);
[Gp_1,Gp_2] = impose_local(Gt,Gs1,Gs2,phi);
[Bp_1,Bp_2] = impose_local(Bt,Bs1,Bs2,phi);

image3_1 = zeros(100,100,3);
image3_1(:,:,1) = Rp_1;image3_1(:,:,2) = Gp_1;
image3_1(:,:,3) = Bp_1;
image3_2 = zeros(100,100,3);
image3_2(:,:,1) = Rp_2;
image3_2(:,:,2) = Gp_2;image3_2(:,:,3) = Bp_2;

for i =1:nrow
    for j=1:ncol
```

```
        if phi(i,j) == 0
            image3(i,j,:) = image3_1(i,j,:);
        else
            image3(i,j,:) = image3_2(i,j,:);
        end
    end
end
```

%===== 输出多源迁移后图像 ====

```
subplot(2,3,6);imshow(uint8(image3));title('image3'); figure;
imshow(uint8(image3));
```

%================ 虚拟轮廓线进化函数 ================

```
function phi=Evolution(I,phi_old,mu,nu,
lambda_1,lambda_2,delta_t, epsilon,Iter,yueshu)
I=BoundExpand(I);
Phi=BoundExpand(phi_old);
for k=1:Iter
    phi=BoundEnsure(phi);  delta_h=Delta(phi,epsilon);
    Curv=Curvature(phi);
    [u1,u2]=averagePixel(phi,I,epsilon);
    yueshu_xiang=solve_yueshu(I,Curv,yueshu);

phi=phi+delta_t*(delta_h.*(mu*Curv-nu-lambda_1*(I-u1).
    ^2+lambda_2*(I-u2).^2)+yueshu_xiang);
  end
  phi=BoundShrink(phi);
```

%============ 色彩迁移函数 ================

```
function [p1,p2] = impose_local(t,s1,s2,phi)
[m1,n1] = size(s1);[m2,n2] = size(s2);
[m,n] = size(phi);
mn1 = m1*n1;mn2 = m2*n2;
ss1 = reshape(s1,mn1,1);ss2 = reshape(s2,mn2,1);
tt1 = zeros(2,1);tt2 = zeros(2,1);
```

```
count1 = 1;count2 = 1;
for i = 1:m
    for j=1:n
        if phi(i,j)==0
            tt1(count1,1) = t(i,j);
            count1 = count1 + 1;
        else
            tt2(count2,1) = t(i,j);
            count2 = count2 + 1;
        end
    end
end
tt1_star = t - mean(tt1);
tt2_star = t - mean(tt2);
tt1_pie = (std(ss1)/std(tt1)) * tt1_star;
tt2_pie = (std(ss2)/std(tt2)) * tt2_star;
p1 = tt1_pie + mean(ss1);p2 = tt2_pie + mean(ss2);
end
```

%==============RGB 到 $l\alpha\beta$ 色彩空间转换 ==============

```
function [el,alpha,beta] = RGB2lab(im)
imr = im(:,:,1);     imb = im(:,:,3);     img = im(:,:,2);
a1 = size(imr);
b1 = [.3811 .5783 .0402; .1967 .7244 .0782; .0241 .1288 .8444];
c1 = [1/sqrt(3) 0 0;0 1/sqrt(6) 0;0 0 1/sqrt(2)];
d1 = [1 1 1;1 1 -2;1 -1 0];
for i=1:a1(1)
    for j=1:a1(2)
        x=b1*double([imr(i,j) img(i,j) imb(i,j)]');
        L(i,j)= log10 (x(1));
        M(i,j)= log10 (x(2));
        S(i,j)= log10 (x(3));
        y=c1*d1*[L(i,j) M(i,j) S(i,j)]';
        el(i,j)= y(1);
        alpha(i,j)= y(2);
```

```
        beta(i,j)= y(3);
    end
end
end
```

%=============== $l\alpha\beta$ 到 RGB 色彩空间转换 ===============

```
function im = lab2RGB(l,alp,b)
a2 = size(l);
b2 = [4.4687  -3.5887  0.1196
     -1.2197   2.3831 -0.1626
      0.0585  -0.2611  1.2057];
c2 = [1/sqrt(3) 0 0;0 1/sqrt(6) 0;0 0 1/sqrt(2)];
d2 = [1 1 1;1 1 -1;1 -2 0];
for I = 1:a2(1)
    for j = 1:a2(2)
        y = d2*c2*[l(i,j) alp(i,j) b(i,j)]';
        L(i,j) = power(10,(y(1)));
        M(i,j) = power(10,(y(2)));
        S(i,j) = power(10,(y(3)));
        x = b2*([L(i,j) M(i,j) S(i,j)]');
        R(i,j) = x(1);
        G(i,j) = x(2);
        B(i,j) = x(3);
    end
end
im(:,:,1) = R;    im(:,:,2) = G;    im(:,:,3) = B;
end
```

%=============== 计算进化曲线曲率 ===============

```
function K = Curvature(f)
[f_fx,f_fy] = forward_gradient(f);
[f_bx,f_by] = backward_gradient(f);
mag1 = sqrt(f_fx.^2+f_fy.^2+1e-10);
n1x = f_fx./mag1;  n1y = f_fy./mag1;
mag2 = sqrt(f_bx.^2+f_fy.^2+1e-10);
```

```
n2x = f_bx./mag2;n2y = f_fy./mag2;
mag3 = sqrt(f_fx.^2+f_by.^2+1e-10);
n3x = f_fx./mag3;n3y = f_by./mag3;
mag4 = sqrt(f_bx.^2+f_by.^2+1e-10);
n4x = f_bx./mag4; n4y = f_by./mag4;
nx = n1x+n2x+n3x+n4x;
ny = n1y+n2y+n3y+n4y;magn = sqrt(nx.^2+ny.^2);
nx = nx./(magn+1e-10); ny = ny./(magn+1e-10);
[nxx,nxy] = gradient(nx);
[nyx,nyy] = gradient(ny);K=nxx+nyy;
```

索　引

其 他